金融上市公司强制执行公允价值会计的表现及后果研究

张金若 著

本书得到国家社会科学基金项目“中国金融行业上市公司强制执行公允价值会计的表现及后果研究”（项目批准号：13CGL040）的资助。

科学出版社

北 京

内 容 简 介

本书首次比较系统地研究了我国金融行业上市公司强制执行公允价值会计的表现及后果。总体上，我国金融行业上市公司执行公允价值会计的表现较好，没有明显证据表明上市公司操控了公允价值会计的表内信息；公允价值会计没有造成明显的负面经济后果。但是，表外信息披露、银行监管指标对公允价值会计信息的利用等方面仍存在不足。除了得益于制度环境改善，公允价值会计的良好表现，还应归因于我国上市公司持有的金融工具仍然是以公允价值比较容易可靠获取的基本金融工具为主。未来，随着衍生金融市场的发展，公允价值会计的执行将更复杂、影响程度将更高，现阶段迫切需要在会计准则建设、证券市场监管、银行监管等方面构筑更健全的执行土壤。

本书主要适用于高等院校会计、金融方向的硕博士研究生、教师，也适用于学有余力的高年级本科生及金融行业相关人士。

图书在版编目（CIP）数据

金融上市公司强制执行公允价值会计的表现及后果研究 / 张金若著. —北京：科学出版社，2018.11

ISBN 978-7-03-056069-8

Ⅰ. ①金… Ⅱ. ①张… Ⅲ. ①金融机构-上市公司-会计信息-研究-中国 Ⅳ. ①F832.3

中国版本图书馆 CIP 数据核字（2017）第 314731 号

责任编辑：马 跃 李 嘉 / 责任校对：张怡君

责任印制：吴兆东 / 封面设计：无极书装

科学出版社出版

北京东黄城根北街 16 号

邮政编码：100717

http://www.sciencep.com

北京虎彩文化传播有限公司印刷

科学出版社发行 各地新华书店经销

*

2018 年 11 月第 一 版 开本：720×1000 B5

2018 年 11 月第一次印刷 印张：16 1/2

字数：330 000

定价：116.00 元

（如有印装质量问题，我社负责调换）

作 者 简 介

张金若，男，汉族，1980年8月生。1998~2008年就读于厦门大学管理学院，先后取得管理学（会计学）学士、硕士和博士学位。现为重庆大学经济与工商管理学院教授，同时担任重庆大学公司财务与会计治理创新研究院研究员，研究领域主要涉及会计基本理论与企业会计准则、公司财务与公司治理。主持国家社会科学基金项目、教育部人文社会科学研究西部和边疆地区项目、高等学校博士学科点专项科研基金项目各一项，参与国家自然科学基金项目、国家社会科学基金项目和省部级科研课题多项，先后在中文期刊《会计研究》《当代财经》《证券市场导报》《中大管理研究》《中南财经政法大学学报》《当代会计评论》等，以及外文期刊*Advance in Accounting*等发表论文30余篇；独立出版专著两部、教材一部；累计四次荣获全国会计专业学位研究生教育指导委员会和全国金融专业学位研究生教育指导委员会组织评选的优秀教学案例，并有多篇案例论文入库教学案例。

前　　言

本书是笔者主持的国家社会科学基金项目“中国金融行业上市公司强制执行公允价值会计的表现及后果研究”（项目批准号：13CGL040）的最终研究成果。由于国家社会科学基金历来重视从我国改革发展的实践中挖掘新材料、发现新问题、提出新观点、构建新理论，2012 年笔者在准备 2013 年国家社会科学基金项目申报的选题时，一直试图从党的十八大报告中寻找研究机会，受《2013 年度国家社会科学基金项目课题指南》（管理学）提供的选题方向“会计准则体系、公允价值与风险防范机制研究”的启发，笔者将党的十八大报告提出的“完善金融监管，推进金融创新，提高银行、证券、保险等行业竞争力，维护金融稳定”的目标与该选题方向相结合，提炼课题申报题目。尽管我国已经有大量的学者采用各种研究范式从各种角度围绕公允价值开展了大量富有成效的研究，但是，鲜有专门围绕金融行业上市公司执行公允价值会计展开研究的。根据我国 2006 年会计准则体系，财务报表的很多报表项目都可能应用到公允价值计量，但真正称得上执行公允价值会计的主要是部分与金融工具有关的报表项目。尽管投资性房地产及生物资产也有执行公允价值会计的选择权，但持有这类资产的会计主体选择公允价值会计的占比较小。在我国的沪深上市公司中，执行公允价值会计的金融工具，绝大多数由金融行业持有。这些金融工具也对金融行业上市公司财务报表产生了很重要的影响。因此，研究金融行业上市公司公允价值会计的执行表现及后果，对辩证认识公允价值会计与金融监管、金融稳定的关系具有重要作用。

公允价值会计对所在国家或地区的市场发展程度、公司治理、投资者法律保护、证券监管力度、审计质量等环境要求较高（Ball and Shivakumar，2006），而我国这几个方面都比较薄弱（He et al.，2012）。20 世纪末，我国就开始小范围地在部分会计准则中使用公允价值计量，但由于制度环境不成熟，会计准则首次引入公允价值并不成功。因此，2007 年施行的新会计准则较大规模地规定执行公允价值会计，受 2008 年金融危机爆发后各界对公允价值会计指责的影响，自然加剧了人们对公允价值会计可能产生负面后果的担忧。为此，本书首先比较分析了首次启用和再次启用公允价值会计的相关制度环境的变化，经过比较分析，认为制度环境的显著改善为有效执行公允价值会计提供了明显优于其首次启用的土壤。在此基础上，本书对公允价值会计的执行表现和经济后果展开研究。总体上，金融行业上市公司执行公允价值会计的表现较好，没有明显证据表明上市公司操控了公允价值会计的表内信息，公允价值会计对盈余波动的影响也极其有限，并没有造成显著的负面经济后果。当然，金融行业上市公司公允价值会计的执行和表现也存在一些问题，主要表现为表外信息披露不规范、权益市场的反应不充分、银行监管指标计算方法的科学性有一定欠缺、对高管薪酬没有产生应有的影响等。因此，本书从会计准则建设、证券市场监管、银行监管等方面提出了对策建议。

公允价值会计在金融行业上市公司的总体执行情况较好，没有造成显著的不利经济后果，除了制度环境的改善，这还可能得益于我国衍生金融工具的市场仍然处于初级阶段，以及受益于第三层级公允价值的应用占比微小。本书发现，金融行业上市公司执行公允价值会计的金融工具主要是能够获取第一层级、第二层级公允价值的股票、债券、基金等。在这种情况下，公允价值会计信息的可靠性得到较强保证，公允价值波动的激烈程度也比较有限，从而减少了上市公司操控公允价值的机会，也降低了产生不利经济后果的概率。伴随着我国金融市场的发展，金融工具应用的广度和深度必将不断扩大提高，假如经济环境又出现如2008 年金融危机的大变化，上市公司受到的影响可能会增强，因此，有必要从制度上进一步健全公允价值会计的执行基础，为公允价值会计应用范围的扩大提供支撑，未雨绸缪！

课题组成员辛清泉教授、邹海峰副教授、涂国前副教授、王丽华博士、高洁硕士研究生、余倩硕士研究生等在课题研究过程中提供了必要的协作，学生刘溢与笔者共同完成了第四章第四节的写作，学生王炜、郭城与笔者共同完成了第五章第一、二节的写作，在此一并表示感谢。

由于写作水平有限，本书不可避免会存在不尽如人意之处，欢迎读者批评和指正。

张金若

2018 年 2 月 15 日

目　　录

第一章 绪　论

第一节 选题原因与选题意义

根据党的十八大报告提出“完善金融监管，推进金融创新，提高银行、证券、保险等行业竞争力，维护金融稳定”的目标，结合《2013 年度国家社会科学基金项目课题指南》（管理学）中的“会计准则体系、公允价值与风险防范机制研究”，鉴于公允价值会计在金融监管与稳定中的作用受到争论和热议，如 20 国集团 2009 年伦敦峰会和匹兹堡峰会的峰会公告中，美国证券交易委员会（the U. S. Securities and Exchange Commission，SEC）对《2008 年紧急经济稳定法案》第 133 节的回应（Allen and Carletti，2008；刘玉廷，2010；Badertscher et al.，2012），研究公允价值会计在金融监管与金融稳定中的作用，具有重要理论与现实意义。同时，只有理解金融行业执行公允价值会计的表现及经济后果，才能辩证认识公允价值会计与金融监管、金融稳定的关系。在我国，由于金融行业上市公司在上市公司中占据重要地位，公允价值会计对金融行业的影响也最大，其在其他领域的应用并不普遍或影响较小。长期以来，上市公司持有的交易性金融资产和可供出售金融资产，绝大多数都集中在金融行业。从市值看，根据国泰安数据库（China Stock Market & Accounting Research Database，CSMAR），截至2015年底，A 股金融行业上市公司仅 50 家，但总流通市值就占全部 A 股流通市值的 20.45%，总市值占 17.73%；从持有的交易性金融资产和可供出售金融资产规模看，以中国证券监督管理委员会（以下简称中国证监会）《2011 年上市公司执行企业会计准则监管报告》提供的信息为例，金融行业上市公司持有的交易性和可供出售金融资产超过全部上市公司持有规模的 97%。执行公允价值会计，对所在国家或地区的市场发展程度、公司治理、投资者法律保护、证券监管力度、审计质量等环境要求较高（Ball and Shivakumar，2006），而我国这几个方面都比较薄弱（He et al.，2012）。尽管公允价值会计面临的金融危机集中体现为顺周期效应、传染效应（Allen and Carletti，2008），并且，即使是第一层级计量方式获取的公允价值都不一定能够反映资产或负债未来真实价值（American Bankers Association，2008；Badertscher et al.，2012），我国仍然在2014年正式发布了第39号具体会计准则，并于同年7月1日起执行，这表明我国官方与国际会计准则理事会（International Accounting Standards Board，IASB）、美国财务会计准则委员会（Financial Accounting Standards Board，FASB）都是在努力实现更好地使用公允价值会计，而非否定它。在这种情况下，会计界有必要对金融行业执行公允价值会计的效果进行深入研究。

一、准则执行环境对国际财务报告准则和公允价值会计的有效执行至关重要

根据IASB官方网址的统计，截至2017年3月30日，全球已经有150个国家或地区（包括G20，即二十国集团的所有成员）采纳国际财务报告准则（International Financial Reporting Standards，IFRS），具体如表1-1和表1-2所示。

表1-1　IFRS采纳国家或地区分布表

分布	国家或地区数量/个	占比
欧洲	44	29%
非洲	23	15%
中东	13	9%
亚洲和大洋洲	33	22%
美洲	37	25%
合计	150	100%

资料来源：http://www.ifrs.org/use-around-the-world/use-of-ifrs-standards-by-jurisdiction/#analysis

表1-2　IFRS采纳程度

采纳程度区分	国家或地区数量/个
承诺支持建立一套单一的高质量会计准则	140
承诺支持IFRS作为唯一一套全球性的会计准则	142
要求IFRS用于所在国家或地区的全部或几乎全部公众会计主体（包括上市公司和金融机构）	126
150个国家或地区中，剩余的24个国家或地区执行IFRS的情况如下：	
（1）允许而不是要求采用IFRS	12
（2）要求金融机构采用IFRS，但不要求上市公司采用	1
（3）与IFRS全面趋同的工作正在进行中	1
（4）正在与IFRS实质性趋同过程中，但不是完全趋同	1
（5）采用本国或本地会计准则	9

资料来源：http://www.ifrs.org/use-around-the-world/use-of-ifrs-standards-by-jurisdiction/#analysis

但是，大量的学术研究认为，强制执行 IFRS，尤其是公允价值会计，其表现好坏及经济后果优劣依赖于执行国家的制度环境质量的优劣。研究发现，强制执行 IFRS 能够显著提高会计信息质量，并取得显著的正面经济后果，如资本成本的下降、股票的市场流动性提高、吸引更多的外国投资、会计盈余和股票价格信息含量的提高等（Ball et al.，2003；Barth et al.，2008a；Daske et al.，2008；Armstrong et al.，2010；Hail et al.，2010；Li，2010；Defond et al.，2011；Christensen et al.，2013；Bova and Pereira，2012；Landsman et al.，2012），但这些文献大多以欧盟和北美市场的公司为研究样本，且普遍发现强制执行 IFRS 的正面后果仅在执行环境较好的国家出现，其能否移植于新兴市场和发展中国家受到质疑（Daske et al.，2008；Li，2010；Hail et al.，2010；Florou and Pope，2012；He et al.，2012）。受到质疑的主要原因包括：①IASB 制定的 IFRS，更多地以欧美为导向，不一定契合新兴市场实践；②IFRS 的执行质量依赖于法律、市场发达程度，以及监管力度、审计质量、公司治理等基础性制度，这些因素的重要性不亚于会计准则本身，而新兴市场基础制度普遍较弱，削弱了 IFRS 的执行效果，高质量会计准则未必能够在新兴市场产生 IASB 所希望达到的透明、可比性强的高质量会计信息。因此，强制执行 IFRS 能否产生高质量会计信息及正面经济后果，与准则执行环境有很大关系。Hou 等（2013a）根据我国上市公司 2003~2010 年样本数据进行实证检验发现，我国在 2007 年强制执行与国际会计准则实质趋同的新会计准则体系之后，会计质量和投资效率都显著下降，并且，不同产权性质和股权结构的企业表现形式和程度并不一致。国有控股上市公司表现出投资不足和过度投资，非国有控股上市公司表现出投资不足，第一大股东持股比例较高的国有控股上市公司表现出更严重的投资不足问题，第一大股东持股比例较低的非国有控股上市公司表现出较严重的投资不足问题，他们将产生这种结果部分归因于我国法律法规执行较弱及由此产生的对各种代理问题的监管弱化。虽然强制执行 IFRS 能产生正面影响，但执行 IFRS 时经常伴随着其他各种制度的强制变化，因此并不清楚产生的正面影响多大程度上归因于 IFRS 的执行，须予以区分（Christensen et al.，2013）。

况且，公允价值会计对执行环境的要求高于其他计量属性，且仅在以下两种情况下能提供比历史成本更好的信息：①具有完美市场流动性，能够取得可观察的市场价格；②能够根据独立可观察的参数准确地估计市场价格（Ball and Shivakumar，2006）。IASB 在 2006 年建议更多地研究“关于如何更好地解决新兴和发展中国家在执行公允价值会计过程中的需求”，因为如果没有合适条件，公允价值会计要满足提供决策有用信息的基本目标是有风险的，而我国的制度在很多方面与公允价值会计并不相容（He et al.，2012），我国的经济交易通常是在社会与政治关系网络内完成的，总体上对公允价值会计与公司透明度几乎无益处（Piotroski and Wong，2010；He et al.，2012）。我国 1999 年首次引入和 2006 年重新启用公允价值会计都是为了与国际趋同，然而，市场发展、公司治理、会计审计职业、监管力度和投资者保护等基础条件经过几年努力虽有改观，但并不足够成熟（Piotroski and Wong，2010；Peng and Bewley，2010），难以避免对公允价值由盯住市场（mark to market）滑向盯市模型（mark to market model）的担忧（Ball and Shivakumar，2006）。中国证监会 2011 年发布的《2010 年上市公司执行企业会计准则监管报告》也表现出对公允价值获取方式的担忧。

本书认为，在我国，公允价值会计未必如部分学者担忧的“几乎无益处”，有证据表明公允价值会计已经成为管理者操控盈余的工具，且它比操控应计盈余风险小、手段简单（He et al.，2012），应予以谨慎对待。

二、我国金融行业执行公允价值会计的表现及后果仍缺乏研究

目前，对金融行业公允价值会计信息表现及经济后果也有广泛争议。反对者指责公允价值会计导致顺周期和传染效应，金融机构间的传染会降低银行资本金，银行不得不减少贷款和低价清算资产，进一步扩大了危机（Allen and Carletti，2008）；同时，担忧估计模型获取的公允价值，具有估计误差波动性、固有波动性和混合计量波动性，会加剧财务报表的波动性，导致过度且人为的波动（Barth，2004），使包括第一层级在内的公允价值不能反映资产或负债未来真实价值（American Bankers Association，2008；Badertscher et al.，2012）。迫于压力，金融危机爆发以来，FASB 和 IASB 发布了一些公告来完善公允价值计量或披露，并做出了一些妥协。支持者认为公允价值会计为金融机构提供了真实且相关的资产负债表价值信息，有利于投资者和企业决策者更好地评估风险，采取更及时的市场行为。公允价值会计只是金融危机期间商业银行糟糕表现的替罪羊，它本身不足以导致顺周期和传染效应（Badertscher et al.，2012），公允价值会计不应对严重的金融危机承担主要责任，也不应对金融危机期间银行面临的困难问题承担主要责任，此外，回归历史成本也不能解决这些问题（Laux and Leuz，2009，2010）。

本书赞成美国证券交易委员会（2003）的观点，认为公允价值会计不应承担金融危机的主要责任，但仍需承担部分责任。执行土壤，如欧美，对公允价值会计的信息表现及经济后果是否正面仍存在争议，我国金融衍生品虽不发达，复杂金融产品对财务报表的影响仍较小，但应该具有 Ball 和 Shivakumar（2006）的眼光，未雨绸缪地思考公允价值会计对我国金融业未来可能带来的冲击及对策；同时，公允价值会计对金融行业影响的争议也使会计监管不可能忽视金融监管需要。

然而，我国仍然缺乏针对金融行业执行公允价值会计的具体表现及经济后果的研究。到目前为止，我国公允价值会计的实证文献主要是有关权益市场和薪酬契约。对权益市场的研究颇丰，如罗婷等（2008）、朱凯等（2008）、薛爽等（2009）、王建新（2010）、刘永泽和孙翯（2011）、叶康涛和成颖利（2011）、胡奕明和刘奕均（2012）等分别从价值相关性、股票定价、信息含量、市场波动等视角肯定了公允价值会计对新会计准则、会计信息价值提高的积极作用，但对金融危机期间公允价值信息是否具有价值相关性仍有争议（王建新，2010；刘永泽和孙翯，2011）。也有研究发现公允价值会计对市场具有不利影响，如谭洪涛等（2011）发现公允价值会计导致股市过度反应；谢成博等（2012）从公允价值会计加剧大型上市公司股价同质化波动视角呼吁重视和监管公允价值计量与披露。国内对公允价值会计与薪酬契约关系的研究较少，国外也是如此（Livne et al.，2011）。徐经长和曾雪云（2010）发现上市公司高管薪酬激励机制对公允价值变动损益“重奖轻罚”；步丹璐和张晨宇（2012）发现高管薪酬与风险业绩（通过“公允价值变动损益”衡量）存在明显的黏性特征，其中，地方控股企业明显高于中央控股企业，而民营企业的黏性特征较不明显。由此可见，我国上市公司高管薪酬机制不健全，不能正确对待公允价值变动损益。

综上，我国关于公允价值会计的实证研究取得了一些重要成果，肯定了公允价值会计产生的一些正面后果，但担忧亦逐渐增强，增加了综合评估公允价值会计的难度。但是，这些研究具有一定的局限性。在研究对象上，文献普遍对A股上市公司展开大样本研究，通常剔除或缺乏运用公允价值会计最普遍的金融行业，难以准确把握公允价值会计对金融稳定的影响；在研究方法上，鉴于金融行业上市公司普遍规模大且影响广泛，实证研究的样本处理可能会舍弃一些重要研究内容，应该结合案例等研究方法展开研究；在研究设计上，根据Christensen等（2013）的观点，研究需要着重区分公允价值会计、会计准则变化，以及其他制度变化的不同作用；在研究变量上，相当一部分研究直接采用“公允价值变动损益”，混淆了公允价值变动与转回的差异，可能不恰当地解读了公允价值波动的信息价值。

三、研究我国金融行业公允价值表现及后果的重要性

基于目前的研究现状，本书着重研究了我国金融行业上市公司强制执行公允价值会计的具体表现及经济后果，并据此提出防范风险对策。研究我国金融行业公允价值表现及后果的重要性如下所述。第一，有助于充分理解公允价值会计的强制执行在我国金融行业的具体表现及各种视角的经济后果，是辩证认识公允价值会计在金融监管和金融稳定过程中的作用及提出风险防范对策的前提和重要基

础；第二，有助于深入认识新兴和发展中国家强制执行 IFRS 和公允价值会计的影响，理解会计准则执行土壤（包括公司治理、外部监管与市场发展等因素）在会计准则趋同过程中的作用，为我国与 IFRS 双向趋同目标提供理论基础和经验证据；第三，有助于积累我国金融行业执行公允价值会计的表现及经济后果的知识，深化我国金融产品会计准则研究，为我国公允价值会计的完善和推广提供参考。

第二节 研究内容与研究方法

一、研究内容

本书分为七章。

第一章，绪论。该章内容包括选题原因与选题意义、研究内容与研究方法。

第二章，会计准则与实证研究视角的公允价值会计文献评述。该章重点回顾并简要评论IASB、FASB和我国公允价值会计及金融工具会计准则建设方面的发展历程及现状，并按照一定的逻辑顺序对公允价值会计实证研究文献进行回顾与评价。

第三章，中国上市公司公允价值会计应用现状及制度背景分析。该章首先比较了金融行业和全部上市公司持有的执行公允价值会计资产及负债的总体规模，突出将金融行业上市公司作为研究公允价值会计对象的重要性；随后，探讨制度环境与执行公允价值会计的契合性，并侧重分析金融行业上市公司的制度背景。

第四章，公允价值会计对金融类上市公司盈余波动、盈余管理及银行资本监管的影响研究。该章采用实证研究方法探究金融行业上市公司执行公允价值会计对盈余波动、盈余管理及银行资本监管的影响。盈余管理是考察公允价值会计对会计信息质量影响的重要视角，是否造成盈余波动、是否对银行资本监管造成重要影响，是执行公允价值会计后果评估的重要内容。

第五章，金融行业上市公司公允价值会计对股票市场及高管薪酬的影响研究。该章区分了公允价值会计对财务报表的总体影响和三个不同层级计量信息，考察公允价值会计对权益市场的影响，以评估公允价值会计是否相对于历史成本提供了更强的解释能力，评估权益市场是否能够恰当地对待不同金融工具执行公允价值会计产生的信息。同时，该章还实证检验了高管薪酬与公允价值会计信息的关系，以评估高管薪酬机制的合理性。

第六章，案例研究。该章分别从证券业、保险业和银行业选取代表性的上市公司作为研究对象，采用案例研究方法考察公允价值会计在这些公司的实施质量，分析这些公司财务报表受公允价值会计的影响程度，并着重分析公司财务报表附注定性信息披露的质量。

第七章，研究结论、政策建议、研究局限性与未来展望。作为国家社会科学基金项目资助课题的最终成果，本书尤其注重研究结论的政策价值。该章在梳理全书主要结论的基础上，针对财政部、中国证监会、中国银行保险监督管理委员会（以下简称中国银保监会）、上市公司及会计信息使用者等提出具有操作性的政策建议，并探讨了若干重要的未来设想。

二、研究方法

本书将综合运用规范研究、实证研究和案例研究方法。规范研究的演绎法和归纳法主要用于厘清课题研究的理论基础与研究总体思路。实证研究有助于帮助我们把握金融行业上市公司公允价值会计信息表现及经济后果的整体特征。实证研究将利用我国金融行业上市公司年报数据，借鉴强制执行 IFRS 和公允价值会计的主流研究文献（如 He et al.，2012；Badertscher et al.，2012；Christensen et al.，2013），设计符合本书研究目标的模型。由于金融行业每家上市公司规模都比较大，在国民经济中都发挥重要作用，且它们应用公允价值会计的情况也可能存在一些差异，辅以一定数量的案例研究，有助于我们挖掘发现重要个别现象。

第二章　会计准则与实证研究视角的公允价值会计文献评述

第一节　会计准则视角的公允价值会计发展的简要回顾

一、美国公允价值会计发展的简要回顾

公允价值计量属性是伴随着历史成本局限性的逐渐暴露而不断发展的。历史成本是最早出现的计量属性，是面向过去的、在特定主体经济交易或事项发生时市场价格的基础上转化而来的，具有客观、可验证性的优点，并能提供"稳定的和一致的基准"（杜兴强等，2005）。但是，随着社会经济活动的发展，尤其是20 世纪 70 年代以来，金融创新和其他创新业务的兴起以及一些主要国家严重的通货膨胀，历史成本会计信息的相关性受到重大挑战，在这种情况下，能够提供更及时的相关会计信息的公允价值计量属性脱颖而出，成为与历史成本并重的计量属性，并且仍在不断发展完善中。

公允价值计量基本思想的形成则早许多，最早可以追溯到坎宁（Canning）（王肖健，2008）。坎宁在 1929 年的《会计学中的经济学》中认为，理想的计量模式应该是按照资产的直接估价来计量资本价值的年度净变化，并且是按每项资产直接计量，直接计量应按未来现金流量的贴现值表示，这蕴含了公允价值计量的思想（王肖健，2008）。但是，坎宁的观点与当时的会计实务奉行历史成本的现状格格不入，在当时没有得到足够重视。事实上，在 1929~1933 年世界经济

危机爆发后，尽管 SEC 制定统一会计准则以规范会计信息披露，也在 1938 年正式授权会计程序委员会（Committee on Accounting Procedure，CAP）负责会计准则制定，但是，会计准则制定机构采取“救火式”方式制定会计准则，疲于应付实务中出现的问题，使其在会计理论发展方面少有进展，其制定的会计准则也缺乏理论一贯性，只满足于对实务中已经采用的会计惯例的选择和认可，不能提出属于自己的逻辑一致的会计方法。在这种情况下，公允价值会计思想尽管“前卫”，但由于与当时实务界奉行的历史成本原则不相匹配，自然也不可能引起准则制定机构的关注。

1959 年，美国注册会计师协会（American Institute of Certified Public Accountants，AICPA）决定结束 CAP 的历史使命，代之以美国会计原则委员会（Accounting Principle Board，APB）。由于意识到 CAP 在会计理论建设方面的缺陷所导致的严重后果，APB 成立之后就试图在会计理论方面有所突破。1961 年和 1962 年，会计学家斯普拉格（Sprague）和穆尼茨（Moonitz）发表了两份著名的会计研究论文（Accounting Research Studies，ARS），即穆尼茨的 ARS 1《会计的基本假设》（以下简称 ARS 1）、穆尼茨和斯普拉格合作的 ARS 3《一套广泛适用于企业的暂行会计原则》（以下简称 ARS 3）。其中，ARS 1 提出了市场价格的概念；ARS 3 重温了 20 世纪 20 年代末坎宁著作中的观点，提倡资产按照现行价值计量，这实际上已经非常接近现在的公允价值概念。同样地，由于会计实务界的强烈反对，ARS 3 的观点基本上被束之高阁（葛家澍，2005）。

因此，尽管 APB 发布的少部分公告或意见书使用了公允价值概念（例如，1969 年 3 月，APB 发布的第 14 号意见书《可转换债券和随同认股权证发行的债券的会计处理》最早使用了公允价值的概念）（陈美华，2006），但是，真正大力推进公允价值计量在会计准则中应用发展的，首推 FASB，随后跟进的是国际会计准则制定机构［包括国际会计准则委员会（International Accounting Standards Committee，IASC）与IASB两阶段］。可以说，FASB在公允价值会计方面的建树，得益于三个方面。一是 FASB 成立之后的几年内，工作重点是建立一套逻辑一致的财务会计概念框架，解决了会计准则制定缺乏理论基础的问题，也使 FASB 站稳了会计准则制定机构的脚跟。二是金融创新的发展。20 世纪 50 年代，西方发达国家金融业开始了金融创新活动。此后，随着科学技术的进步和金融自由化的推动，金融创新得到蓬勃发展。相应地，金融工具和衍生金融工具迅速发展。FASB 在 1998 年 6 月发布的第 133 号准则《衍生金融工具和套期保值活动的会计处理》的第 3 段明确指出：“公允价值是金融工具最相关的计量属性，而且是衍生金融工具唯一相关计量属性。”目前，这一观点已经得到普遍认可。三是美国证券交易委员会放弃了反对企业在确定净收益时偏离历史成本的观点。20 世纪 20 年代，美国不少上市公司进行大量没有确凿证据的资产评估增值，这种高度主观的会计实务使 SEC 担忧投资者受到误导，直到 20 世纪 70 年代，美国发生了严重通货膨胀，SEC 才放弃了这种观点（Zeff，1995）。在这种背景下，公允价值逐渐在具体会计准则中得到运用，且范围逐渐扩大。据统计，20 世纪 70 年代，FASB 共发布准则 34 个，涉及公允价值的有 6 个，占比为 17.6%；80 年代 FASB 发布准则 70 个，涉及公允价值的 16 个，占比为 22.9%；90 年代 FASB 发布准则 33 个，涉及公允价值的 23 个，占比为 69.7%；2000~2007 年 3 月，FASB 累计发布了 22 个会计准则，全部涉及公允价值，占比为 100%（洪亮，2007）。

尽管具体会计准则已经多次使用公允价值概念，但在 SFAS[①] 157 号准则出现之前，FASB 一直没有一份具体准则规范公允价值计量，即使在概念框架层面，FASB 也只是在 2000 年发布的第七号概念公告（SFAC[②] 7）中才首次将公允价值概念在财务会计概念框架中予以界定。随着公允价值适用范围的不断扩展，各个具体准则中零散存在的关于公允价值计量指南的规定，必将造成实务运用的混乱，可能会降低准则的可比性，这也促使 FASB 下定决心制定一份统一的公允价值计量会计准则，因此最终于 2006 年 9 月发布了 SFAS 157——《公允价值计量》，这也是全世界第一份专门规范公允价值计量的具体会计准则，并产生了深远的影响，成为 IASB 发展公允价值计量会计准则的最重要的依据。IASB 在发展公允价值计量会计准则的第一阶段，在 2006 年 11 月发布的第一份《公允价值计量》讨论稿，几乎是 SFAS 157 的复制本。此后，尽管 FASB 的 Topic 820（即 2010 年的《公允价值计量与披露》）和 IASB 的 IFRS 13 都对 SFAS 157 进行了一些调整，但是，SFAS 157 的很多重要观点都得以延续。

二、IASC/IASB 公允价值会计发展的简要回顾

与 FASB 相似，IASC（2001 年改组为 IASB）在启动公允价值计量会计准则项目之前，也已经在多项具体会计准则中运用了公允价值计量属性；而且，在很长一段时间内，IASB 同样缺乏一份单一的公允价值计量会计准则，公允价值计量或披露要求的规定只能散乱存在于这些具体准则中，同样可能导致这些准则在公允价值计量或披露方面的规定缺乏内在一致性，降低会计准则执行的可比性。例如，2000 年通过并于 2001 年开始生效的 IAS 40《投资性房地产》和 1998 年通过并于 1999 年 7 月 1 日开始生效的 IAS 38《无形资产》中规定的公允价值计量

① SFAS：Statement of Financial Accounting Standards，美国财务会计准则（公告）。

② SFAC：Statement of Financial Accounting Concept，财务会计概念公告。

层级，并不一致[①]。因此，IASB 在 2005 年启动公允价值计量会计准则建设工作，但是，在 2008 年金融危机前，这项工作一直进展缓慢。金融危机爆发后，面对包括 20 国集团峰会在内的社会各界的压力，IASB 亟须建立一套单一的高质量的公允价值计量会计准则，以降低公允价值计量的复杂性，提高不同会计准则应用公允价值计量或披露所产生信息的可比性。

因此，2009 年 10 月，IASB 与 FASB 决定合作制定公允价值计量会计准则，并于2010年1月正式开始讨论该准则的各项具体规定，以确保双方关于公允价值计量与披露的要求是一致的[②]。最终，IASB 在 2011 年 5 月 12 日发布了 IFRS 13 号《公允价值计量》。它与 FASB 基于 SFAS 157 的改进准则 Topic 820，具有高度一致性，只是在用词和写作风格方面具有微小差异（International Accounting Standards Board，2011）。当然，《公允价值计量》准则只规范公允价值计量和披露，双方对哪些具体准则应该应用公允价值计量仍然存在差异，需要在后续合作中予以妥善解决。

三、IFRS 13《公允价值计量》内容简介

FASB 和 IASB 的准则并不存在本质差异，因此以下仅简要介绍 IFRS 13 的主要内容。

公允价值的定义是“市场参与者之间在计量日进行的有序交易中出售一项资产所收到的价格或转移一项负债所支付的价格（如脱手价格）”。

理解该定义，须重点把握以下几点内容。

第一，公允价值是基于市场而非特定主体的计量。计量公允价值须站在市场参与者视角，采用市场参与者可能采用的假设，而与主体持有一项资产或结算，履行一项负债的意图不相关。

第二，定义的公允价值，实际上是当前的脱手价格。资产或负债的脱手价格

① 1998 年的 IAS 38《无形资产》第九条规定：无形资产初始确认后如果选择按照重估价值后续计量，后续计量金额等于重估日公允价值扣减累计摊销和累计减值损失。其中，公允价值必须参照活跃市场确定。IAS 40《投资性房地产》规定：投资性房地产包括了公允价值和历史成本两种计量模式，其中，投资性房地产的公允价值，通常是指市场价值，是资产负债表日符合公允价值定义的，市场中能够合理获取的最有可能的价格。IAS 40 第四十条进一步规定，投资性房地产如果缺乏活跃市场价格，可以考虑如下三种方式获取公允价值：①不同性质、条件、位置的房产在活跃市场的报价；②相对不活跃市场的近期报价，并进行一定调整；③对满足可靠性要求的未来现金流量进行折现之后的现值。显然，IAS 40 的公允价值获取方式已经很接近现在流行的三层估计；但是，IAS 38 的公允价值则仅包括活跃市场价格。

② 例如，2009 年 IASB 发布了公允价值计量的征求意见稿，该征求意见稿是以美国 SFAS 157 为蓝本制定的，与之有很多相似之处，虽存在一些差异条款，但多数是表述方法差异而非本质性差异。IASB 收到了 160 份针对该征求意见稿的评论信函，这些信函绝大多数都表达了要求 IASB 与 FASB 制定相同的公允价值计量与披露的诉求。

体现的是持有该资产或承担该负债的市场参与者，在计量日预期的与该资产或负债相关的未来现金流入或流出。主体可以通过自己使用或销售的方式，从一项资产获取现金流入，即使主体意图通过自己使用，而不是销售该资产，以获得现金流入，脱手价格仍然体现了销售该资产对市场参与者预期产生的现金流量。这是因为，市场参与者购买这些资产愿意支付的价格，是根据自己使用或销售这项资产能够获得的利益确定的。因此，IASB 认为脱手价格始终是与资产公允价值相关的定义，不论主体对该资产的意图是自己使用或出售。同样，对于负债而言，脱手价格也是公允价值相关的定义，不论主体意图是自己履行负债的义务，还是将负债转移给意欲履行的第三方。

第三，公允价值是在主要市场（是指该资产或负债拥有最大交易量及交易水平的市场）中向市场参与者出售资产或转移负债所使用的价格；如果不存在主要市场，则应采用主体可获得的最有利市场的价格。

第四，交易成本不应纳入公允价值计量的范围，因为此类成本并非资产或负债所特有的，同时，交易成本并不等同于运输成本。如果地点是资产的一项特征，运输成本应纳入公允价值计量范围，即公允价值计量时应该根据资产运入或运出主要（或最有利）市场所发生的成本对价格进行调整。

第五，该准则建立了一套公允价值层级，将公允价值计量所采用的估值技术输入参数划分为三个层级。第一层级的输入参数是计量日能够获取的活跃市场中相同资产或负债的未经调整的公开报价；第二层级的输入参数是直接或间接可以观察的，未包括在第一层级中的资产或负债的公开报价；第三层级的输入参数是资产或负债无法观察的输入参数。三种层级公允价值可靠性逐级降低。

第六，该准则强化了公允价值的披露要求，主体应该披露信息以帮助财务报表使用者评估：①初始确认之后，在财务状况表中以重复（recurring）或非重复（non-recurring）为基础对资产和负债以公允价值计量时，用于这些计量而采用的估价技术及其输入参数；②资产负债表日，采用重要的不可观察输入参数（第三层级公允价值输入参数）对公允价值进行重新计量，以及估计对当期利得（或损失）或其他综合收益的影响。

四、我国会计准则制定机构关于公允价值会计规范发展的简要回顾

就我国会计准则和会计制度制定历史而言，我国研究并利用公允价值会计的成果是显著的。经过20世纪80年代对西方会计准则的发展介绍和我国如何制定会计准则的讨论，到 90 年代我国的会计制度和会计准则在如何处理国际会计准则的争论中不断发展。其中，早期标志性事件是我国于1992年11月发布了《企业会计准则》，尽管它几乎全部执行了历史成本。陈美华（2006）认为，在此期间，真正能够称得

上实质运用公允价值的只有 1992 年《中华人民共和国外商投资企业会计制度》中有外币业务期末外币账户会计计量的相关规定，但没有明确提出公允价值概念。

公允价值会计的引入或退出一直是我国会计准则改革过程中备受瞩目的议题，也是衡量我国会计准则与 IFRS 趋同程度的一个重要标志。1998 年，我国出台的《企业会计准则——债务重组》、《企业会计准则—— 投资》和《企业会计准则——非货币性交易》三项准则执行了公允价值会计，这是公允价值概念在我国会计准则的首次正式运用。然而，因为制度基础薄弱，执行过程中产生了很多利润操纵的现象，不少上市公司利用这些准则提供的机会，通过债务重组或非货币性资产交换的业务安排，粉饰财务报表业绩。因此，我国财政部于 2001 年重新发布了修订的《企业会计准则——债务重组》、《企业会计准则—— 投资》和《企业会计准则——非货币性交易》等会计准则，虽然保留了公允价值的定义，但适用范围大幅度缩小，实质上几乎禁止了公允价值会计的运用。由此说明，我国财政部 1998 年首次在具体会计准则中引入公允价值会计，确实操之过急了。这可能是由于当时我国为了满足世界贸易组织（World Trade Organization，WTO）的需要，而急于寻求会计准则与国际会计准则接轨。

随着我国资本市场的逐步完善及 2001 年加入 WTO 后 5 年过渡期的结束，作为商业语言的会计信息系统有必要进一步与 IFRS 趋同，以满足经济发展的需要。2006 年，财政部发布了 38 项具体会计准则和一项基本准则，规定 2007 年 1 月 1 日起在上市公司中执行，实现了与 IFRS 的实质性趋同，其主要特征之一就是更大范围地引入了公允价值会计，并使其在大多数具体会计准则中得到应用，这对资产负债表和利润表产生了深刻的影响。其中，由于具有更活跃的市场，金融资产与金融负债对公允价值会计的应用最普遍、影响最广泛（张金若等，2013a）。2014 年，财政部在借鉴IFRS的基础上发布了《企业会计准则第39号——公允价值计量》，并于同年 7 月 1 日起生效，这是我国第一份针对计量属性的会计准则。

第二节　金融工具会计准则历史及现状简介

一、IASC/IASB、FASB 与我国金融工具会计准则发展的简要回顾

（一）IASC/IASB、FASB 金融工具会计准则发展的简要回顾

自 20 世纪 80 年代 IASC 和 FASB 分别开始金融工具会计研究以来，该领域

确认和计量的研究持续不断、成果丰富，但又因问题复杂而争议不断，以 2008 年金融危机为界，简要概括如下。

1. 金融危机前 IASC/IASB 的一系列努力

1986 年，IASC 发布了 IAS 25——《投资会计》，开始以公允价值作为债务和权益证券的计量属性之一。经过与加拿大会计准则制定机构 CICA（The Canadian Institute of Chartered Accountants，加拿大特许会计师协会）较长时间的共同努力，1994 年 11 月，IASC 决定独立研究披露与计量。1998 年，IASC 发布 IAS 39《金融工具：确认与计量》；之后 IASC 经过多次修订，以完善初始、后续、终止确认和公允价值计量等问题。

2. 金融危机前 FASB 的一系列努力

1975 年，FASB 发布 FAS 12——《特定有价证券的会计处理》，开始涉及金融工具会计，1986 年正式开始对该准则进行研究。从 1990 年 3 月起，FASB 先后发布 FAS 105、FAS 107 和 FAS 119 等，以规范金融工具的信息披露；1993 年 5 月后，又先后发布 FAS 115、FAS 125、FAS 133、FAS 138、FAS 140、FAS 150、FAS 155、FAS 157、FAS 159 等规范金融工具确认与计量（FAS 157 和 FAS 159 仅涉及公允价值计量）。这些准则的显著特征是逐步使金融工具从表外披露向表内确认发展，相应地提出了如下重要观点：FASB 以“是否享有合约权利或承担义务”作为初始确认标准；立足于“控制”，提出并多次修订“金融合成分析法”以完善终止确认标准；提出公允价值是金融工具最相关计量属性，是衍生金融工具唯一相关计量属性；提出三个层级的公允价值计量，努力完善其计量框架。

3. IASB/FASB 联合攻关与独立行动并行

2008 年金融危机爆发之后，特别是 2009 年 20 国集团峰会之后，为了回应峰会领导人对财务会计准则的批评（主要是要求改进并简化金融工具会计准则），FASB 和 IASB 加快了公允价值及降低金融工具会计复杂性项目的合作步伐。2009 年，IASB 决定分三步启动 IAS 39 的修订工作，以降低金融工具会计复杂程度，将准则制定由规则导向转向原则导向，以提高准则质量，并完全取代 IAS 39。三个步骤具体如下：①金融工具的分类和计量；②金融资产减值；③套期会计。除此之外，IASB 还对金融工具终止确认展开研究。近年来，IASB 陆续就金融工具分类与重分类、披露、减值、终止确认和公允价值计量等发布了多项公告或征求意见稿。2014 年 7 月，IASB 发布了 IFRS 9——《金融工具》会计准则的最终版本，整合了金融工具分类与计量、减值准备与套期会计，以完全取代 IAS 39。可以说，IASB 发布的这些公告或征求意见稿，都是与 FASB 密切合作和讨论的结果。FASB 虽未采用三步走策略，但同样围绕金融工具减值与终止确认、FV（fair value，公允价值）信息披露、套期保值会计等重点领域发布了一系列补充公告、往来意见稿。例如，FASB 在 FAS 166 中提出“参与利益”，提高了金融工具的终止确认门槛；发布了 FAS 157 的系列补充公告，以完善公允价值信息披露并努力提高公允价值计量可靠性。

（二）我国金融工具会计准则发展的简要回顾

国内的相关研究非常活跃、成果显著，但以借鉴和评判国外成果为主。

从官方来看，2006 年是重要分水岭。此前，我国金融工具会计问题散见于《金融企业会计制度》《企业商品期货业务会计处理暂行规定》《企业会计准则——投资》《信托业务会计核算办法》《信贷资产证券化试点会计处理规定》等。2006 年，CAS 22——《金融工具确认和计量》、CAS 23——《金融资产转移》、CAS 24——《套期会计》、CAS 37——《金融工具列报》等构成了体系上较为完整的金融工具会计规范。金融危机爆发之后，随着 IASB 对金融工具会计准则的修订，我国也陆续修订了金融工具会计信息披露准则，出台规范金融负债和权益工具划分、优先股和永续债会计处理的规定。特别是财政部 2016 年 8 月 1 日发布了《企业会计准则第 22 号——金融工具确认和计量（修订）（征求意见稿）》《企业会计准则第 23 号——金融资产转移（修订）（征求意见稿）》《企业会计准则第 24 号——套期会计（修订）（征求意见稿）》，进行意见征求，2017 年 3 月 31 日，修订后的三份准则正式发布。另外，财政部 2014 年 6 月 20 日发布了修订后的《企业会计准则第 37 号——金融工具列报》，并于 2017 年 5 月 2 日发布了再次修订后的文件。财政部 2006 年发布的四项金融工具会计准则都进行了重要修改，并于 2018 年 1 月 1 日起分不同类型企业陆续生效。

从学术界来看，早期朱海林、葛家澍和陈箭深、陈小悦、谢诗芬、刘浩和孙铮、黄世忠、李荣林、潘秀丽、郑伟等学者从 20 世纪 90 年代以来通过授课、著作、教材、翻译等方式介绍和研究西方金融工具会计准则的发展：朱海林（1995）翻译了《国际会计准则》第 32 号；葛家澍和陈箭深（1995）较早系统地研究了金融工具会计的基本理论问题；朱海林（2000a，2000b）探讨建立我国金融工具会计准则的总体设想；陈小悦（2002）对 FASB 与 IASC/IASB 的差异进行了解读，并对我国衍生金融工具会计准则建设提出了建议；谢诗芬（2004）较早系统地研究了公允价值。金融危机爆发后，葛家澍（2009）、刘浩和孙铮（2008）、黄世忠（2009）、李荣林（2009）、潘秀丽（2009）、郑伟（2010，2011）等学者从多角度分析了危机爆发后我国金融工具会计及其主要计量属性面临的挑战及解决之道。

总之，我国官方和学者对金融工具会计进行了大量卓有成效的、方向和目标明确的研究，普遍认为应将国际研究成果与我国金融和资本市场发展现状相结合，积极谨慎地促进公允价值在金融工具会计中的应用，同时对执行公允价值的经济后果和公允价值计量的可靠性表示关注，强调加强信息披露监管与继续关注新会计准则执行效果的重要性。

二、金融工具会计准则几个重要理论问题的介绍与分析

本节根据 IASB 改进金融工具会计准则的三个步骤，以 2014 年 IASB 发布的 IFRS 9——《金融工具》为蓝本，简要介绍几个重要问题，同时借鉴 FASB 金融工具会计发展动态，分析我国金融工具会计准则。

（一）金融工具分类和计量问题

1. IFRS 9 分类和计量的主要规定

分类是金融资产会计的基础性问题，它决定了初始确认、后续确认及报表列报等重要问题。对比 IAS 39，IFRS 9 对金融资产的分类进行了重要修订，规定企业应根据自身商业模式和金融工具未来现金流量的性质将金融工具分为两类，即按摊余成本计量和按公允价值计量，详见流程图（图 2-1）。同时，IFRS 9 规定，只有当主体管理这些金融资产的商业模式发生了变化时才能重分类，并且需要就重分类的金额、商业模式变化、重分类的影响等进行详细披露。关于会计主体负债自身信用风险（credit risk）恶化导致负债公允价值下降所产生的利得或损失，IFRS 9 明确规定不再通过利润表予以反映，从而终止了这种令人难以理解的会计处理方法（黄世忠，2010），要求会计主体通过其他综合收益对其反映，避免对净利润产生影响。

2. IFRS 9 分类与计量的评述

IFRS 9 改变了 IAS 39 针对金融工具的四分类法，采用两分类法。两分类法的优势主要包括两个方面。

第一，进一步扩大了公允价值会计的应用范围。针对金融工具，IASB 和 FASB 的最终目标都是采用公允价值作为唯一计量属性，只是由于可靠索取公允价值的条件不成熟，以及外界施加的巨大压力，IASB 不得不暂时在 IAS 39 中采用混合计量属性，对“持有至到期投资”和“贷款与应收款”都采用摊余成本进行会计处理。随后，IASB 和 FASB 分别发布公允价值选择权相关的公告，给予企业对非强制采用公允价值的项目执行公允价值的机会，实际上进一步扩大了公允价值会计应用范围。同时，新提出的两分类法对执行摊余成本的条件也进行了严格限制。

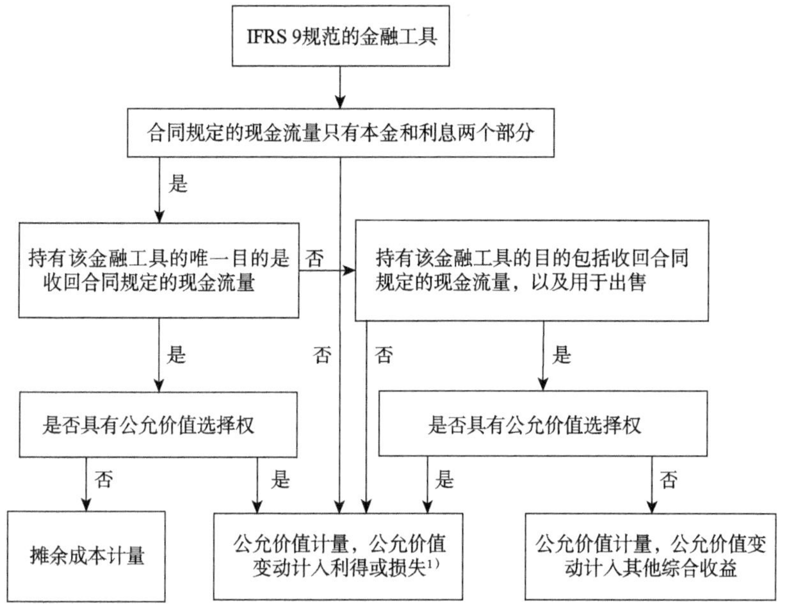

图 2-1　金融工具分类与计量图

1）表示权益投资的金融工具，运用公允价值选择权并选择公允价值计量的，公允价值变动计入其他综合收益

第二，更注重金融工具的客观特征，降低管理层依据持有意图划分金融工具的主观随意性。IAS 39 依据管理层持有意图对该项金融资产进行分类，随意性大，容易受到操控；IFRS 9根据商业模式和合同现金流量特征的客观因素进行分类，降低了管理层操纵空间。IFRS 9虽然也允许金融资产重新分类，但强调只有当主体管理金融资产的商业模式发生了变化时才能重新分类，并且特别强调重分类行为属于极不寻常的重要事项，实际上起到了警醒企业并提醒报表阅读者关注企业重分类行为的作用。

但是，IFRS 9也有不足，它仍然给予企业选择将公允价值变动计入“公允价值变动损益”或“其他综合收益”的机会。因此，虽然名为两分类法，实际上，几乎完全保留了四分类法遗留的对财务报表的几种影响方式。大量的实证研究结果表明，即使是欧美的半强势有效市场，报表信息使用者对同属于公允价值变动形成的未实现利得或损失的不同位置列报，将做出不一致的反映。企业管理当局为了获得某种有利的“反映”，可能会操纵公允价值变动产生未实现利得或损失的列报位置。

3. 我国现行的金融工具分类和计量方法的选择

截至2017年12月31日，我国金融工具的分类和计量方法仍然执行的是2007年生效的《企业会计准则第 22 号——金融工具确认和计量》会计准则的要求，该准则也采用了 IAS 39 的四分类法。已经有经验证据表明，因为金融资产分类对企业利润表将产生重要差异影响，所以管理当局会操控其分类结果（徐先知等，2010）。

那么，我国是否应该采用两分类法呢？本书认为，虽然四分类法存在一定不足，但是也有其合理性，特别是，可供出售金融资产和交易性金融资产确实具有一些重要差别，需要区分处理。在我国，可供出售金融资产的重要组成部分是股权分置改革、整体上市、股权激励计划等产生的限售股股票，这些股票在解锁期满前并不能用于出售，因此，将解锁期满前股票的交易价格波动的会计处理与交易没有障碍的股票价格波动的会计处理区别对待，有助于更好地反映“限售”对企业转变股票未实现利得或损失为已实现的能力的影响。

财政部 2017 年修订的、于 2018 年 1 月 1 日在不同类型企业陆续生效的《企业会计准则第 22 号——金融工具确认和计量》采取了折中处理，规定企业应当根据其管理金融资产的业务模式和金融资产的合同现金流量特征，将金融资产划分为以下三类：①以摊余成本计量的金融资产；②以公允价值计量且其变动计入其他综合收益的金融资产；③以公允价值计量且其变动计入当期损益的金融资产。同样，金融负债划分为以摊余成本计量的金融资产，以及以公允价值计量且其变动计入当期损益、金融资产转移不符合终止确认条件或者使用继续涉入法进行会计处理所形成的金融负债。三分类法实际上将原来采用摊余成本的两种类别——持有至到期投资、贷款和应收款合计为一类，更加简洁；同时，事实上也考虑了交易性金融资产和可供出售金融资产的重要差异，允许企业结合业务模式和合同现金流量特征的变化对金融资产重分类，比较科学。

（二）金融资产减值问题

1. IFRS 9 金融资产减值的主要规定

长期以来，准则制定机构对包括金融资产减值在内的所有资产，都采用“已发生损失模型”计提资产减值准备。但是，金融危机爆发之后，面对金融界、政界对已发生损失模型的六大严厉批评（黄世忠，2010），特别是已发生损失模型要求触发性事件（trigger event）作为确认减值损失的前提，导致企业系统性地推迟确认信用风险的变化产生的损失（国际会计准则理事会，2014），容易导致顺周期效应，既不利于企业迅速采取对策消除推迟确认减值损失的不利后果，又容易给企业提供盈余管理的空间。IASB 和 FASB 在 2009 年就提出采用预期信用损失（expected credit losses）模型作为金融资产减值会计处理原则，并最终在 IFRS 9 中得以实行。

预期信用损失模型是向前看的模型，它取消了确认预期信用损失的门槛，不再要求将触发事件作为损失确认的前提，而是要求主体随时确认预期信用损失，在资产负债表日及时更新损失金额，以反映金融工具信用风险的变化情况。因此，相对于已发生模型根据历史信息判断减值，预期信用损失模型需要获取更及时的信息，以确定预期信用损失信息，这类支撑信息将包括可以合理获取的历史的、当前的和预期的信息。

2. 预期信用损失模型的评述

预期信用损失模型是针对已发生损失模型的缺陷而提出的。但是，它将损失确认同时建立在历史信息、当前信息和未来预期信息的基础上，其操作性要低于已发生损失模型。难道该模型不会导致企业利用减值准备计提操控企业业绩吗？事实上，在银行界，很早就有预期信用损失模型运用效果不佳的先例。美国银行监管机构 1993 年就发布《关于贷款和租赁损失准备的联合政策公告》，要求银行贷款损失准备应覆盖未来期间有可能发生的所有信用损失，按照贷款五级分类设定固定比例以评估贷款减值准备是否充分提取，但是很多银行借此提取秘密准备，进行利润操纵、平滑业绩，从而使其受到包括美国会计总署、美国证券交易委员会、FASB 在内的强力部门和社会公众的质疑（刘玉廷，2010）。

事实上，2009 年 IASB 和 FASB 提出预期信用损失模型后，学术界也存在不少反对意见。金融监管会计目标与金融监管目标存在着根本性差异，会计规定应该与金融监管分离，会计必须以“如实反映”为根本，针对已发生减值迹象的计提减值准备是满足“如实反映”要求的。会计规定与金融监管规定相分离也是国际惯例，如美国银行监管机构在 2006 年 12 月开始要求银行应该根据会计准则规定的已发生损失模型计提资产减值准备，同时从监管角度要求银行保持较高的权益资本以应对银行贷款资产可能发生的损失。

另外，根据 IFRS 9，虽然预期信用损失模型针对所有摊余成本计量的金融资产、公允价值计量且利得损失计入其他综合收益的金融资产，但是，IFRS 在描述预期信用损失模型的操作流程时，更像描述“银行贷款损失”，同时更关注信用风险对金融资产价值的影响，对银行贷款以外的其他金融资产，如股票如何操作损失准备计提，IFRS 9 并未做出充分说明。

可能是由于 IFRS 9 的预期信用损失模型仍然存在着诸多问题，IASB 虽然已经正式发布 IFRS 9 最终版本，但是，该准则的生效日期是 2018 年 1 月 1 日。准则发布日期与准则生效日期相差 3 年多，这在准则发展历史上是非常少见的[①]，

① 相似例子是 IASB 2014 年修订的收入确认会计准则。2014 年 5 月 28 日，IASB 发布了《国际财务报告准则第 15 号——源于客户合同的收入》，生效日期是自 2017 年 1 月 1 日或之后开始的完整会计年度，允许提前采用。2015 年 4 月 28 日，通过投票建议将准则生效日再次推迟至 2018 年 1 月 1 日。

这也说明 IASB 对执行 IFRS 9 的谨慎态度。

3. 我国金融资产减值会计处理的选择

财政部 2017 年修订的《企业会计准则第 22 号—— 金融工具确认和计量》已经正式采纳了预期信用损失模型，舍弃了已发生损失模型。

虽然已经有大量文献认为我国资产减值会计通常是企业盈余管理、利润操纵的重要手段，但是，这并不意味着预期信用损失模型能够更好地胜任金融资产减值会计。相对于已发生损失模型，预期信用损失模型产生的会计信息更难满足可靠性要求。在我国，企业信用评级市场尚处于欠发达状态，对债务人信用风险的评价仍然主要依赖债权人内部提供。股票市场也属于欠发达状态，即价值发现机制仍然不够成熟。相应地，政府监管水平、独立审计质量也都与发达市场存在一定差距。在这种情况下，依赖于会计主体对金融工具预期信用损失的判断而做出会计处理，可能会增加管理层操纵利润的风险。

（三）套期保值会计

与基本金融工具相比，我国会计学术界对衍生金融工具会计的研究更加欠缺，这可能与其高度复杂性、会计学术界研究人员缺乏实务背景、衍生金融工具市场欠发达等因素有关。

1. 我国 2006 年会计准则和 IAS 39 对套期保值会计的主要规定

套期保值，是指企业为规避外汇风险、利率风险、商品价格风险、股票价格风险、信用风险等，指定一项或一项以上套期工具，使套期工具的公允价值或现金流量变动，预期抵销被套期项目全部或部分公允价值或现金流量变动（中华人民共和国财政部，2006a）。我国 2006 年《企业会计准则第 24 号——套期保值》主要参照 IAS 39①。根据套期关系，可分为套期保值公允价值套期、现金流量套期和境外经营净投资套期。企业必须满足五个条件才能按照套期会计方法进行会计处理，其中，“套期预期高度有效”规定要求套期能够高度地消除套期风险带来的公允价值或者现金流量变动，套期实际产生相抵的结果应当在 80%~125%。

2. IFRS 9 套期保值会计的主要规定

IAS 39 所提供的套期保值会计存在严重缺陷，受到财务报表信息使用者及企

① 财政部 2017 年发布了修订后的《企业会计准则第 24 号—— 套期会计》，对原准则进行了修订，修订后的准则实现了与 IFRS 9 的实质趋同，但是，该准则最早生效时间是 2018 年。下文将简要介绍 IFRS 9 对 IAS 39 的修订，并对修订内容做出简要评论。

业内部管理者的批评（国际会计准则理事会，2014）。投资者及其他财务报表用户认为，IAS 39无法提供信息帮助用户理解会计主体面临的风险、管理当局管理这些风险所采取的行动及行动效果，财务报表用户只能寻求其他非审计信息以理解会计主体套期活动的风险管理。管理当局也认为，IAS 39无法充分反映管理当局风险管理的全部活动。例如，IAS 39适用范围不包括非金融项目的套期保值，但企业管理当局通常也针对非金融项目（如原油）开展套期保值活动。

因此，IASB 修改了套期保值会计，使其能够更好地反映企业风险管理活动，具体包括以下几点：①拓宽了原套期会计对被套期项目的认定，面临公允价值或现金流量变动风险，且被指定为被套期对象的，能够可计量的项目，都可以被认定为被套期项目，如衍生品、非金融项目都能指定为套期项目。②原套期会计中对套期项目的确认在本次修订中被拓宽了。例如，以公允价值进行计量且变动计入当期损益的非衍生金融资产就可以被指定为套期工具。③改变了期权和远期合约等套期会计处理方法。在原来的会计处理中，企业将期权作为套期保值工具时，应区分期权内在价值和时间价值，确认内在价值的变动为套期工具，而时间价值的变动确认为利得损失，并不作为套期工具。这种做法往往导致企业盈余较大波动，也违背了企业风险管理的宗旨。IFRS 9中提出将期权时间价值的变动和远期合约利息的变动等在会计处理上作为套期成本进行处理。④取消了套期高度有效的量化标准和企业持续评价套期有效性的规定，只要满足以下两个条件即可认为该套期具有有效性，即符合套期有效性评估目标、预期将会产生非偶然性的对冲。⑤允许企业重新平衡变更套期关系。如果原本的套期关系出现变化，企业不必终止全部套期关系，可以继续确认原有套期关系中仍然存在的那部分套期关系；同时，企业可以根据套期工具、被套期项目的经济关系的变动，对套期工具和被套期项目的套期数量进行调整，从而保证企业持续满足套期保值会计的适用条件。⑥对企业终止套期和披露提出了要求，企业不得主动终止套期并应按规定对套期进行披露。

3. IFRS 9 套期保值会计处理的评述

新修订的套期保值会计在以下两方面具有优势。

（1）加强了套期保值会计与企业风险管理之间的联系。套期保值会计的本意是抵销套期项目和被套期项目对企业利润表波动的相反影响，反映企业管理者运用金融工具进行风险管理对财务报表的影响。但是，改革前的套期保值会计准则对企业执行套期保值会计规定了苛刻的条件，实务中可能存在企业因无法满足这些条件而放弃进行套期保值会计的情况，造成企业风险管理不能很好地得到反映的不良后果，大大降低了套期保值会计准则的适用范围。这是因为套期保值计划的周期未必与会计期间相匹配，在计划尚未完成时，评价企业的套期保值活动能否达到“高度有效性”，有失公允（朱国华和方毅，2010）。而且，很多情况下，无效套期保值并不是企业故意错配或想借机混合投机交易，而是交易规则、市场流动性、期货合约的移仓和展期、期货合同与现货合同交割的时间不匹配、期货基差波动不确定、增值税等因素造成套期有效性难以落在 85%~125%，大部分企业无法按照套期会计进行核算，而只能将以套期为目的的期货业务视为一般衍生品进行会计核算（翟继蓝等，2014）。因此，IFRS 9 取消了 80%~125%这一量化标准，是比较契合套期保值业务特点的，也将赋予企业更大的灵活性以执行套期保值会计，更好地反映了企业运用套期保值业务进行风险管理的情况，从而有利于企业利用套期保值对风险进行管理。

（2）减轻了企业使用套期保值会计财务处理方面的压力。改革前的套期保值会计准则中对企业使用套期保值会计做出了严格的限制，如要求企业在使用套期保值会计期间持续对套期有效性进行评价，这给企业财务处理造成巨大压力，也会打击企业使用套期保值会计的积极性。IFRS 9 取消了持续评价套期有效性的要求，简化了企业会计处理，减轻了企业财务处理压力，大大降低了企业会计核算成本。

显然，新准则被赋予了更加具有原则性的规定，灵活性也增加了，这实际上是一把双刃剑，可能产生利润操作。例如，在实际的某项交易中，企业管理层可能根据动机、意图的不同将该项交易归类为套期或者投机。我国在引入修订后的套期会计准则时，应考虑如何避免此类问题的产生。

（四）终止确认会计——IASB 由寻求改进终止确认会计转向加强披露要求

1. IASB 改进终止确认会计准则的思想评述

1984 年 12 月，FASB 在 SFAC 5 中明确指出：“确认是将某一项目，作为一项资产、负债、营业收入、费用等正式地记入或列入某一个体财务报表的过程。”确认包括初始、后续和终止确认。随后，它进一步提出了确认一个项目和有关信息必须满足的四个标准，即符合要素定义、具有相关的计量属性予以充分可靠计量、信息是相关的、信息是可靠的。这四个标准明确了项目进入财务报表初始确认的条件，但对退出财务报表的终止确认却缺少关注。因此，在概念框架层面就存在学者关注的“资产的初始确认标准与终止确认标准的非对称性”问题（孙菊生和丁万平，1999）。实际上，这种非对称性不仅体现在资产中，在其他会计要素中同样存在。概念框架层面上一直没有解决终止确认标准，其指引具体会计准则制定的功能就无法发挥，具体会计准则在遇到终止确认问题时只好分别提出一些具体的终止确认方法，从而导致了准则与准则之间的内在不一致，降低了信息可比性，也降低了会计准则的严肃性（张金若和桑士俊，2010）。

FASB 和 IASB 都曾经在金融工具准则中规定了金融资产终止确认办法，但是都缺乏统一的金融资产终止确认会计准则。对于 FASB 来说，相对成熟的是 SFAS 140 提出的“金融合成分析法”。其精髓是金融资产可以分离为若干组成部分，根据评估会计主体是否放弃每个部分的控制权以决定是否需要终止确认，因此，会计主体不一定需要整体终止确认，这有别于非金融资产终止确认的普遍做法。IASC/IASB 于 1998 年、2000 年、2004 年等多次修改了 IAS 39，先后提出了“风险与报酬转移法”“后续涉入法”等。由于 IASB 和 FASB 的方法在理念上存在差异，2005 年 4 月，IASB 和 FASB 初步确定就 IAS 39 和 SFAS 140 的金融资产终止确认进行趋同研究。2009 年 3 月公布了征求意见稿，规定企业应当在满足以下三个条件时才能对相关金融资产进行终止确认：①企业收取金融资产产生的现金流量的合约权利已经到期；②企业转移了该项金融资产，且未继续涉入；③或者虽然企业在转移资产后继续涉入，但是金融资产转入方有实际能力为了自身利益再次转移该项金融资产（张金若和桑士俊，2010）。此外，征求意见稿中还删除了原终止确认处理中涉及的企业是否转移与金融资产有关的几乎所有的风险和报酬这个条件。

IASB 在 2009 年 3 月的征求意见稿中提出的新思路使终止确认立足于企业针对该项金融资产的经济利益已经结束，抓住了资产定义中“带来经济利益资源”的本质；立足于转入方具有实际能力处置该金融资产，抓住了“处置权”这一最能体现资产“控制权”精髓的权力。因此，这实际上表明 IASB 已经放弃了绕开资产定义探索终止确认的做法，回到了从要素定义分析终止确认的基本逻辑思路，这遵循了概念框架“连贯、协调、内在一致”的精髓，贯彻了“目标—信息质量特征—要素定义—确认与计量”的承前启后的关系，也体现了会计的对称性原则，基于相同的逻辑思维分析初始确认与终止确认（张金若和桑士俊，2010）。可以看出，该征求意见稿提出的终止确认标准，是非常严格的，大大提高了资产证券化过程中发起人终止确认证券化资产的条件（张金若和桑士俊，2010；黄世忠，2010）。

然而，这种终止确认标准并非完美无缺，特别是其中“转入方具有实际能力基于自身利益转移金融资产”的条件可能过于严格，且不符合客观情况，可能会矫枉过正。首先，转移方虽然仅仅保留了一些次要的风险与报酬，但可能会对转入方自由转移金融资产的能力产生决定性影响；其次，转入方是否有实际能力基于自身利益转移金融资产，除了受转入方意愿影响，还可能受该资产是否存在活跃交易市场影响；最后，处置资产是享有资产控制权从而获取经济利益的途径之一，但不是唯一途径，也不是必要途径，如企业拥有一项固定资产，可能由于市场活跃度不高，影响了企业出售固定资产的能力，但这并不影响企业继续确认该资产的合理性（张金若和桑士俊，2010）。

2. IASB 寻求以完善披露要求改进终止确认会计

既然暂时找不到合适的标准改进终止确认会计，2010 年 6 月，IASB 决定暂时放弃改进终止确认会计准则项目，继续维持 IAS 39 关于金融工具确认标准，转而寻求通过完善披露要求，提高金融资产转移披露信息的透明度，提高 IFRS 和美国公认会计准则（Generally Accepted Accounting Principles，GAAP）关于金融资产转移披露信息的可比性，以改进终止确认会计。最终，IASB 在 2010 年 10 月发布了修订后的 IFRS 7——《金融工具：披露》，并于 2011 年 7 月 1 日开始执行。IASB 希望通过改进披露要求，帮助财务报表用户理解在金融资产转移交易中，整体不能终止确认的金融资产转移与相关负债的关系，并针对已经终止确认金融资产的持续涉入，评估持续涉入的本质及相关风险。

3. IASB 终止确认判断标准及披露要求——IAS 39 及 IFRS 7 的有关规定

根据 IAS 39，金融资产终止确认的判断如图 2-2 所示，这也是我国会计准则的做法。

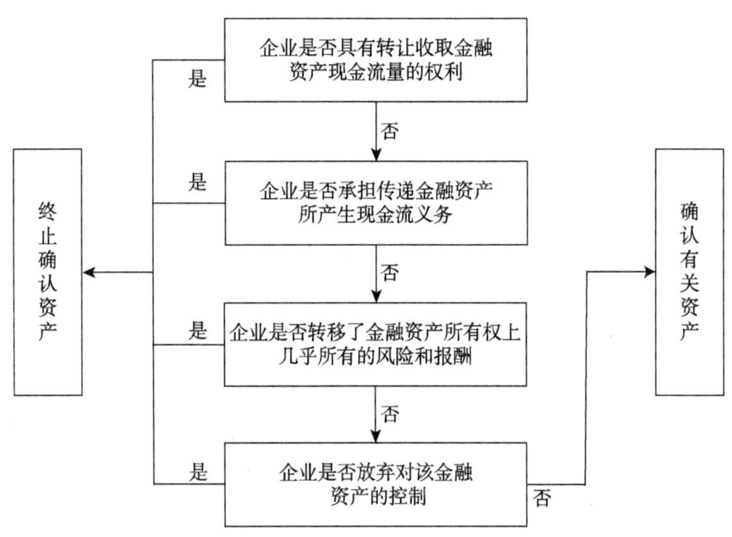

图 2-2　金融资产终止确认的判断

根据 IFRS 7，对整体不能终止确认的金融资产转移，主体应该披露以下信息：①被转移金融资产的本质；②会计主体承担的，与所有权相关的风险与报酬的本质；③描述被转移金融资产与有关负债之间关系的本质，包括财务报告日，以及因转移而对被转移资产的使用施加的限制；④如果有关债务的债权人对被转移资产拥有追索权，披露被转移金融资产及有关负债的公允价值的确定，以及两者的净差异；⑤主体继续确认所有转移的金融资产时，这些被转移金融资产和相关负债的账面价值；⑥当主体继续确认持续涉入资产时，披露转移前初始资产的账面总额、继续确认部分的账面价值、相关负债的账面价值。

对整体上满足终止确认，但转出方持续涉入已转移金融资产的，每个财务报告日期，对每种类型的持续涉入，至少披露如下信息：①持续涉入已经终止确认的金融资产所确认的有关资产和负债的账面价值及公允价值信息；②持续涉入已经终止确认金融资产、会计主体最大风险的损失金额及评估最大风险损失金额所采用的信息；③要求或可能需要回购已经确认金融资产所需要的未折现现金流量，或其他应付款的金额；④要求或可能需要回购已经确认金融资产所需要的未折现现金流量或其他应付款的到期分析，说明会计主体持续涉入资产的合同剩余期限；⑤支持上述定量信息披露的定性信息。

另外，对各种持续涉入，主体应该披露以下三类信息：①金融资产转移日确认的利得或损失；②终止确认金融资产的持续涉入、报告期及截至报告期累计确认的收益和费用；③如果满足终止确认条件的金融资产转移，所产生的收入在整个报告期间不是均衡分布，则应该说明报告期间内，金融资产转移活动最活跃的时间、最活跃时间内确认的利得或损失的金额、最活跃时间内收到的收入总额。

第三节　公允价值会计实证研究成果文献述评

公允价值会计的实证研究成果浩如烟海，为避免与其他文献不必要的重复，本节围绕本书研究主题，采用如下逻辑顺序进行简略回顾，如图 2-3 所示。

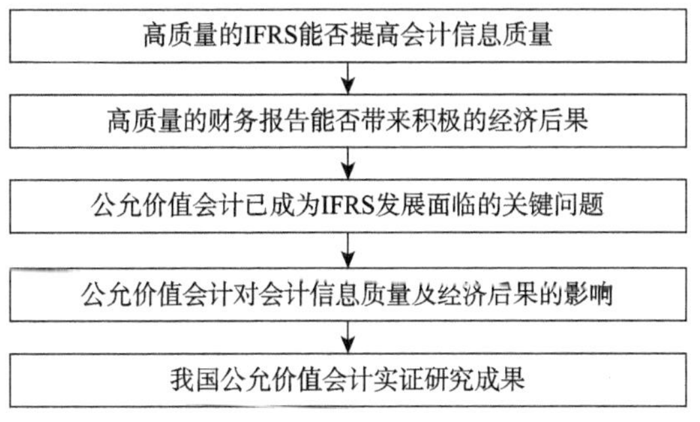

图 2-3　公允价值会计实证文献回顾逻辑顺序图

一、高质量的 IFRS 能否提高会计信息质量

根据IASB官网（www.iasb.org）的声明，IFRS基金会和IASB的目标是基于公众利益，制定一套单一的、高质量的、可理解的、可执行的、全球性的财务报告会计准则。因此，IASB 与世界各国的利益相关者（包括投资者、各国准则制定机构、监管机构、审计师、学术界和其他致力于发展高质量全球会计准则的人士）紧密合作。受益于其提供的会计准则质量的不断提升，IFRS 被各个国家或地区以不同程度、不同方式接受。截至 2017 年 3 月 30 日，全球已经有 150 个国家或地区采纳 IFRS。监管机构认为强制采用 IFRS 将使证券的投资者和发行者受益，因为对于许多国家而言，IFRS 比本土 GAAP 要求更高质量的计量和更高质量的确认规则，提供更透明度的信息，因此普遍采用 IFRS 将会提高国家间财务报告的可比性（European Council，2002）。

支持者对 IFRS 能够提供高质量会计信息给出了诸多理由。第一，IFRS 可能更强调资本导向，因此对投资者更有用（Hail et al.，2010）；第二，IFRS 可以缩小会计方法选择的空间，因此约束了管理者操控行为（Ashbaugh and Pincus，2001；Barth et al.，2008a）；第三，IFRS 要求的会计计量属性和确认规则能够更好地反映公司基本经济状况，因此能够为投资决策提供更相关的信息（Barth et al.，2008a）；第四，IFRS 提高了披露要求，能够降低公司与股东之间的信息不对称（Leuz and Verrecchia，2000；Ashbaugh and Pincus，2001）；第五，IFRS 提高了不同市场和不同国家的公司财务报表的可比性，因此有利于跨国投资和资本市场的一体化（Armstrong et al.，2010；Defond et al.，2011）。

然而，尚无确定的理论或证据来评估在一个国家内采用统一会计规则的优点和缺点，更何况是在国际范围内统一会计规则（Ball and Shivakumar，2006）。而且，高质量的会计准则并不一定能产生高质量的财务报告（Ball et al.，2003）。广泛采用 IFRS，可能会误导投资者，使其相信会计实务将更加一致。虽然各国财务报表质量的差异将下降，但是，宣布采用 IFRS 的国家，执行力并不一致，市场、政治等影响会计准则执行效果的重要因素在各国之间仍存在巨大差异（Ball and Shivakumar，2006）。首先，IFRS 减少可供选择的会计方法，可能会减少对公司基本经济状况的如实反映（Barth et al.，2008a）；其次，IFRS 的原则导向增加了管理者的弹性，可能会增加管理者盈余管理的机会（Barth et al.，2008a）；最后，更重要的是，财务报告实务不仅受会计准则影响，还受法律制度、执法效率、资本市场发展程度等宏观层面及薪酬、融资、所有权结构和公司治理机制等公司微观层面因素的影响，较弱的执行机制可能会降低财务报告的质量（Ball et al.，2003；Ball and Shivakumar，2006；Burgstahler et al.，2006；Hail et al.，2010）。资本市场越发达、执行机制越健全的国家，越

能更好地执行 IFRS（Daske et al.，2008；Li，2010）。

二、高质量的财务报告能否带来积极的经济后果

即使高质量的会计准则可以产生高质量的会计信息，在经验研究上，高质量财务报告能否带来积极的经济后果，也不是一个容易回答的问题。例如，Barth 等（2007）指出，会计信息质量是否影响公司的权益资本成本，是一个持续存在争论的问题。因为，制度安排对新会计规则的有效性是非常重要的（Ball et al.，2003；Burgstahler et al.，2006），合理的财务报告必须建立在强有力的执行与监督机制上，以确保会计与审计准则得以有效执行（Tweedie and Seidenstein，2005）。因此，很多学者从各个角度检验高质量的 IFRS 能否带来积极的经济后果。但是，学者们的研究对象不同，研究结果并不一致，强制执行 IFRS 的预期影响是否积极，可能取决于采纳 IFRS 的国家的相关制度环境是否成熟（Hail et al.，2010）。

已有证据支持高质量的 IFRS 能够带来积极的经济后果。更好的信息披露和更高质量的财务报告有利于降低逆向选择、提高股票流动性，因此，有利于降低权益资本成本，提高股票的吸引力（Amihud and Mendelson，1986；Diamond and Verrecchia，1991；Botosan and Plumlee，2002；Hail，2002；Francis et al.，2004；Easley and O'Hara，2004；Hail and Leuz，2006）。所以，学术界非常关注执行 IFRS 是否有助于降低权益资本成本。例如，研究发现自愿执行 IFRS 有助于降低权益资本成本（Leuz and Verrecchia，2000；Barth et al.，2008a）；强制执行 IFRS，也可以导致股票市场流动性提高，降低权益资本成本（Li，2010；Daske et al.，2008；Florou and Kosi，2015）。除了降低资本成本，强制执行 IFRS 在其他很多方面也具有积极后果：决定强制执行 IFRS 的重要事项期间，能够取得正的超常股票报酬（Armstrong et al.，2010）；执行 IFRS 的国家的公司，能够吸引更多的外国投资（Brüggemann et al.，2009；Beneish et al.，2010；Defond et al.，2011）；强制执行 IFRS，可以显著提高机构投资者的持股比例（Florou and Pope，2012）；美国投资者的本土偏误（home bias）显著下降（Shima and Gordon，2011；Khurana and Michas，2011）；执行 IFRS 之后，会计盈余的信息含量更高（Landsman et al.，2012）；股票价格的信息含量提高（Beuselinck et al.，2009）；财务分析师的信息环境得以改善（Byard et al.，2011；Tan et al.，2011；Horton et al.，2013）。

然而，并不能因此认为任何国家或地区强制执行 IFRS 都能提高财务报表透明度、可比性，并降低信息不对称（Christensen et al.，2013）。目前，大多数针对强制执行 IFRS 的影响的研究，集中于欧盟（Bova and Pereira，2012；

Christensen et al.，2013），强制执行 IFRS 的正面后果仅出现于执行环境较好的国家（Barth et al.，2008a；Daske et al.，2008；Armstrong et al.，2010；Li，2010；Landsman et al.，2012；Florou and Pope，2012），其能否移植于新兴市场和发展中国家受到质疑（Barth et al.，2008a；Hail et al.，2010；He et al.，2012）。原因是 IFRS 的制定更多地以欧美为导向，不一定契合新兴市场实践。此外，IFRS 的执行质量依赖于法律制度、市场发达程度、监管力度、审计质量、公司治理等基础性制度，而新兴市场基础制度普遍较弱，削弱了 IFRS 的执行效果。因此，强制执行 IFRS 能否产生高质量会计信息及正面经济后果，与准则执行环境有很大关系。采用新会计准则并不可能改变管理者的报告动机，新会计准则可能不适合某些国家的制度环境（Ball et al.，2003；Burgstahler et al.，2006）。例如，Daske 等 （2008）发现，执行 IFRS 提高市场流动性，仅存在于法律规则健全的国家；Li（2010）针对 1 084 家欧盟上市公司 1995~2006 年的数据展开研究，发现总体上强制执行 IFRS 显著降低了执行者的权益资本成本，增加的披露要求及会计信息可比性的提高，是权益资本成本下降的两个主要原因，但是，资本成本的下降只存在于法律执行机制强的国家；Byard 等（2011）发现，执行 IFRS 导致分析师预测偏差和预测离散程度下降，也仅存在于法律制度健全且本土会计准则与 IFRS 具有很大差异的国家；Landsman 等（2012）发现，执行 IFRS 之后，盈余公告信息含量的提高，取决于所在国家法律制度的健全程度，也有研究发现执行 IFRS 的新兴经济体（以马来西亚为样本）改进了信息披露质量，具体表现为应计绝对值下降、盈余价值相关性提高（Ismail et al.，2010），并有证据表明契约目的对高质量会计提出了要求，即使在新兴经济体中。例如，McGee 和 Preobragenskaya（2005）指出，俄罗斯公司如果希望从西方国家的银行获取借款，则财务报表必须按照 IFRS 或美国 GAAP 编制（Bova and Pereira，2012）；Chen 等（2011）也发现，即使在新兴经济体，财务报告质量高也有助于减少低效率投资行为。

在强制执行 IFRS 时，经常伴随着其他各种制度的变化强制，即使一部分围绕执行 IFRS 的经济后果的文献指出，执行 IFRS 对资本市场产生积极且经常是实质性的影响（如 Daske et al.，2008；Armstrong et al.，2010；Byard et al.，2011），但是，目前仍然不清楚资本市场受到的这些影响在多大程度上可以归因于 IFRS 的执行，显然，深入理解这种影响的根源，对研究者、政策制定者和管制机构都是很重要的（Christensen et al.，2013）。他们进一步指出，研究必须能够区分以下几种可能的解释：①本土会计准则转变为 IFRS 对观察到的资本市场产生的积极影响发挥了主要作用；②IFRS 执行对资本市场产生的积极影响仅发生在制度与法律系统都健全的国家；③执行 IFRS 的国家采取措施强化执行力度，准则变化与执行力度改变这两个因素共同对资本市场产生了影响；④与财务报告无关的其他制度因素变化或经济环境变化，而非 IFRS，对观察到的资本市场发挥了影响作用。

三、公允价值会计已成为 IFRS 发展面临的关键问题

随着 IFRS 逐步推进公允价值会计的应用，公允价值会计已经成为 IFRS 的一个主要特征（Ball and Shivakumar，2006），也成为我国会计准则体系最重要的特征之一。IFRS 与我国的多项具体会计准则都应用了公允价值会计，如金融工具、投资性房地产、非货币性资产交换、债务重组、企业合并、收入等。

然而，一个问题始终无法回避，即历史成本与公允价值会计优劣。两者的争论由来已久，可以追溯至 20 世纪 30 年代（Paton and Saliers，1932；Fabricant，1936），且一直未得到有效解决（Schipper，2005；Ball and Shivakumar，2006；Watts，2006；Laux and Leuz，2009；Hail et al.，2010）。第二层级和第三层级的公允价值信息可靠性强弱，成为历史成本与公允价值会计争论能否彻底解决的关键。

管制力量可以决定公允价值会计的应用范围，但是，市场条件才是影响公允价值会计能否有效运用的关键。总体上，市场比管制能够更有效地协调各种经济选择，它更关注潜在市场失败的影响（Christensen and Nikolaev，2013）。Kothari 等（2010）指出，会计界一直无法彻底回答历史成本与公允价值会计优劣的一个重要原因是，公允价值会计与历史成本会计的选择，在很多情况下是管制机构强加的结果，即缺乏实际证据表明如果完全依赖市场力量，对公允价值会计与历史成本会计的选择结果会是如何。Christensen 和 Nikolaev（2013）针对 Kothari 等的疑问进行研究，较好地回答了该问题。Christensen 和 Nikolaev（2013）以英国和德国为对象，研究了企业对固定资产、投资性房地产、无形资产三种非金融资产的计量属性的选择。他们的文章基于以下两个原因选择英国和德国作为研究国家：首先，英国、德国拥有欧洲最大的资本市场；其次，历史上它们一直是执行公允价值会计的两个极端点，德国对非金融资产只允许采用历史成本会计，英国对固定资产允许选择公允价值会计、对投资性房地产强制要求公允价值会计。之所以选择这三种资产，是因为对这些资产应该采用公允价值还是历史成本的争议最大。现在，作为平衡的结果，IFRS 允许固定资产和投资性房地产在历史成本和公允价值会计间做出选择，并且，允许会计主体对具有活跃市场的无形资产自由选择历史成本和公允价值会计。IFRS 提供的自由选择，使管理当局有机会基于外部利益相关者的利益选择恰当的计量属性。最后发现，总体上看，当允许企业自由选择历史成本会计或公允价值会计时，历史成本会计仍然是绝对主流，具体表现为以下几点：①仅 3%的样本公司对固定资产选择公允价值会计。②由本

土 GAAP 转向 IFRS 之后，约有 44%的样本公司放弃了本土 GAAP 对固定资产执行的公允价值会计，转而采用 IFRS 提供选择的历史成本会计，而根据本土 GAAP 对固定资产采用历史成本会计的，在转向 IFRS 后，只有 1%的样本公司转向执行公允价值会计。③投资性房地产项目，采用历史成本会计与公允价值会计的样本几乎各占一半。④所有样本公司，对无形资产都选择了历史成本。⑤制度差异是决定选择何种会计的重要因素，英国比德国更可能选择公允价值会计，在德国，企业筹集资金的主要渠道是银行和其他私人渠道（Leuz and Wüstemann，2004），会计的主要功能是为利润分配和纳税服务。所以，与 IFRS 趋同之前，德国会计只允许历史成本会计。目前，与 IFRS 趋同后，德国企业纳税仍然是以法律主体为基础，所以，合并财务报表的会计计价政策选择并不会影响税收。与德国相反，英国传统上一直是会计与税务相互分离，英国公司股权比较分散，中小规模的公司也在伦敦证券交易所交易上市，所以，通过财务报表降低信息不对称，保护中小股东利益，在英国至关重要。相应地，通过重估价值传递资产当前真实价值，就成为准则制定机构和实务界的选择，公允价值会计更容易受到认可。事实上，概念“真实与公允”也是英国首先提出的。⑥执行成本是选择公允价值会计的重要因素，如果能够低成本获取可靠公允价值，就更可能选择公允价值会计，因此，流动性更强的资产更可能执行公允价值会计。

显然，公允价值会计已经成为 IFRS 发展过程中及趋同过程中必须解决的最主要的问题之一（Peng and Bewley，2010），对发展中国家尤其如此。鉴于公允价值的相关问题研究主要集中于发达经济体，IASB 主席 Tweedie（2006）倡议，需要更多地针对新兴经济体公允价值相关问题展开研究，以响应 IASB 在 2006 年发布的《公允价值计量》讨论稿中所提出的“关于如何更好地解决新兴和发展中国家在执行公允价值会计过程中的需求”的建议。Ball 和 Shivakumar（2006）指出，仅有以下两种情况之一，公允价值就能够提供比历史成本更多的信息：第一种情况，由于缺乏完美市场流动性的条件，但具备可观察的市场价格，管理者对该价格缺乏实质影响力；第二种情况，具备独立可观察的、准确的估计流动的市场价格。因此，Ball 和 Shivakumar（2006）担心，IASB 是否已经在公允价值会计方面走得太远了，理由如下：①市场流动性是实务中一个潜在的重要问题，买卖差价大到足以影响公允价值的不确定性，并由此将给财务报表带来噪声。②在缺乏流动性的市场，管理者会影响交易活动及交易价格，使其可以操控公允价值估计。③更糟糕的是公司倾向于对商品或金融工具的相关价值具有坚定信念，一般不会在某个买入价（bid price）全部买入，更不会在某个卖出价（ask price）全部卖出，因此，Ray Ball 在 2006 年就呼吁，公允价值会计还没有经过一次大金融危机的检验。④当无法获取流动市场价格，公允价值会计变成“盯模型”会计。⑤如果流动市场价格可以获取，公允价值会计会减少自利管理者通过操控资产销售时点，操控利得与损失的实现时间，从而达到操控财务报表目的的机会。但是，如果是“盯模型”会计，管理当局操控的机会会显著增加，他们会有更多机会选择估价模型和估价参数。

四、公允价值会计对会计信息质量及经济后果的影响

按照研究对象的不同，将公允价值会计信息质量及经济后果的实证研究成果归纳如下。

（一）公允价值会计信息质量和价值相关性

公允价值会计信息质量主要围绕相关性与可靠性展开，总体而言，有以下几点：①文献支持了公允价值会计对会计信息质量和会计信息价值相关性的积极作用；②并非所有资产或负债项目执行公允价值会计都能够产生积极效果；③文献对公允价值会计信息可靠性问题也产生了担忧。由于金融工具和非金融工具项目执行公允价值会计具有较大差异，实证研究也分别围绕金融工具和非金融工具执行公允价值会计展开，其中，金融工具执行公允价值会计的研究主要集中于银行业。

1. 银行业金融工具公允价值会计信息质量及价值相关性

Barth（1994）以美国银行业 20 年的数据为研究样本，发现证券投资的公允价值信息确实相对于历史成本信息具有增量信息含量，而历史成本信息则对公允价值信息不具有显著的增量信息含量。然而，其也指出，证券投资公允价值信息具有增量信息含量，而基于公允价值的证券投资收益信息并没有显著的增量信息含量，历史成本的投资收益信息反而具有增量信息含量；但 Barth 等（1996）却认为贷款、证券与长期债务的公允价值信息都具有相对于历史成本的增量信息含量。Nelson（1996）以美国 200 家最大的商业银行 1992 年和 1993 年的公允价值信息披露为对象，研究发现证券投资的公允价值信息具有价值相关性，Eccher 等（1996）也取得了一致的发现。但是，证券投资公允价值信息的价值相关性具有不稳定性，当模型控制了净资产报酬率和账面价值增长率后，价值相关性不复存在（Nelson，1996），Nelson（1996）发现公允价值取值噪声对可靠性的影响，使这些信息并不具有价值相关性，也有文献认为公允价值信息不具有比历史成本更强的信息含量。Khurana 和 Kim（2003）以 1995~1998 年的美国银行为研究样本，发现历史成本与公允价值提供的金融工具会计信息，在与股票价值相关性的表现上并不存在差异；并且，规模较小、信息环境更不透明的银行，历史成本信息具有更强的信息含量。

可靠性也对公允价值信息价值相关性产生了影响。Barth（1994）、Petroni 和 Wahlen（1995）都发现，权益投资和美国国债投资的公允价值信息有助于解释股票价格，但不能可靠获取市场价格的公司债券和市政债券的公允价值信息则不具有相关性。Goh 等（2015）的研究表明，市场参与者认为第一层级的净资产比第二层级更有价值，而第二层级与第三层级的净资产的价值并没有显著区别。相反，Song 等（2010）的实证研究显示，公允价值资产或负债的三个层级都与股价密切相关，但是第三层级的显著性略低于第一、第二层级，而公司治理有助于提升第三层次公允价值的价值相关性。显然，良好的公司治理有助于提升信息使用者对公司采用第三层级获取公允价值可靠性的信任。可靠性会影响公允价值信息的价值相关性，具有噪声的公允价值信息也会降低契约的有效性（Ball and Shivakumar，2006）。在这种情况下，区分“确认”和“披露”尤其重要，有噪声的公允价值信息不一定需要通过确认才有利于权益投资者（Ball and Shivakumar，2006）。

2008 年爆发的金融危机使西方很多著名银行遭受严重打击，包括巴塞尔银行监管委员会（Basel Committee on Banking Supervision，BCBS）在内的监管层也采取了系列措施强化银行的监管。相应地，会计学术界迎来了 20 世纪 90 年代以来研究银行执行公允价值会计的热潮，以金融危机为背景开展了大量的相关研究。Blankespoor 等（2013）采用三种方法计算包括金融工具因素的财务杠杆比率，即公允价值、GAAP 规定的混合计量属性、巴塞尔 Tier 1 监管资本价值，研究银行金融工具执行公允价值会计是否能够更好地描述银行所面临的信用风险（包括债券收益率波动区间及银行未来失败风险）；Blankespoor 等（2013）研究发现，公允价值计量的金融工具所衡量的财务杠杆比率显著比其他两种计量方式能够更好地反映债券收益率波动和银行未来失败风险，且单变量分析和多变量分析的结果是一致的。他们的研究结果说明，金融工具执行公允价值会计，包括准备持有至到期的金融工具，可以使资产负债表更好地反映银行信用风险。

2. 非金融资产重估值的信息质量及价值相关性

为了弄清非金融资产公允价值信息是否具有价值相关性，以消除准则制定机构和其他人士对可靠性问题的担忧，诸多学者围绕非金融资产价值重估的市场反映展开研究。多数文献支持非金融资产重估值行为的价值相关性，但是，这也有赖于环境和公允价值的可靠获取。有些研究证据表明有形资产和金融资产的重估值结果是有偏的（Danbolt and Rees，2008）。而且，Christensen 和 Nikolaev（2013）提供证据表明，绝大多数管理者认为公允价值会计产生的积极作用非常有限。

Sharpe 和 Walker（1975）较早研究资产重估值与股票价格的关系，他们研究了澳大利亚大型公众公司 1960~1970 年资产向上重估值行为，发现宣告向上重估值与股票价格上升具有显著关系，并且股票价格上升趋势会维持几个月。Standish 和 Ung（1982）以英国 1964~1973 年公司资产重估为对象，发现在资产价值向上重估的宣告日，市场有积极反映。Easton 等（1993）以澳大利亚 1981~1990 年公司的资产评估实务为对象，研究发现资产重估准备的年度增长与股票年度报酬具有显著正相关关系。Barth 和 Clinch（1996）针对在美国上市的外国公司需要根据美国 GAAP 调整报表的情况，研究了英国、澳大利亚、加拿大、美国的 GAAP 差异是否对股票价格和股票报酬产生影响，其中，发现英国公司对资产的重估值与公司股票价格并不具有相关性，推测可能是管理当局的操控、估计偏差等因素导致重估金额不具有可靠性。Barth 和 Clinch（1998）以澳大利亚的投资、非流动资产、无形资产的公允价值信息为研究对象，发现投资和无形资产的公允价值信息都与股票价格具有显著正相关关系，但非流动资产公允价值信息的相关性则比较不稳定。Aboody 等（1999）以英国公司 1983~1995 年固定资产评估增值为对象，研究发现重估投资增值与股票价格显著相关。Fields 等（1998）发现，美国不动产投资信托公司的公允价值披露信息具有较高的价值相关性，虽然公允价值信息也被认为不可靠，且未得到股票价格充分反映。由于不动产资产比投资基金资产更难获取可靠的公允价值，Danbolt 和 Rees（2008）采用实验研究方法比较了英国公司这两种资产的公允价值会计信息，他们发现以下几点：①不动产和投资基金的公允价值盈余信息确实比历史成本盈余信息能够更好地解释股票价格变动，但是，控制了净资产公允价值信息后，两种计量模式的解释能力的差异变得很小；②不动产公允价值信息价值相关性确实更低；③能够可靠获取公允价值信息的投资基金，公允价值信息价值相关性确实强于历史成本；④公允价值难以可靠获取时，管理当局容易操控公允价值以避免发生损失，或避免资产价值下降。基于以上几点，Danbolt 和 Rees（2008）认为，实验结果并不支持全面执行公允价值会计。

Muller 等（2011）以欧洲房地产公司强制执行 IAS 40——《投资性房地产》为例，检验了这些长期有形资产强制执行公允价值会计对信息不对称的影响，发现公允价值信息大幅度降低了信息不对称，同时，信息不对称现象仍然存在，公允价值信息并不能消除信息不对称，且强制执行公允价值会计的公司存在的信息不对称，比自愿执行公允价值会计的公司更严重。

Cairns 等（2011）调查了英国和澳大利亚 228 家上市公司自 2005 年 1 月 1 日执行 IFRS 后，公允价值计量的使用情况，发现强制执行金融工具会计准则和股份支付会计准则确实提高了会计信息可比性，但执行生物资产会计准则对改进信息可比性的作用比较微弱。他们发现，除了银行、保险和其他一些持有投资资产的公司，绝大多数公司使用公允价值计量的意愿并不强烈。

（二）公允价值会计对银行盈利波动、资本监管的影响

公允价值会计需要在每个会计期末，根据公允价值与账面价值的差异，调整相关资产或负债的账面价值，并同时通过利润表或综合收益表确认相关利得或损失，公允价值会计的反对者担心会加剧企业利润的波动。公允价值会计对银行业的影响最大，因此，对公允价值会计将增强银行业利润波动的担忧最为强烈，并且，反对者还担忧波动的利润将提高投资者对银行股票报酬的要求，提高银行资本成本，波动的利润也将促使银行监管者提高对资本监管的要求，以应对银行更高的风险。但是，这种担忧并没有得到实证研究的全面支持。Barth 和 Landsman（1995）围绕美国 137 家银行 1971~1990 年财务报告披露的投资性证券公允价值信息展开实证检验，发现以下几点：①公允价值基础的盈余确实比历史成本基础的盈余具有更大的波动性，但是股票价格并未对增量波动性做出反应，说明投资者并不认为盈余波动性的增强一定表示银行经营风险的增加；②公允价值会计比历史成本会计更容易造成银行违背资本管制的要求，尽管公允价值会计导致的对资本管制的违背有助于预测银行未来违背资本管制的情况，但是股票价格没有对这种潜在增加的监管风险做出反应，只有历史成本会计产生的对资本监管的违背受到股票市场的关注；③尽管投资性证券的合同现金流量是固定的，但股票价格确实反映了利率的变化。显然，他们的研究表明，公允价值会计所导致的后果并不如公允价值反对者声称的那么严重，虽然公允价值会计会增强收益的波动性，但并未对股票价格和资本成本产生影响。类似地，Bernard 等（1995）、Yonetani 和 Katsuo（1998）分别以丹麦银行和日本银行为样本展开研究，同样发现公允价值会计确实会增强银行收益的波动性。随后，Hodder 等（2006）以美国 206 家银行 1995~2000 年财务报表数据为样本展开研究，发现完全的公允价值收益的波动程度是净利润的 5 倍、综合收益的 3 倍，并且，股票价格对完全的公允价值收益的波动程度做出了显著的反应；进一步地，股票价格对全面的公允价值收益的波动程度做出了显著的反应，衡量银行利率风险的长期利率贝塔系数与全面的公允价值收益波动程度的相关性强于净收益或综合收益的波动性。显然，这一结论说明，全面的公允价值会计能够更好地反映银行的内在风险，能够为银行股票定价提供最相关的会计信息。

由于公允价值会计增强了银行收益的波动性，Beatty（1995）发现，美国 369 家银行 1993 年第二季度至 1994 年第一季度，证券投资的平均比例显著下降、期限显著缩短，说明银行确实会采用调整证券投资组合的策略以降低公允价值会计对收益波动性的冲击。

金融危机爆发后，福布斯杂志的编辑 Forbes（2009）指出，糟糕的会计规则是银行危机的原因，公允价值会计的可靠性再次成为关注焦点，特别是公允价值

会计的计量误差（计量噪声）（Hughes and Tett，2008；Johnson，2008），他们担心如果计量差错导致报告的资本水平偏离基本价值，管理当局可能会错误地将财务健康的银行视为麻烦银行（第一类差错），或将麻烦银行视为健康银行（第二类差错），从而导致银行、监管者和投资者做出次优的资源配置决策；并且，随着市场流动性进一步恶化，噪声会增加并进一步导致公允价值估计的更大偏差（Easley and O'Hara，2010）；或者，公允价值会计产生的歪曲和传染效应会导致金融机构不必要的被清算（Allen and Carletti，2008）。Valencia 等（2013）以 2008 年金融危机后围绕公允价值会计的争论为背景，采用蒙特卡罗方法研究了公允价值计量噪声对银行资本充足率的影响，研究结果发现：尽管公允价值计量的噪声导致了第一类偏差和第二类偏差，但是第一类偏差是主流，特别是 Tier 1 资本充足率指标，同时，噪声导致监管当局增加监督成本、银行增加服从监管成本，从而降低了资源配置效率。

综上所述，尽管公允价值会计确实会增强银行收益的波动性，并由此影响银行的投资策略，但是收益波动性的增强是否会影响银行股票价格和银行资本管制，并未取得一致观点。尽管经验证据表明公允价值会计增强收益波动性，但是，这种波动性是对银行财务信息更真实和更完整的反映。

（三）公允价值会计对薪酬的影响

研究普遍支持业绩与薪酬具有显著关系（Lambert and Larcker，1987；Sloan，1993；Core et al.，1999；Imhoff，2003；Dechow et al.，2010），董事会会看穿盈余数字背后的信息，并在特定情况下对薪酬进行调整（Dechow et al.，2010）。例如，Dechow 等（1994）发现董事会制定高管现金报酬时，会过滤掉重组损益的影响；Gaver J J 和 Gaver K M（1998）发现，薪酬对报告收益和报告损失的敏感性具有差异。但是，公允价值会计产生的损益与薪酬的关系并不十分清晰，理论上存在两种可能。一方面，薪酬对公允价值波动如果做出反应，可能是不恰当的，因为公允价值信息可靠性一直受到质疑，即使是可靠的公允价值，其波动产生的利得或损失也属于未实现损益，这种损益在未来可能会转回，能否变为确定的损益具有很大不确定性，并且，公允价值的波动或转回通常与管理当局的努力程度不相关，属于管理当局难以控制的事项。另一方面，公允价值会计结果影响高管薪酬具有一定的合理性，因为公允价值会计能够更完整地反映资产或负债价值变化，从而能够更完整地反映管理当局的努力。例如，管理当局投资品种、时点等决策对金融资产获利结果产生重要影响，从而应该影响管理当局薪酬，并且，管理当局通常难以操控公允价值波动，这会增强评价结果的客观性。Livne 等（2011）是少数关注公允价值会计与高管薪酬关系的学者，他们以美国 1996~2008 年商业和投资银行为样本进行检验，发现公允价值计量的交易性金融资产和可供出售金融资产都与现金薪酬具有显著关系，而交易性金融资产产生的损益则与薪酬没有显著关系，即薪酬委员会选择性地将公允价值会计运用于薪酬制定决策。据此研究结论可得，管理者的买卖行为应该影响薪酬水平，但持有期间不受管理当局努力程度影响的价格波动不应该影响薪酬。

但是，有些研究结论与Livne等（2011）并不完全一致。Dechow等（2010）分析了 CEO（chief executive officer，首席执行官）薪酬对资产证券化利得的敏感性是否低于盈余的其他组成部分，研究结果表明 CEO 薪酬与证券化利得显著相关，且不低于盈余的其他组成部分，并且，CEO 会利用操控折现率、违约率和支付率的机会，操控证券化利得以获取更高的薪酬。而且，公司治理的一些常用方法，包括薪酬委员会或审计委员会、财务专家，董事会包括女性董事、更高的外部董事比例，并不能有效约束 CEO 采用这些操控手段。

（四）公允价值会计是否属于金融危机的替罪羊

2008 年金融危机，使包括第一层级在内的整个公允价值会计都受到了两个重要方面的指责，认为扩大了金融机构的受损严重性（黄世忠，2010），指责的声音有的来自学术界，有的来自实务界或政界。其一，金融危机期间，市场流动性下降，市场价格反复无常，金融资产的市场价格并不能准确衡量这些工具长期的价值，在这种情况下，资产持有方通常不可能以当期偏低的市场价格出售这些资产，却不得不根据公允价值对其确认持有损失。其二，公允价值会计的顺周期效应和传染效应，导致银行不必要的清算（Allen and Carletti，2008）。福布斯杂志主席Forbes及一些政客甚至指出，盯市会计是美国金融系统崩溃的主要原因（Pozen，2009）。

显然，公允价值会计在信息可靠性方面的硬伤，是金融危机中银行界能够理直气壮地将公允价值作为替罪羊的有力借口。在金融危机爆发前，学术界就对公允价值会计的可靠性表示担忧，认为公允价值会计的可靠性可能劣于历史成本会计（Herrmann et al.，2006），公允价值会计并不像一般所认为的难以操控，管理者会通过操控公允价值估计以操控盈余（Dietrich et al.，2000），这必将进一步加剧对公允价值会计可靠性的担忧。金融危机爆发后，市场不稳定时期不同层级的公允价值是否真正具有价值相关性与契约有用性，更是引起了广泛争论（Goh et al.，2015；Kolev，2012；Song et al.，2010；Barth and Landsman，2010）。这些争议影响了 FASB 应用公允价值会计的决策。2010 年，FASB 决定应收款、应付款及有些公司的自有债务不采用公允价值会计，其他所有金融工具都采用公允价值会计。

但是，这些指责并未得到会计学术界的完全认可。例如，Badertscher 等

（2012）通过数据检验强有力地说明，金融危机期间商业银行的公允价值会计属于替罪羊，其不足以导致顺周期和传染效应，而且，恢复历史成本并不能解决执行公允价值会计可能产生的一些问题。例如，传染效应和顺周期效应并不能通过回归历史成本予以解决；公允价值会计在有些情况下可能无法提供相关信息，但是历史成本在很多情况下也不能提供相关信息；公允价值会计可能被用于真实盈余管理，但历史成本同样也可能被用于真实盈余管理（Laux and Leuz，2009，2010；Ball and Shivakumar，2006）。

（五）公允价值会计对企业管理者经济行为的影响

研究公允价值会计对高管决策行为的影响是非常重要的，因为高管的真实决策行为将会影响公司经济发展和价值创造（Kanodia，2007）。Chen 等（2013）采用实验研究方法分析公允价值会计如何影响管理当局的真实经济决策，他们的第一个实验发现：与仅提供给实验者经济影响信息或同时提供经济和历史成本会计影响信息相比，同时提供给实验者经济和公允价值会计影响信息，实验者更有可能选择次优决策（如放弃在经济角度上合理的套期机会），随着被套期资产的价格波动增强，实验者做出这种次优决策的可能性提高，然而，被套期资产价格波动增加，套期业务的获益是更大的。第二个实验表明，如果强调经济信息的重要性，或将净利润与公允价值波动分开列报，则公允价值会计所产生的这种不利影响将会降低。

五、我国公允价值会计实证研究成果

新会计准则执行初期的一些文献表明，新会计准则信息价值相关性显著提高（程小可和龚秀丽，2008；吴水澎和徐莉莎，2008；罗婷等，2008），但是，关于公允价值会计所发挥的作用及其在金融危机期间的作用的认识也不一致。罗婷等（2008）指出，公允价值会计在新会计准则信息价值相关性的提高中并没有发挥正面作用，且在不同行业表现不一致。此后的研究普遍支持公允价值的价值相关性。朱凯等（2008）发现，当公司与投资者之间的信息不对称程度越高，公允价值对股票定价的增量作用越显著。而且，四大审计能够提高公允价值计量信息的价值相关性（叶康涛和成颖利，2011）。王建新（2010）发现新会计准则实施后，资产负债表和利润表的会计信息的价值相关性提高，其中，公允价值会计提供了主要增量信息，具有价值相关性。但是，金融危机期间公允价值信息的相关性表现不是很显著。与王建新（2010）不同，刘永泽和孙翯（2011）认为公允价值信息对价值相关性的提升未明显受到金融危机的影响。

三个层级获取的公允价值信息的可靠性由第一层级到第三层级逐级下降，这可能会直接影响公允价值信息的价值相关性，特别是第三层级的公允价值信息。黄世忠（2007）指出，第一、第二层级的公允价值信息能够随时可靠获取，信息可靠性不低于历史成本，但是，第三层级公允价值信息则依赖于在估值模型中大量运用假设并对资产和负债的未来现金流量进行预测，可靠性低于历史成本。邵莉和吴俊英（2012）选取了沪深两市 2007~2010 年金融行业上市公司年度数据，运用奥尔森价格模型检验发现，第一层级公允价值资产比第二层级更具增量价值，而第三层级公允价值资产以及公允价值负债的三个层级均未呈现显著的价值相关性。

由于金融危机的爆发对公允价值会计顺周期效应的指责，除了价值相关性，公允价值会计对市场波动的影响开始受到重视。最后发现，公允价值会计信息与股票市场波动率之间具有正相关关系（胡奕明和刘奕均，2012）。但是，公允价值变动损益与股市过度反应显著相关（谭洪涛等，2011）。

在公允价值会计对薪酬契约的影响方面，从理论上讲，相对于其他营业利润，公允价值变动由相关资产或负债持有期间市场价格波动所致，较小受管理当局履行受托责任努力程度的影响，管理层对这类资产或负债的影响作用主要体现在买卖决策，对买卖期间的价格变化难有作为。如果公允价值会计的作用太大，甚至高于其他营业利润，则说明薪酬机制不合理。如果公允价值完全没有作用，则说明薪酬机制没有体现管理层价值买卖决策的价值。徐经长和曾雪云（2010）首先在这方面进行研究，发现上市公司高管薪酬与利润表公允价值收益和损失关系并不一致，存在“重奖轻罚”现象。张金若等（2011）发现“重奖轻罚”也存在于直接计入资本公积的公允价值变动。与此不同，邹海峰等（2010）考察了不同高管的差异表现，发现利润表公允价值变动损益对董事长货币薪酬没有产生作用，但却与财务总监的货币薪酬具有显著正相关关系。

第三章　中国上市公司公允价值会计应用现状及制度背景分析

第一节　中国上市公司执行公允价值会计的总体情况分析

一、上市公司公允价值会计规模总体分析

在我国 2007 年生效的新会计准则体系中，公允价值会计在很多个具体准则中都有所规定，总体上可以划分为三种情况。第一种情况：初始确认、后续确认、终止确认过程中都强制采用公允价值会计的资产和负债项目，主要是交易性金融资产、衍生金融资产、可供出售金融资产、交易性金融负债、衍生金融负债。第二种情况：在后续计量可以选择历史成本会计或公允价值会计的资产或负债项目，主要是投资性房地产、生物资产。第三种情况：某些报表项目在特定交易或事项中要求采用公允价值计量。这类规定在会计准则中比较分散，多个准则均有所涉及，如非货币性资产交换会计准则规定的具有商业实质的非货币性资产交换，债务重组会计准则对重组涉及的资产的计价，非同一控制企业合并对被投资单位各项资产和负债在合并时点以公允价值纳入合并财务报表，投资企业权益法核算的长期股权投资确认投资收益时对被投资单位根据公允价值进行净利润的调整，等等。但是，企业在这些交易或事项中所获得的资产或承担的负债，初始确认基于公允价值，后续确认却不再采用公允价值。

根据我国上市公司对会计准则的实际执行情况，第一种情况下，资产和负债

都能够采用公允价值会计；在第二种情况下，在后续计量中采用公允价值会计对投资性房地产进行会计处理的上市公司，仅占持有投资性房地产上市公司的极少数；第三种情况下，根据上市公司财务报表表内信息及报表附注披露信息，通常难以分离出公允价值会计对有关报表项目的影响。

因此，本章仅以第一种情况为基础，分析我国上市公司执行公允价值会计对财务报表的影响程度。由于仅凭财务报表表内数据，无法获取公允价值会计对利润表、现金流量表和所有者权益变动表的影响，本章仅考虑公允价值会计对资产负债表的影响。需要补充说明的是，无法获取公允价值会计之所以会对利润表产生影响的原因如下：①资产或负债持有期间形成的公允价值变动，虽然通过利润表的"公允价值变动收益"予以反映，但是，该项目列报金额也会受到资产或负债处置时会计科目"公允价值变动损益"转入"投资收益"的影响。②公允价值会计也会影响利润表的"投资收益"，但"投资收益"受多种非公允价值会计因素的综合影响。当然，后续章节在对金融行业上市公司执行公允价值会计展开实证研究时，会通过手工搜集财务报表附注信息的方式，分析公允价值会计对金融行业上市公司利润表的影响，以完整体现公允价值会计的经济后果。

基于上述原因，从 CSMAR 选取 2007~2013 年 A 股所有上市公司资产负债表的交易性金融资产、衍生金融资产、可供出售金融资产、交易性金融负债、衍生金融负债等项目的年度数据，分析公允价值会计对上市公司财务报表的影响程度，虽然分析结果不能完整反映公允价值会计对企业财务报表的影响，但已涵盖执行公允价值会计的最主要部分，能够基本上体现公允价值会计对企业财务报表的影响程度。数据的简单分析结果如表 3-1 所示。

表 3-1　2007~2013 年公允价值会计对所有上市公司资产负债表的影响

变量	样本数	均值	标准偏差	最小值	最大值
公允价值资产占总资产比重	15 086	1.386 2%	5.348 7%	$-8.463\,23\times10^{-7}$%[1)]	82.669 3%
交易性金融资产占总资产比重	15 086	0.285 8%	1.910 0%	$-8.463\,23\times10^{-7}$%[1)]	44.249 4%
衍生金融资产占总资产比重	15 086	0.001 5%	0.031 8%	0.000 0	2.392 2%
可供出售金融资产占总资产比重	15 086	1.099 0%	4.800 6%	0.000 0	82.669 3%
公允价值负债占负债总额比重	15 085	0.071 1%	1.053 1%	0.000 0	41.543 7%
交易性金融负债占负债总额比重	15 085	0.069 3%	1.051 8%	0.000 0	41.543 7%
衍生金融负债占负债总额比重	15 085	0.001 8%	0.034 5%	0.000 0	1.839 9%
公允价值净资产占净资产比重	15 083	3.994 5%	33.653 5%	−478.762 8%	3 360.563 5%

1）表示"公允价值资产占总资产比重"和"交易性金融资产占总资产比重"最小值出现负值

注：深圳市海普瑞药业股份有限公司（股票代码 002399）2010 年财务报表交易性金融资产出现负值（−6 878.07 元），根据公司财务报表附注，该交易性金融资产实际上是衍生金融工具。另外，"公允价值资产占总资产比重"有 9 851 个样本为零，表明只有 5 234 个样本公司持有执行公允价值会计的金融资产

其中的变量说明如下：公允价值资产等于交易性金融资产、衍生金融资产和

可供出售金融资产期末账面价值之和；公允价值资产占比等于公允价值资产除以期末资产总额；公允价值负债等于交易性金融负债和衍生金融负债期末账面价值之和；公允价值负债占比等于公允价值负债除以期末负债总额；公允价值净资产等于公允价值资产与公允价值负债之差；公允价值净资产占比等于公允价值净资产除以期末所有者权益账面价值。

根据表 3-1 可以初步得到以下几个结果：①公允价值资产占总资产或公允价值净资产占净资产的比重都非常低，表明公允价值会计对资产负债表的总体影响小。2007~2013 年公允价值资产占总资产的比重均值略低于 1.39%。其中，可供出售金融资产最重要，占总资产比重超过 1%，交易性金融资产次之，衍生金融资产的比重极小。②公允价值负债占负债总额比重更低，仅达到 0.07%且绝大多数属于交易性金融负债，由于资产总额一般超过负债总额，说明公允价值负债规模比公允价值资产规模更小。③公允价值净资产占净资产比重均值为 3.99%，对净资产的影响也比较小。④从均值看，上市公司总体上持有的执行公允价值的金融工具，主要为可供出售金融资产，其次是交易性金融资产，其余资产或负债占总资产的比重都微乎其微。因此，通过初步观察，可知应该将可供出售金融资产和交易性金融资产作为研究重点。

为了进一步观察各个年度之间是否具有差异，表 3-2 列出了 2007~2013 年各年主要指标的均值。公允价值资产占总资产比重在 2007 年达到最高，2009 年次之，但2008年之后的总体趋势为下降，尤其是2011~2013年。这可能受到我国股市在 2007~2013 年表现的影响。我国股市 2007 年属于大牛市，随后则逐渐步入漫长的熊市，其间经历了 2009 年的触底反弹，但 2010 年之后又逐步走入下降。公允价值净资产占净资产比重的均值大小分布也与公允价值资产占总资产比重相似，也是 2007 年最高，随后呈现总体下降趋势，但波动性大于公允价值资产占总资产比重指标。在资产和负债具体组成上，可供出售金融资产和交易性金融负债在每年都分别是公允价值资产和公允价值负债的主要类别。

表 3-2　2007~2013 年公允价值会计对所有上市公司资产负债表影响的年度差异

变量	2007 年	2008 年	2009 年	2010 年	2011 年	2012 年	2013 年
公允价值资产占总资产比重均值	2.431 8%	1.224 0%	1.621 5%	1.424 7%	1.143 8%	1.151 6%	1.088 7%
交易性金融资产占总资产比重均值	0.302 0%	0.257 2%	0.232 5%	0.270 7%	0.293 4%	0.311 7%	0.312 3%
衍生金融资产占总资产比重均值	0.001 3%	0.001 9%	0.000 9%	0.001 3%	0.001 2%	0.001 0%	0.002 6%
可供出售金融资产占总资产比重均值	2.128 5%	0.964 9%	1.388 1%	1.152 7%	0.849 2%	0.838 9%	0.773 9%
公允价值负债占负债总额比重均值	0.018 0%	0.041 1%	0.044 2%	0.027 2%	0.097 1%	0.097 6%	0.130 2%

续表

变量	2007 年	2008 年	2009 年	2010 年	2011 年	2012 年	2013 年
交易性金融负债占负债总额比重均值	0.015 1%	0.038 9%	0.043 3%	0.025 7%	0.095 3%	0.096 2%	0.128 0%
衍生金融负债占负债总额比重均值	0.002 9%	0.002 1%	0.000 9%	0.001 5%	0.001 9%	0.001 4%	0.002 2%
公允价值净资产占净资产比重均值	5.940 4%	3.911 9%	4.440 7%	3.685 9%	4.664 1%	3.301 0%	2.815 6%
样本数/家	1 657	1 712	1 859	2 214	2 449	2 577	2 618

二、金融行业上市公司公允价值会计规模的总体分析

虽然公允价值会计对上市公司资产负债表的总体影响很小，但金融行业上市公司未必如此，业务性质决定了它们会更多地持有金融资产和金融负债。表 3-3 和表 3-4 列示了金融行业上市公司公允价值会计对资产负债表的影响。

表 3-3　2007~2013 年金融行业上市公司公允价值会计对资产负债表的影响

变量	样本数	均值	标准偏差	最小值	最大值
公允价值资产占总资产比重	265	14.842 8%	12.123 7%	0.000 0	52.889 4%
交易性金融资产占总资产比重	265	6.407 8%	9.142 1%	0.000 0	44.249 4%
衍生金融资产占总资产比重	265	0.082 0%	0.225 8%	0.000 0	2.392 2%
可供出售金融资产占总资产比重	265	8.353 1%	8.494 4%	0.000 0	46.670 2%
公允价值负债占负债总额比重	265	0.304 2%	0.943 7%	0.000 0	11.326 8%
交易性金融负债占负债总额比重	265	0.208 7%	0.874 4%	0.000 0	10.597 9%
衍生金融负债占负债总额比重	265	0.095 6%	0.237 9%	0.000 0	1.839 9%
公允价值净资产占净资产比重	265	93.222 5%	76.943 5%	0.000 0	358.511 8%

表 3-4　2007 ~2013 年金融行业上市公司公允价值会计对资产负债表影响的年度差异

变量	2007 年	2008 年	2009 年	2010 年	2011 年	2012 年	2013 年
公允价值资产占总资产比重均值	12.299 7%	12.130 5%	12.080 0%	12.312 4%	15.574 0%	18.860 8%	18.501 2%
交易性金融资产占总资产比重均值	2.765 4%	4.063 3%	4.217 8%	4.605 9%	7.358 2%	9.897 7%	9.810 7%
衍生金融资产占总资产比重均值	0.066 5%	0.103 8%	0.047 1%	0.073 7%	0.067 5%	0.056 4%	0.152 0%
可供出售金融资产占总资产比重均值	9.467 8%	7.963 4%	7.815 2%	7.632 8%	8.148 4%	8.906 8%	8.538 4%
公允价值负债占负债总额比重均值	0.310 6%	0.152 3%	0.119 1%	0.234 1%	0.267 4%	0.203 8%	0.759 0%
交易性金融负债占负债总额比重均值	0.160 8%	0.051 5%	0.068 8%	0.157 1%	0.168 9%	0.133 8%	0.632 2%

续表

变量	2007年	2008年	2009年	2010年	2011年	2012年	2013年
衍生金融负债占负债总额比重均值	0.149 8%	0.100 8%	0.050 2%	0.077 0%	0.098 5%	0.070 0%	0.126 8%
公允价值净资产占净资产比重均值	99.650 8%	106.022 4%	95.073 5%	82.672 0%	86.137 4%	93.083 3%	94.072 8%
样本数/家	32	34	34	39	42	43	43

根据表3-3可知，2007~2013年，公允价值会计对金融行业上市公司资产负债表影响的各个度量指标都明显高于表3-1。其中，对几个重要情况说明如下：①公允价值资产占总资产比重均值接近15%，而表3-1该指标不到1.39%。②金融资产最重要的组成部分仍然是可供出售金融资产，其次是交易性金融资产，衍生金融资产的规模仍然很小。但是，与表3-1可供出售金融资产远超交易性金融资产不同，金融行业的交易性金融资产的规模也不可忽视。因此，研究非金融行业的金融资产，应该重点关注可供出售金融资产，而研究金融行业，则交易性金融资产也属于重点关注范围。③虽然交易性金融负债占负债总额比重均值远超表3-1的该指标，但相对于金融资产而言，金融负债规模仍然相对次要，仅占负债总额的0.3%。因此，信用等级恶化对执行公允价值会计的金融负债所产生的会计后果而引起的广泛关注，在我国现阶段仍然不需要重点研究。④公允价值会计的净资产对金融行业上市公司净资产的影响非常重要，均值超过93%，表3-1的相应值仅为4%左右。

根据表3-4列示的2007~2013年主要指标的均值可以发现，金融行业公允价值资产占总资产比重在2007~2010年变化不大，2011年之后显著增加，这与包括所有上市公司的全样本具有明显区别。2011~2013年公允价值资产占总资产比重显著增加的主要原因是交易性金融资产的比重显著增加。交易性金融资产公允价值变动计入利润表营业利润，而2011~2013年我国股票市场处于熊市时期，金融行业上市公司持有的金融资产大量为交易性金融资产，其是否对利润表的业绩增长和稳定性造成不利影响，在后续章节的大样本检验中值得引起注意。

三、金融行业子行业公允价值会计运用情况分析

金融行业可以进一步划分为银行业、证券业、保险业、信托业四大类。虽然金融行业混业经营、混业监管是未来趋势，但根据我国目前法律法规，保险业、银行业、证券业、信托业仍然实行分业经营与分业管理，保险公司与银行、证券、信托业务结构分开设立。因此，证券行业内部各个子行业的经营性质、监管规则等都存在比较明显的差异。本节对金融行业各个子行业执行公允价值会计的

规模进行分别描述。

（一）银行类上市公司执行公允价值会计的资产负债规模分析

根据中国银行业监督管理委员会（以下简称中国银监会）官方网站的资料，截至 2014 年底，我国银行类金融机构合计达 967 家，其中，已经在 A 股上市的银行 16 家，包括 5 大国有商业银行、8 家股份制商业银行和 3 家城市商业银行。根据表 3-5，银行类上市公司持有的执行公允价值资产占总资产比重均值约 7.64%，且以可供出售金融资产为主，达到 6.52%。尽管比重都不高，但银行高杠杆特点，使银行执行公允价值会计的净资产均值达到净资产的 1.22 倍，因此，银行公允价值净资产的安全性对银行净资产的重要性是比较明显的。由于银行遵循了比较严格的监管法规，银行对金融工具的投资受到严格限制，各家银行持有的执行公允价值会计的金融资产和金融负债的种类比较一致。以我国银行 2012 年和 2013 年年报附注为例，银行的交易性金融资产、交易性金融负债、可供出售金融资产这些项目主要以债券为主，涉及少部分权益工具和基金。其中，债券主要是公共实体及准政府债券、政府债券、政策性银行债券、公司债券、金融机构债券等，而其他类型企业大部分以股票投资为主。银行衍生品交易包括：货币衍生工具、利率衍生工具、权益衍生工具、贵金属及其他商品相关的衍生工具、信用衍生工具等；银行以公允价值计量的其他项目，如以公允价值计量的结构性存款①、以公允价值计量的吸收存款。

表 3-5　2007~2013 年公允价值会计对银行类上市公司资产负债表的影响

变量	样本数	均值	标准偏差	最小值	最大值
公允价值资产占总资产比重	106	7.640 9%	4.469 8%	0.755 1%	25.185 7%
交易性金融资产占总资产比重	106	0.959 1%	1.366 2%	0.000 0	8.861 8%
衍生金融资产占总资产比重	106	0.159 5%	0.236 3%	0.000 0	1.537 8%
可供出售金融资产占总资产比重	106	6.522 4%	3.798 5%	0.024 7%	23.416 3%
公允价值负债占负债总额比重	106	0.470 5%	0.724 7%	0.000 0	3.247 2%
交易性金融负债占负债总额比重	106	0.308 7%	0.673 8%	0.000 0	3.138 5%
衍生金融负债占负债总额比重	106	0.161 9%	0.236 8%	0.000 0	1.634 6%
公允价值净资产占净资产比重	106	121.618 1%	69.199 6%	6.851 3%	358.511 8%

① 中国农业银行 2012 年财务报表附注指出，2012 年 1 月 1 日之前发行的结构性存款整体指定为以公允价值计量且其变动计入当期损益的金融负债；之后发行的结构性存款，其中所含的嵌入衍生金融工具将进行分拆，并作为衍生金融工具列报，结构性存款中的债务部分作为吸收存款列报。但是，中国银行 2013 年财务报表附注，仍然将结构性存款指定为公允价值计量且其变动计入当期损益的金融负债。

（二）证券类上市公司执行公允价值会计的资产负债规模分析

证券公司是依法成立的经营证券业务的有限责任公司或股份有限公司，截至2013年底，我国共有证券公司115家，其中，19家证券公司在沪深证券交易所上市。在我国，证券公司的经营业务范畴受《中华人民共和国证券法》（以下简称《证券法》）、国务院发布的管理条例和中国证监会的规章、规范性文件的约束。我国现行的是全国人民代表大会常务委员会 2014 年修正的《证券法》，它将证券公司经营范围限定为：证券经纪；证券投资咨询；与证券交易、证券投资活动有关的财务顾问；证券承销与保荐；证券自营；证券资产管理；其他证券业务。国务院2008年4月通过的《证券公司监督管理条例》根据《证券法》做了更详细的规定。例如，它明确将证券公司的自营业务范围限制在买卖依法公开发行的股票、债券、权证、证券投资基金或国务院证券监督管理机构认可的其他证券。近年来，随着我国资本市场的改革，证券公司经营范围也在不断扩大，融资融券业务、股指期货、转融通、资产证券化等创新业务不断推出，这些业务在提升证券公司竞争力的同时也给其风险管理带来了新的挑战。

根据表 3-6 可以发现，公允价值会计对证券公司的影响很大，相对于整个金融行业上市公司公允价值资产占总资产比重均值不足15%的情况，证券公司公允价值资产占总资产比重达到 21.22%。而且，证券公司公允价值资产的组成范畴也与金融行业总体情况具有明显差异，证券公司执行公允价值的金融资产，最主要的组成部分是交易性金融资产（均值达到资产总额的 13.94%），其次才是可供出售金融资产（均值为资产总额的 7.24%）。交易性金融资产和可供出售金融资产主要是债券、基金、股票、信托产品等，这与银行仅以债券为主形成了明显对比。衍生金融资产、公允价值会计的金融负债，对证券公司影响仍然很小。

表 3-6　2007~2013 年公允价值会计对证券类上市公司资产负债表的影响

变量	样本数	均值	标准偏差	最小值	最大值
公允价值资产占总资产比重	107	21.215 9%	12.057 0%	0.000 0	52.889 4%
交易性金融资产占总资产比重	107	13.935 1%	9.765 7%	0.000 0	44.249 4%
衍生金融资产占总资产比重	107	0.043 1%	0.247 1%	0.000 0	2.392 2%
可供出售金融资产占总资产比重	107	7.237 6%	7.058 7%	0.000 0	28.932 5%
公允价值负债占负债总额比重	107	0.283 3%	1.275 2%	0.000 0	11.326 8%
交易性金融负债占负债总额比重	107	0.209 3%	1.193 1%	0.000 0	10.597 9%
衍生金融负债占负债总额比重	107	0.074 1%	0.276 3%	0.000 0	1.839 9%
公允价值净资产占净资产比重	107	56.398 8%	32.296 0%	0.000 0	145.241 8%

（三）保险类上市公司执行公允价值会计的资产负债规模分析

根据中国保险监督管理委员会（以下简称中国保监会）官方网站信息，截至2014年12月我国有10家保险集团控股公司，这些集团控股公司的下属公司中，共有4家上市公司，分别为中国平安（股票代码601318）、新华保险（股票代码601336）、中国太保（股票代码 601601）、中国人寿（股票代码 601628）。保险公司的经营范围遵循《中华人民共和国保险法》（以下简称《保险法》）的规定。我国的《保险法》最早是1995年出台的，截至2013年，该法在2002年和2009年经过两次修订①。现行的《保险法》规定保险公司的资金可以用于银行存款，买卖债券、股票、证券投资基金份额等有价证券，投资不动产，以及国务院规定的其他资金运用形式②。中国保监会则对保险公司资金运用的具体管理办法予以规定，发布相关的保险资金运用管理办法与股权投资管理办法，规范保险公司的资金运用管理活动。由于《保险法》几经修订，中国保监会发布的这些具体管理办法也发生过多次变化。2004 年中国保监会发布的《保险机构投资者股票投资管理暂行办法》首次对保险公司直接投资买卖股票给予放行，符合条件的保险公司可以直接或者委托保险资产管理公司从事许可范围内的股票投资。2004年发布的文件对股票投资的资金来源、投资范围、持股比例等都进行了严格限制，如禁止保险资产管理公司使用自有资金进行股票投资，投资的股票仅限于我国境内公开发行并上市流通的人民币普通股股票，持有一家上市公司股票不得超过该公司人民币普通股股票的30%，禁止购买实行“特别处理”或“警示存在终止上市风险的特别处理”的股票，等等。中国保监会 2010 年发布的《保险资金运用管理暂行办法》逐步放宽了 2004 年发布的文件的一些规定，如将股票投资范围扩大到上市公司向特定对象非公开发行的股票，规范保险公司对未在证券交易所公开上市公司的股权投资，允许保险公司对其他保险类企业、非保险类金融企业、与保险业务相关的企业实现控股的股权投资，取消禁止保险资产管理公司使用自有资金进行股票投资的规定，明确保险集团（控股公司）、保险公司投资于股票和股票型基金的账面余额合计不得超过公司上季末总资产的20%，投资于未上市企业股权的账面余额不得超过公司上季末总资产的 10%。特别是，2010 年的《保险资金运用管理暂行办法》还指出，中国保监会将对保险公司投资创业板上市公司股票和以外币认购及交易的股票另行规定。2014 年，中国保监会根据《保险资金运用管理暂行办法》的精神，发布了《中国保监会关于保险资金投资创业板上市公司股票等有关问题的通知》，明确表示保险资金可以投资创业板上

① 本书所采用的样本数据是2007~2013年的，因此2014年、2015年的修订不予考虑。

② 2002年修正的《保险法》规定，保险公司的资金运用，限于在银行存款、买卖政府债券、金融债券和国务院规定的其他资金运用形式，即购买股票是2009年修订的《保险法》新增加的业务活动。

市公司股票，并纳入其他股票资产统一计算比例，遵循 2010 年发布的《保险资金运用管理暂行办法》的股票投资比例限制规定。

在这种背景下，保险公司开始进行大量的股票债券等金融资产投资，也表现出了一些与银行和证券类上市公司不同的金融资产投资的特征。根据表 3-7 可以发现，相对于银行和证券类上市公司，保险类上市公司执行公允价值会计的资产占总资产比重最高，达到 28.68%，而且绝大多数是可供出售金融资产，其占比达到 26.67%，交易性金融资产占比仅为 2%，衍生金融资产、交易性金融负债、衍生金融负债的影响也很小。在可供出售金融资产和交易性金融资产中，债券、股票、理财产品、基金等构成主要投资品种。与银行类上市公司相比，保险公司公允价值净资产占净资产比重更高，均值达到 227.06%，这主要是因为保险公司拥有更高比例的公允价值资产（保险公司和银行类上市公司的公允价值资产占比分别为 28.68%、7.64%）。

表 3-7　2007~2013 年公允价值会计对保险类上市公司资产负债表的影响

变量	样本数	均值	标准偏差	最小值	最大值
公允价值资产占总资产比重	24	28.684 9%	10.999 9%	7.870 1%	49.477 0%
交易性金融资产占总资产比重	24	2.002 0%	2.978 5%	0.083 8%	13.045 2%
衍生金融资产占总资产比重	24	0.008 4%	0.022 6%	0.000 0	0.101 2%
可供出售金融资产占总资产比重	24	26.674 5%	10.338 3%	6.868 6%	46.670 2%
公允价值负债占负债总额比重	24	0.017 8%	0.047 4%	0.000 0	0.211 8%
交易性金融负债占负债总额比重	24	0.007 7%	0.027 1%	0.000 0	0.118 3%
衍生金融负债占负债总额比重	24	0.010 2%	0.022 6%	0.000 0	0.093 5%
公允价值净资产占净资产比重	24	227.059 5%	64.520 8%	107.570 1%	340.588 4%

（四）其他金融类上市公司执行公允价值会计的资产负债规模分析

除了银行类上市公司、证券类上市公司、保险类上市公司，金融行业其他上市公司还包括信托公司、投资公司。信托行业是金融业不可或缺的重要组成部分，是唯一可以跨越货币市场、资本市场和实业市场的金融机构（中国信托业协会，2014）。根据《中华人民共和国信托法》以下简称《信托法》，信托是指委托人基于对受托人的信任，将其财产权委托给受托人，由受托人按委托人的意愿以自己的名义，为受益人的利益或者特定目的，进行管理或者处分的行为。在我国，自 1979 年恢复信托业开始至今，信托行业经历了大起大落、六次清理整顿、始乱终治，2007 年 1 月，中国银监会正式颁布了《信托公司管理办法》《信托公司集合资金信托计划管理办法》《信托公司治理指引》，对信托公司的性质和经营管理做出了重大调整，由此我国信托业进入转型发展期。在此之前，信托业存在经营范围经常超越信托范围、定位不清等诸多问题，与银行未真正分离。2007

年发布这些法规后，信托公司及其业务回归信托本源，成为从事“受人之托、代人理财”的专业理财公司（中国信托业协会，2014）。根据中国银监会 2007 年颁布的《信托公司管理办法》，信托公司经营范围包括：资金信托；动产信托；不动产信托；有价证券信托；其他财产或财产权信托；作为投资基金或者基金管理公司的发起人从事投资基金业务；经营企业资产的重组、购并及项目融资、公司理财、财务顾问等业务；受托经营国务院有关部门批准的证券承销业务；办理居间、咨询、资信调查等业务；代保管及保管箱业务；法律法规规定或中国银监会批准的其他业务。

在这种背景下，虽然信托公司由 1999 年的 239 家下降至 2014 年 6 月 30 日的 68 家，但是此时信托资产规模总计已达 12.48 万亿元，近年来连续超过证券公司、公募基金和保险公司，是仅次于银行业的第二大金融行业（中国信托业协会，2014）。然而，信托行业的上市公司仅 2 家，仍远低于金融行业其他子行业。表 3-8 的统计数据根据 2 家信托公司（陕西省国际信托股份有限公司、安信信托投资股份有限公司）和 2 家投资公司（中航资本控股股份有限公司、上海爱建集团股份有限公司）2007~2013 年年报整理获取。可以看出，相对于银行、证券和保险类公司，这四家公司执行公允价值会计的资产、净资产规模均值相对要小很多，分别仅达到总资产的 5.89%和 11.70%，且仅涉及交易性金融资产和可供出售金融资产，不存在其他执行公允价值会计的金融资产或金融负债。但是，表 3-8 数据频频出现最小值为 0.000 0，笔者认为均值数据可能掩盖了一些真相，公司持有的执行公允价值会计的金融资产实际规模可能更大。为此，翻阅了这四家公司 2007~2013 年年报，发现这些公司执行公允价值会计的金融资产的绝对规模总体上相对于其他金融行业上市公司都较小，仅个别公司个别年份的相对规模（占总资产比重）比较高。陕西省国际信托股份有限公司 2007~2013 年持有的交易性金融资产和可供出售金融资产的绝对规模都不大，且以划分为可供出售金融资产的股票投资为主。例如，该公司 2007 年持有的可供出售金融资产的规模和相对比例都是最高的，年末持有 2.62 亿元可供出售金融资产（股票为主，有少部分基金），占总资产比重约为 18.8%；其余年份相对更低。其中，2013 年交易性金融资产和可供出售金融资产分别为 0.39 亿元、1.28 亿元，分别占总资产的 0.98%和 3.25%。安信信托投资股份有限公司 2007~2012 年资产负债表显示未持有交易性金融资产或可供出售金融资产，2013 年持有的执行公允价值会计的金融资产或金融负债只有 6 亿元交易性金融资产，占总资产比重约为 37.5%，占净资产比重达 69.38%，年报附注并未披露交易性金融资产的具体项目，仅笼统表明是“指定为以公允价值计量且变动计入当期损益的金融资产”。中航资本控股股份有限公司（该公司 2012 年实现借壳上市）2013 年年报显示，2013 年交易性金融资产期初、期末余额分别约为 7.16 亿元和 4.15 亿元，分别占总资产比重约

0.48%和 1.1%，可供出售金融资产期初、期末余额分别约为 19.80 亿元和 13.42 亿元，分别占总资产比重约 2.33%和 2.06%，金融资产具体以债券为主，包括权益工具、少部分衍生金融资产、其他（报表附注未详细说明，但规模与债券相当）。上海爱建集团股份有限公司 2007~2013 年持有的金融资产以信托计划、股票、债券、基金为主，但是规模不大。其中，交易性金融资产的规模最低仅为 336.75 万元（占总资产的 0.1%），最高为 2.29 亿元（占总资产的 5%）；持有的可供出售金融资产最低为 6 150 万元（占总资产的 2.85%），最高为 2.50 亿元（占总资产的 9.25%）。

表 3-8　2007~2013 年公允价值会计对其他金融类上市公司资产负债表的影响

变量	样本数	均值	标准偏差	最小值	最大值
公允价值资产占总资产比重	28	5.888 1%	8.223 8%	0.000 0	37.546 2%
交易性金融资产占总资产比重	28	2.046 0%	7.063 6%	0.000 0	37.546 2%
衍生金融资产占总资产比重	28	0.000 0	0.000 0	0.000 0	0.000 0
可供出售金融资产占总资产比重	28	3.842 1%	5.017 2%	0.000 0	18.824 8%
公允价值负债占负债总额比重	28	0.000 0	0.000 0	0.000 0	0.000 0
交易性金融负债占负债总额比重	28	0.000 0	0.000 0	0.000 0	0.000 0
衍生金融负债占负债总额比重	28	0.000 0	0.000 0	0.000 0	0.000 0
公允价值净资产占净资产比重	28	11.704 1%	16.279 8%	0.000 0	69.488 5%

因为信托公司受托管理的大量资产并不属于该公司的资产，所以不会纳入其合并财务报表。因此，信托公司的年度报告除了提供审计的公司财务报表之外，一般还会提供未经审计的信托业务年度报告。例如，安信信托投资股份有限公司 2013 年年报提供了未经审计的“信托项目资产负债汇总表”，显示信托资产仅在 2013 年期初拥有 34.8 亿元执行公允价值会计的交易性金融资产，约占信托资产规模的 7.56%；再如，陕西省国际信托股份有限公司 2011 年年报提供的“信托资产运用与分布表”显示，交易性金融资产持有 83.06 亿元、可供出售金融资产持有 90.99 亿元，分别占信托资产总额的 16.45%和 18.02%。信托协议通过要求信托公司为客户保密所受托管理的资产，因此，信托公司通常仅披露这些受托管理资产的总额。对这些资产，信托公司需要遵循《信托法》和《信托公司管理办法》管理和处分信托财产，并收取管理费受益。但是由于并未享有资产的所有权，信托公司自然不承担资产的主要风险，也不享有资产的主要报酬。因此，本书将这部分资产排除在研究范围外。

（五）金融行业上市公司执行公允价值会计的资产负债规模分析小结

根据以上分析可以发现，仅就上市公司而言，公允价值会计对金融行业的影响要显著强于其他行业，但是，金融行业内部各个子行业的差别也非常明显。

（1）相对于银行类公司、证券类公司和保险类公司，信托和投资类公司等其他金融类上市公司的规模明显更小，其拥有所有权的交易性金融资产和可供出售金融资产的规模也明显更小，尽管个别信托或投资公司持有的交易性或可供出售金融资产占总资产的比重比较高，但绝对规模较小。信托公司虽可能受托管理大量的金融资产，规模甚至远远超过信托公司自有资产，但信托公司对受托管理资产并不享有所有权。信托公司对这类受托管理资产的披露信息也极其有限，难以满足学术研究需求。因此，公允价值会计对这些其他金融类上市公司财务报表尽管比较重要，但这类公司执行公允价值会计的具体表现及经济后果，对金融行业稳定性的影响并不大，即研究金融行业上市公司公允价值会计的表现及经济后果，进而分析公允价值会计是否影响金融稳定，重点应该研究银行、证券和保险这三大类上市公司。

（2）银行、证券和保险公司持有的执行公允价值会计的金融资产和金融负债，也存在一些明显差异。第一，银行以持有价格更稳定的债券为主，证券公司和保险公司则股票和债券并重；第二，由于报表杠杆结构差异，持有的执行公允价值会计的金融资产占总资产比重由高至低分别是保险公司、证券公司和银行，而持有的执行公允价值会计的净资产占净资产比重由高至低分别是保险公司、银行和证券公司，特别是银行和保险公司剔除公允价值会计之后的净资产将为负值。

（3）相对于交易性金融资产和可供出售金融资产，执行公允价值会计的金融负债、衍生金融资产、衍生金融负债的规模都比较小，对财务报表的影响较小。

因此，研究金融行业上市公司执行公允价值会计的表现及经济后果，将以银行类、证券类和保险类公司为主。由于这三个子行业的每一家上市公司都具有广泛的影响，任何一家这类上市公司出现经营问题都可能对金融市场产生重要的经济后果。因此，除了采用整个金融行业上市公司数据进行大样本研究外，本书还将对这三个子行业进行必要的分行业分析或案例研究。

第二节　公允价值会计有效执行的制度背景分析

高质量会计准则未必会产生高质量的财务会计信息，高质量的会计准则也未必带来积极的经济后果，它们都与所在国家或地区的制度环境成熟与否密切相关，而公允价值会计的有效执行对制度环境的要求更高。在我国，伴随着会计准则国际接轨、国际趋同、国际实质性趋同，公允价值会计也经历了启用、停用及重新启用的过程。首次启用是会计准则国际接轨过程中的初步尝试，步伐迈得比较快，忽视了制度环境不成熟，使之成为企业频繁操纵利润的工具。那么，再次启用是否意味着我国已经具备执行公允价值会计的良好制度土壤呢？

He 等（2012）对此给出了否定答案，他们认为既然执行 IFRS 不能达到预期效果的国家或地区，更可能出现会计信息契约作用大于信息作用的市场，尤其是契约条款在政府管制中发挥重要作用（如我国《证券法》规定，上市公司连续三年亏损将退市）的国家或地区，以及制度环境与 IFRS 不相匹配的市场①（Brüggemann et al.，2013），那么，中国作为全球发展最快、规模最大的新兴市场，会计信息契约作用比信息作用对企业管理当局报告会计信息的动机影响更大，并且中国很多制度环境与公允价值会计并不匹配，管理当局有动机也有机会通过公允价值会计操纵盈余，以满足管制的盈余目标（He et al.，2012）。公允价值会计概念发轫于公司之间进行公平交易的市场，相应地，公允价值会计的目标是提供相关信息促成这类交易，中国商业交易通常是在社会与政治网络中达成的，这种交易通常不适合运用公允价值会计，透明度也不高（He et al.，2012；Piotroski and Wong，2010）。基于这一点，He 等（2012）运用2007~2008年中国上市公司数据发现：①相对于具有正向公允价值变动的交易性金融资产，如果公司持有的交易性金融资产具有负的公允价值变动，则公司更有可能出售可供出售金融资产以获取利得，而且，具有强烈动机规避损失的公司更可能进行这类盈余管理，对公司选择出售可供出售金融资产的时机进行盈余管理，也是一种非常隐蔽的真实盈余管理行为，审计师通常难以提出意见。②数据表明公司也通过债务重组进行盈余操控，规避损失，因为债务重组准则允许采用公允价值会计，债务重组利得直接计入利润表。③政治关联的企业、非四大审计的企业、在制度环境相对不健全的地方注册的企业，更有可能通过选择出售可供出售金融资产时机及债务重组进行利润操纵。

然而，交易性金融资产公允价值的变动取值未考虑公允价值变动损益转回因素，可能会影响到 He 等（2012）的研究结论的可靠性。He 等（2012）介绍了数据获取方式，其中，交易性金融资产公允价值变动、可供出售金融资产出售利得等数据是根据财务报表附注人工收集。但是，他们没有指出交易性金融资产公允价值变动数字是否考虑了公允价值变动损益转回因素，而这对报表数据的真实经济含义至关重要。例如，公司在第一个会计期间出资 1 000 万元购买交易性金融资

① He 等（2012）引用 Brüggemann 等（2013）的文章时，被引文章是2010年的工作论文，该文后来于2013年发表于《欧洲会计评论》（*European Accounting Review*），因此，本书将该引文标识的时间改为2013年。他们所指的会计信息的契约作用和信息作用，应该是指会计信息的契约观和信息观。会计信息功能主要包括事前决策功能的决策有用性观（具体包括信息观和计量观）和事后契约监管功能的契约观。

产，期末价格涨至 1 200 万元，则利润表公允价值变动收益产生正向 200 万元，属于未实现利得；第二个会计期间，价格涨至 1 300 万元，并随即售出，则第一个会计期间的“公允价值变动损益”200 万元会转入第二个会计期间的“投资收益”，加上处置价差 100 万元，“投资收益”共计 300 万元。因此，第二个会计期间利润表“投资收益”为正向 300 万元，“公允价值变动收益”为负向 200 万元。此时，如果把第二个会计期间的负向 200 万元视为未实现损失，显然会错误解读会计数据的真实经济内涵。

尽管 He 等（2012）对我国执行公允价值会计的制度环境持否定态度，但他们的研究并没有详细分析我国首次启用、停用及再次启用公允价值会计的这三个不同历史期间在制度环境方面发生的变化，他们也没有针对金融行业上市公司制度环境的变化进行专门分析。因此，本节就这两点展开研究。

一、首次启用和再次启用公允价值会计的应用范围具有显著差异

尽管有学者认为我国真正能够称得上最早实质运用公允价值的是 1992 年《中华人民共和国外商投资企业会计制度》中有关外币业务期末外币账户会计计量的规定（陈美华，2006），但是，毕竟当时会计准则并未明确提出公允价值概念，且其仅局限于外商投资企业，因此，一般将 1998 年《企业会计准则——债务重组》《企业会计准则——非货币性交易》《企业会计准则——投资》视为我国首次在会计准则中引入公允价值会计。

2006 年重新启用的公允价值会计，与 1998 年的首次启用，在范围上差异显著。首先，严格意义上，2006 年之后的会计准则才真正执行公允价值会计（公允价值会计与公允价值计量是两个不完全一致的概念）。公允价值会计要求将公允价值用于资产或负债的初始确认、后续确认和终止确认过程，2006 年之前的会计准则只是某些交易或事项运用了公允价值计量。例如，1998 年的《企业会计准则——非货币性交易》只是对换入资产或换出资产在交换时点以公允价值计量，换入之后不再根据公允价值变动对资产进行后续确认；2006 年会计准则对交易性金融资产和可供出售金融资产的公允价值计量则体现在初始确认、后续确认和终止确认的整个过程中。首先，2006 年之后的会计准则对公允价值的应用更彻底，对制度土壤的要求自然也更高。其次，2006 年的会计准则，应用公允价值会计的准则更加广泛：从涉及的资产或负债项目看，主要包括交易性金融资产、衍生金融资产、可供出售金融资产、生物资产、投资性房地产、交易性金融

负债、衍生金融负债等①；从涉及的准则看，涵盖范围更广，存货、固定资产、长期股权投资、投资性房地产、生物资产、金融工具相关的四项会计准则、收入、政府补助、企业年金基金、股份支付、租赁、非货币性资产交换、债务重组、企业合并、保险合同等 20 个具体会计准则直接运用公允价值计量，还有多个准则间接运用公允价值计量。最后，尽管公允价值会计应用范围更广，但是应用条件更加严格、谨慎，以可靠获取公允价值为准绳约束公允价值会计的应用。例如，生物资产、投资性房地产会计准则都对公允价值会计的应用提出了严格条件。在这种情况下，企业执行公允价值会计也非常谨慎。例如，根据对上市公司 2007 年年报的分析，沪深两市 1 570 家上市公司中，持有投资性房地产的公司有 630 家，但仅有 18 家采用公允价值进行后续计量。因此，不难理解金融行业上市公司是执行公允价值会计的主力军，且主要是交易性金融资产、可供出售金融资产，其相对于投资性房地产、生物资产、固定资产等，普遍存在更活跃的交易市场。

二、资本市场及其监管在首次启用到重新启用期间取得长足发展

根据 2008 年出版的《中国资本市场发展报告》，中国资本市场的发展大致可以划分为三个阶段（截至 2007 年）。

第一阶段是中国资本市场的萌生阶段（1978~1992 年）。这一阶段以十一届三中全会召开为标志，我国经济体制改革逐步推进，企业对资金的需求逐渐显现，开始出现国债、企业债、金融债等多种形式的债券，股票和债券的柜台交易也陆续产生，股份制也开始成为国有企业改革的方向，在政府的支持下上海证券交易所和深圳证券交易所先后成立。但是，这个时期的资本市场处于一种自我演进、缺乏规范和监管的状态，并且以分隔的区域性试点为主，规模也极其有限。以公开上市股票为例，1991 年底，上海证券交易所只有 8 只股票，深圳证券交易所只有 6 只股票。

第二阶段以国务院证券委员会和中国证监会成立为标志，这是全国性资本市场开始形成并逐步发展的时期（1993~1998 年）。这一时期资本市场的发展体现在以下方面：资本市场开始接受统一监管，区域市场也发展成了全国性市场；一系列的监管制度陆续出台，包括上市审批制度、涨跌停板制度、信息披露制度、禁止证券欺诈与操纵等，初步形成了资本市场法规体系；上市交易股票数量迅速增加，截至 1998 年，已经有 825 家上市公司公开交易股票（根据 CSMAR 数据库数据）；证券中介机构数量增多、规模扩大；推出境内上市外资股（B 股），一

① 其他一些报表项目也可能涉及公允价值，如长期股权投资、存货、固定资产、无形资产等。

批企业同时发行 A 股和 B 股，还有一批企业开始境外上市。但是，作为新兴事物，市场参与主体的行为缺乏规范，监管机构也缺乏经验，相关法律法规和规章制度仍然不成体系，因此，体制和机制缺陷带来的问题在逐渐显现，迫切需要解决这些问题。

第三阶段，1999 年 7 月生效《证券法》以法律形式确认了资本市场的地位，以此为标志，我国资本市场步入了进一步规范和发展阶段。在这个阶段，资本市场发展过程中存在的一些制度性缺陷和结构性矛盾逐步显现，逐步形成阻碍资本市场进一步发展的障碍，具体包括：股权分置问题；上市公司改制不彻底、治理结构不完善；证券公司实力较弱，运作不规范；机构投资者规模小、类型少；市场产品结构不合理，缺乏适合大型资金投资的优质蓝筹股、固定收益类产品和金融衍生产品；交易制度单一，缺乏适合于机构投资者避险的交易制度；等等。因此，我国在这个阶段围绕这些问题进行了一系列探索和改革。首先，健全资本市场法律法规体系，如 1999 年《证券法》的实施及 2005 年《证券法》和《中华人民共和国公司法》（以下简称《公司法》）的修订，2001 年统一执行《企业会计制度》，2006 年发布与国际会计准则实现实质趋同的会计准则体系。其次，进行股权分置改革，解决流通股和非流通股并存所导致的同股不同价、同股不同权、同股不同利等问题。根据改革意图，股权分置改革完成后，所有的股份将可以按照市场价格进行交易，这促使大股东关心股票价格的涨跌，从而增强大股东的监督动机，完善公司治理机制，推进国有企业建立和完善现代企业制度。廖理等（2008）、曹廷求和刘海明（2014）的实证研究也支持了股权分置改革将提高上市公司治理水平的政策意图。Hou 等（2013b）也发现，股权分置改革后，高管对股票市场的说明责任制显著增强，这显然有助于提高对中小投资者利益的保护。最后，在此期间，我国在多层次市场体系建设和多样化产品结构发展等方面也取得了显著进步。例如，深圳证券交易所设立创业板、中小企业板；可转换公司债券、银行信贷资产证券化、住房抵押贷款证券化、企业资产证券化、银行不良资产证券化等陆续出现；债券市场得到显著发展；期货市场开始恢复性增长。

根据 CSMAR，1998~2014 年，我国 A 股上市公司有效数量、流通市值、总市值都取得显著增长（表 3-9），2014 年上市公司市值排名全球第二，仅次于美国。显然，更健康、更活跃的资本市场，为可靠获取公允价值提供了重要保障。

表 3-9　1998~2014 年我国 A 股上市公司市值

交易年份	有效公司数量[1]/家	综合年市场总流通市值/万元	综合年市场总市值/万元
1998	825	55 499 647.1	193 449 156.0
1999	923	79 775 359.1	263 052 089.8
2000	1 060	155 507 053.9	478 001 798.7
2001	1 139	133 282 095.7	425 465 737.6

续表

交易年份	有效公司数量[1)]/家	综合年市场总流通市值/万元	综合年市场总市值/万元
2002	1 206	117 706 057.8	376 846 142.9
2003	1 266	123 635 943.0	416 822 177.6
2004	1 362	110 664 230.6	365 402 462.1
2005	1 365	100 327 887.0	318 467 785.2
2006	1 417	238 474 751.3	889 982 132.8
2007	1 516	908 182 936.7	3 256 042 993.4
2008	1 576	445 423 265.5	1 213 053 861.1
2009	1 643	1 494 236 657.5	2 415 036 975.1
2010	1 866	1 891 112 385.0	2 569 344 161.0
2011	2 020	1 610 414 562.2	2 073 029 699.2
2012	2 101	176 428 171.9	2 202 941 101.5
2013	2 115	1 903 397 310.2	2 234 766 389.2
2014	2 186	3 002 608 233.5	3 494 489 694.8

注：上年和本年皆有交易为有效公司

资料来源：CSMAR 数据库

三、金融行业重要的公司多数实现公开上市，公司治理机制日渐健全

公司治理与会计信息质量密切相关。公司治理是会计信息系统运行的环境，公司治理的有效性必然对会计信息质量产生重要影响；高质量的会计信息质量也是公司治理机制能够有效运行的重要保障（刘笑霞和李明辉，2008）。因此，公司治理的好坏也必将对企业能否公允地执行公允价值会计产生重要影响。事实上，He 等（2012）对我国运行公允价值会计的担忧，主要体现在对公司治理等制度环境不到位的担忧。

（1）公允价值会计首次启用和再次启用期间，上市公司的公司治理建设进步显著。

诺贝尔经济学奖得主威廉姆森在 1975 年就比较全面地提出公司治理的概念，即公司治理是限制针对事后产生的准租金分配的各种约束方式的总和，包括所有权的配置、企业的资本结构、对管理者的激励机制、公司接管、董事会制度、来自机构投资者的压力、产品市场的竞争、劳动力市场的竞争、组织结构等（李维安等，2013）。因此，公司治理不仅包括股东大会、董事会、监事会、管理层等内部组织架构设置和内部控制制度建设，还包括证券市场监管、经理人

市场、产品市场等外部治理机制。1993 年，党的十四届三中全会明确提出，国有企业建立“产权清晰、权责明确、政企分开、管理科学”的现代企业制度以来，我国公司治理的理论和现实研究才真正起步，在此之前的 20 世纪 80 年代至 90 年代初，公司治理研究只能算作准备阶段。十四届三中全会召开之后，学术界、实务界、监管层广泛探讨如何建立现代企业制度，并在 1999 年党的十五届四中全会上明确提出了“公司法人治理结构是公司制的核心”这一论述，为立法和行政部门开始关注治理规则的建立完善及实施提供了政治基础和法律前提。在中国股票市场发展及面临的诸多关于“内部人控制”、高管自利的短期行为、关联方交易等困难的背景之下，中国证监会出台了一系列强化公司治理的措施。其中，2001 年 8 月中国证监会《关于在上市公司建立独立董事制度的指导意见》及 2002 年 1 月《上市公司治理准则》的发布，标志着上市公司治理开始步入规范化和制度化的轨道。在此之后，中国企业的公司治理也开始由外部强制力量逐步转变为外部强制力量与企业内部自主推动转型并存，这显然更有助于提高上市公司治理水平。2006 年，我国实施新的《公司法》和《证券法》，为进一步完善公司治理制度提供了更完备的法律基础，同年，我国开启股权分置改革，开始解决历史形成的上市公司流通股与非流通股制度差异，维护中小投资者利益，解决大股东与中小股东的委托代理问题。目前，我国上市公司普遍已经建立了包括股东大会、董事会、监事会和管理层的现代企业架构，形成了权力机构、决策机构、监督机构和执行层面的制衡机制。

在公允价值会计启用的 1999 年前后，我国上市公司公司治理问题开始受到重视，公司治理制度建设仍然处于起步阶段。2007 年公允价值会计重新启用时期，我国上市公司的公司治理建设已经今非昔比。根据南开大学公司治理研究中心提供的中国公司治理指数，2003 年以来，中国上市公司的公司治理指数由 2003 年的 48.96 上升到 2014 年的 61.41，各年情况如表 3-10 所示。可以发现，中国公司治理指数总体上升趋势明显，公司治理质量明显改善。南开大学的公司治理指数从“股东权益、董事会、监事会、经理层、信息披露、利益相关者”六个维度构建评价体系，在业界得到广泛认同。

表 3-10　2003~2014 年中国公司治理指数

项目	2003 年	2004 年	2005 年	2006 年	2007 年	2008 年	2009 年	2010 年	2011 年	2012 年	2013 年	2014 年
公司治理指数	48.96	55.02	55.33	56.08	56.85	57.49	56.89	57.84	60.28	60.60	60.76	61.41

资料来源：南开大学公司治理研究中心自 2003 年以来每年都会召开新闻发布会，公布公司治理评价和指数的年度研究结果，本表格数据即根据各主流媒体报道（人民日报、新华网天津频道、中国社会科学网、新浪财经、证券之星、网易财经、南开大学新闻网等）以及期刊《管理世界》（南开大学公司治理研究中心公司治理评价课题组，2006；南开大学公司治理研究中心公司治理评价课题组等，2008；南开大学公司治理研究中心公司治理评价课题组，2010）进行归纳，归纳过程中注意各媒体报道数据的相互验证

（2）公允价值会计首次启用和再次启用期间，金融类企业公司治理建设进步显著。

对于非金融机构而言，金融机构通常是以治理者身份出现的。例如，银行作为非金融企业的资金提供者通常会发挥债权人监督的作用，证券公司的证券分析师等专业人士通过对非金融上市公司财务质量进行深入分析以提出证券买卖建议，以及对非金融上市公司营利能力做出独立预测等发挥对非金融企业的监督作用。然而，金融机构自身也存在公司治理问题。1997 年亚洲金融危机爆发之后，多项研究表明，银行在公司治理方面的缺陷、金融机构和公共部门的结构性缺陷对危机的恶化具有不可推卸的责任（李维安和曹廷求，2004）。因此，商业银行的治理逐渐成为关注的热点。

1997 年亚洲金融危机虽未对我国造成严重的冲击，但也给我国敲响了警钟。当时，普遍认为我国金融机构公司治理存在着如下问题：①国有股所有者缺位导致委托人不明确或缺位；②董事会存在严重的职能和结构问题；③激励机制不健全，不能有效发挥作用；④高级管理人员的行政性选聘机制失效；⑤内部人控制问题突出；⑥银行总体目标不明确，决策效率低下；⑦外部治理机制不全、转型期的体制约束、法律法规建设滞后等（李维安和曹廷求，2004）。以国有独资银行为例，2002 年以前，国有独资商业银行财务风险已经非常严重，不良贷款率达到 21.4%，远超国际安全标准线，平均资本充足率实际为负数，被一些境外媒体和国际评级机构判断为技术上破产（刘明康，2009a）。面对这种困难局面，2001 年我国加入 WTO，我国金融机构必须在 5 年过渡期内全面提升经营管理和服务水平，以应对加入 WTO 后日益激烈的市场竞争，这促使我国金融机构必须在公司治理建设方面取得根本性突破。金融行业重量级企业纷纷实现公开上市，是金融机构的企业股份制改革、独立董事制度、董事会制度建设等取得成功的重要体现，尽管改革仍然有不少不尽如人意的地方。

第一，银行领域的改革与上市。2003 年我国启动了国有独资商业银行股份制改革：首先，通过国家注资，继 1999 年不良资产剥离后继续通过推进不良资产剥离工作、增资扩股等方式对五大国有独资商业银行进行财务重组，解决历史包袱；其次，根据《公司法》和《中华人民共和国商业银行法》（以下简称《商业银行法》）将其改组为股份有限公司，建立规范的包括股东大会、董事会、监事会和高级管理层的公司治理结构[①]；再次，引进境内外合格机构投资者，促进

① 以中国银行为例，在 2002 年之前虽也有董事会，但与发达国家商业银行董事会大相径庭。当时，中国银行董事会成员最多时超过 60 人，一般由退休干部组成，没有任何决策效率。2002 年，经国务院批准，董事会成员开始大幅压缩；2004 年，新成立的中国银行股份有限公司董事会成员 11 名，其中 4 名董事由董事长、副董事长、两名副行长兼任执行董事组成，其余董事为股东汇金公司的非执行董事和外部独立董事，新成立的董事会已经是名副其实的决策机构，对股东大会负责。

国有独资商业银行建立完善的公司治理和内部控制机制；最后，公开上市接受市场监管（刘明康，2009a）。五大国有银行目前已经全部完成在 A 股和 H 股上市。另外，股份制商业银行［招商银行、中信银行、中国民生银行、华夏银行、深圳发展银行（现为平安银行）、兴业银行、浦发银行］和城市商业银行（南京银行、北京银行、宁波银行）等也实行了一系列深化改革措施，包括引入合格机构投资者、完善公司治理结构、推动银行流程再造、强化资本约束和风险控制、加强产品和服务创新等，极大增强了银行的竞争实力，多家银行陆续实现公开上市。

第二，证券公司陆续实现公开上市。自 1987 年深圳经济特区证券公司作为我国首家证券公司成立以来到 2008 年，证券公司经历了 20 多年的快速发展，其发展历程大致划分为 6 个阶段（陈兆松，2008）。第一个阶段为 1987~1990 年，是起步阶段。这个阶段的证券公司规模小、数量比较少（截至 1989 年底 44 家），以经营债券业务为主。第二阶段是 1991~1995 年，经历了快速发展阶段。伴随着上海证券交易所和深圳证券交易所的成立，这段时间证券经营机构数量迅速增加、业务范围迅速扩展，截至 1995 年，证券公司已经达到 97 家。但是，这段时间的证券公司出现违反"分业经营"原则，介入实业投资、房地产投资及违规融资等行为。第三阶段是 1996~1998 年，属于清理规范阶段，基于"银行、保险和证券业分业经营"原则，采取措施限期撤销或转让商业银行、保险公司、城市信用社、企业集团财务公司、租赁公司、典当行等金融机构下属的证券交易营业部，明确证券公司经营范围，健全证券公司内部控制制度建设，这些措施有力地推动了证券市场和证券公司的健康有序发展。第四阶段是 1999~2001 年 6 月，属于整合阶段，这个阶段我国股市进入大牛市，证券公司利润大幅增加，出现增资扩股浪潮。第五阶段是调整阶段，从 2001 年 7 月至 2005 年，属于证券公司发展低潮时期。这段时期我国股市陷入长期熊市，证券公司业务大幅萎缩，利润大幅下降，在 2002~2005 年连续 4 年出现整体亏损，因此，大量证券公司被托管，或因违规和违法经营被中国证监会①责令关闭和清算。

从 2006 年至 2008 年是第六阶段，大量证券公司实现公开上市。经过第五阶段的综合治理，证券公司长期积累的风险和历史遗留问题平稳化解，基本解决了证券行业存在的财务信息虚假、账外经营、挪用客户资产、股东及关联方占用等问题，初步建立了风险防范的长效机制，改革并完善了各项基础制度，证券公司风险控制、合规经营意识及财务信息真实性普遍增强，行业格局开始优化（中国证券监督管理委员会，2008）。综合治理的成效是大量证券公司实现公开上市。

① 在我国，证券公司的监管部门曾经是中国人民银行。1997 年 11 月之前，党中央和国务院决定将中国人民银行负责对证券经营机构的监管职责转交给中国证监会。

1991~1998 年，我国只有两家证券公司公开上市，1999~2006 年没有新的证券公司上市，但是，2007~2014 年，16 家证券公司实现公开上市。

第三，保险公司陆续实现公开上市。我国在 1979 年恢复国内保险业①之后，保险行业经历了快速发展、独家经营、局部竞争、市场主体多区域活动、先民族资本保险公司踏足后外资保险公司进入的发展历程。恢复之后的中国保险市场，1987 年以前，都是中国人民保险公司独家完全垄断经营的状态。1988 年春，中国平安保险公司（以下简称中国平安）在深圳成立，1991 年中国太平洋保险公司（以下简称中国太保）成立，中国保险市场由完全垄断进入寡头垄断阶段；1992 年，美国国际集团成员企业友邦保险登陆上海，拉开外资保险企业重新进入中国的序幕；1998 年，中国人民保险集团公司改组为三家独立的公司，分别是中国人保、中国人寿和中国再保险，同年成立中国保监会，中国保险业的监管由此步入法制化、规范化和制度化的轨道。在整个 20 世纪 90 年代，我国保险市场处于寡头垄断阶段，中国人保、中国平安和中国太保三家占据了市场绝大部分份额。随着我国加入 WTO，外资保险企业纷纷涌入，我国的保险市场也逐渐进入了垄断竞争阶段，截至 2007 年底，我国共有保险公司 110 家，其中中资保险公司 59 家，外资和合资保险公司 43 家，此外还有 8 家保险集团控股公司、10 家保险资产管理公司（徐文虎，2005；薛梅，2010）。

在这个过程中，保险企业的公司治理机制也发生了显著变化。20 世纪 90 年代中期以前，国内的保险公司股东产权性质单一，国有独资或国有股权占比过高，保险公司治理结构属于“搭架子、摆样子”（徐文虎，2005）；随后保险公司投资主体逐渐多元化，国家股、法人股、外资股、私人资本纷纷进入保险行业，特别是加入 WTO 之后，外资控股的保险公司进入我国市场，保险公司竞争加剧，我国高层主导推进的一些公司治理制度建设（如独立董事制度）也在保险公司得以体现，保险公司的公司治理建设取得了显著进步，相应地，也为保险公司公开上市创造了必要条件。首次执行公允价值会计期间，我国保险行业没有一家公司在内地公开上市，只有部分保险公司实现在海外上市，例如，中国人寿于 2003 年实现在中国香港和美国纽约公开上市；2007 年之后，我国四家保险公司（中国平安、中国人寿、中国太保、新华人寿）陆续在内地实现公开上市。

根据 CSMAR，并结合各保险公司官方网站资料②，在公允价值会计首次启

① 中华人民共和国成立后，我国通过接管官僚资本保险企业、改造私营保险企业、限制和利用外国保险企业等方式对中华人民共和国成立之前的保险市场进行整顿，并最终形成了由中国人保独家经营的局面。“文化大革命”期间，国内保险业务彻底停办。因此，1979 年保险业务属于“恢复”。

② 国泰安公司治理数据提供了公司首次公开发行股票实现上市的日期，但该日期未考虑借壳上市情况。例如，数据库显示“东北证券”上市日期是 1997 年，但该公司实际上是 2007 年通过借壳“S 锦六陆”实现 A 股上市，因此，在统计中将“东北证券”上市日期定为 2007 年。

用到重新启用期间，金融行业上市公司登陆 A 股市场时间分布如表 3-11 所示。

表 3-11　金融行业公司登陆 A 股市场时间分布表

项目	1991~1998 年	1999~2000 年	2001~2006 年	2007~2014 年
上市公司新增数	6	2	5	30
银行新增数	1	2	4	9
证券公司新增数	2	0	0	16
保险公司新增数	0	0	0	4
其他金融公司新增数	3	0	0	1

相对于非金融行业上市公司，金融行业上市公司表现出更优秀的公司治理。根据表 3-12，金融类上市公司的公司治理指数在全行业几乎每年都位居第一（2006 年样本数太少，不具有代表性；2013 年略有下降，排名第二），治理指数值也基本呈上升趋势（除 2013 年略有下降）。因此，金融类上市公司的公司治理质量总体上显著优于其他行业上市公司治理质量，显著优于我国上市公司总体水平，这也为金融类上市公司更好地执行公允价值会计提供了制度保障。

表 3-12　2003~2014 年金融类上市公司的公司治理指数

项目	2003 年	2004 年	2005 年	2006 年	2007 年	2008 年	2009 年	2010 年	2011 年	2012 年	2013 年	2014 年
所有上市公司公司治理指数	48.96	55.02	55.33	56.08	56.85	57.49	56.89	57.84	60.28	60.60	60.76	61.41
金融类上市公司				51.74	60.20	60.27	61.41	63.11	63.34	63.44	61.81	64.27
金融类上市公司排名（行业）				最差	第一	第一	第一	第一	第一	第一	第二	第一
金融类上市公司样本				1	8	27	27	27	35	35	35	42

资料来源：南开大学公司治理研究中心自 2003 年以来每年都会召开新闻发布会，公布公司治理评价和指数的年度研究结果，本表格数据即根据各主流媒体报道（人民日报、新华网天津频道、中国社会科学网、新浪财经、证券之星、网易财经、南开大学新闻网等）以及期刊《管理世界》（南开大学公司治理研究中心公司治理评价课题组，2006；南开大学公司治理研究中心公司治理评价课题组和李维安，2007；南开大学公司治理研究中心公司治理评价课题组等，2008）进行归纳，归纳过程中注意各媒体报道数据的相互验证

根据 CSMAR，金融行业上市公司若干关系公司治理质量的重要元素，包括股权结构优化、董事长与 CEO 两职合一、独立董事占董事会成员比重和董事委员会制度有效落实等，具体分析如下。

1. 股权结构优化

大量的研究表明，股权结构会影响企业的会计信息质量（Warfield et al.，1995；Fan and Wong，2002；Francis et al.，2005；刘笑霞和李明辉，2008），股

权制衡有助于限制大股东对小股东的掠夺行为，对公司治理会产生积极影响（王奇波和宋常，2006）。若股权过于分散，大量的中小投资者一般不愿意单独采取行动对管理者进行监督，“搭便车”心理容易导致股东对管理者约束的失控，不利于产生高质量的会计信息。相反，大股东的存在，虽然提供了足够的动力监督管理层（Shleifer and Vishny，1989），但股权过度集中于大股东，也产生了大股东剥削中小股东利益的第二种委托代理问题（Hart，1995），同样可能会影响会计信息质量。因此，多个大股东的存在是对法制不足的替代（Porta et al.，1999），股权制衡有助于保护小股东的利益（Gomes and Novaes，2006）。洪剑峭和薛皓（2009）的研究表明，股权制衡有利于改进我国上市公司会计信息质量。

根据表 3-13 可得：①金融类上市公司股权结构中，第一大股东持股比例（Shrcr1）均值已经远低于绝对控股的比例，第一大股东持股比例（Shrcr1）均值、中位数都明显低于 50%；②第二大至第十大股东对第一大股东的股权制衡优势比较明显，尤其是 2007 年后，第二大股东至第十大股东持股比例之和的均值和中位数都显著高于第一大股东。但是，金融类上市公司之间股权制衡也存在明显差异。

表 3-13 金融类上市公司股权集中度与股权制衡

年份	样本数	股权集中度		股权制衡度			
		Shrcr1 均值	Shrcr1 中位数	*Z* 均值	*Z* 中位数	*S* 均值	*S* 中位数
2003	11	23.71%	20.00%	4.86%	3.94%	25.40%	22.30%
2004	11	25.02%	20.00%	5.62%	4.34%	24.00%	20.45%
2005	11	25.58%	22.65%	5.74%	4.20%	22.73%	20.46%
2006	13	32.08%	25.14%	6.27%	3.67%	25.32%	23.54%
2007	28	28.88%	22.33%	5.17%	1.52%	35.50%	34.70%
2008	28	27.94%	22.19%	5.38%	1.51%	36.05%	35.13%
2009	31	29.02%	23.55%	5.85%	1.54%	34.58%	33.18%
2010	37	29.44%	25.42%	6.11%	1.52%	36.30%	34.61%
2011	41	30.43%	26.52%	5.07%	1.92%	35.72%	33.81%
2012	43	30.69%	28.32%	3.80%	1.92%	35.62%	34.57%
2013	43	30.86%	28.78%	4.42%	1.82%	34.17%	32.18%

注：Shrcr1 表示第一大股东持股比例；*Z* 表示公司第一大股东与第二大股东持股比例的比值；*S* 表示公司第二大股东至第十大股东持股比例之和

2. 董事长与 CEO 两职合一

董事会是决策机构，管理层是执行机构。文献普遍认为，董事长和总经理两个职务分开，有利于提高董事会独立性，更好地监督约束管理层，提高公司治理的效率。根据国泰安 2000~2013 年公司治理数据，在金融行业上市公司的 329 个样本中，64 个样本仅提供董事长或总经理职位名称，无法确定董事长与总经理是否合一；11 个样本公司董事长与总经理是两职合一；其余 254 个样本公司董事长与总经理都是两职分开的。

3. 独立董事占董事会成员比重

独立董事制度设计初衷是让董事会在公司治理机制中有效发挥作用。尽管对独立董事制度是否已经确实有效地发挥作用仍然存在争议，但作为一种制度建设，它也一直在完善之中。随着各种制度建设的逐步完善和有效执行，有理由期待独立董事制度与公司治理其他规则共同推进公司治理实践。相对于首次启用公允价值会计，再次启用公允价值会计时，独立董事制度已经在我国上市公司执行数年。根据国泰安 2001~2013 年公司治理数据，金融类上市公司独立董事占董事会成员比重均值自 2003 年起开始达到 1/3，且所有公司在 2013 年都达到了 1/3 比例的要求（表 3-14）。

表 3-14　独立董事占董事会成员比重

年份	样本数	均值	标准偏差	最小值	最大值
2001	8	0.14	0.14	0.00	0.33
2002	9	0.21	0.09	0.11	0.38
2003	11	0.34	0.07	0.21	0.50
2004	11	0.36	0.03	0.31	0.42
2005	11	0.35	0.04	0.29	0.42
2006	13	0.33	0.07	0.21	0.43
2007	28	0.35	0.06	0.27	0.60
2008	27	0.35	0.05	0.27	0.46
2009	31	0.36	0.04	0.27	0.43
2010	37	0.35	0.04	0.17	0.43
2011	41	0.35	0.04	0.29	0.44
2012	43	0.36	0.04	0.25	0.50
2013	43	0.37	0.04	0.33	0.45

4. 董事委员会制度有效落实

董事会作为会议机关存在缺陷，这是因为董事会重大决策和监督权的行使只能借助董事会会议，而董事会会议次数有限、会议讨论时间有限，董事会成员在会议之前也缺乏对决议进行广泛调查和深入研究（谢增毅，2005），基于专业化和分工协作，董事委员会的设置可以弥补董事会的缺陷（谢增毅，2005；牛建波和刘绪光，2008）。与首次执行公允价值会计期间我国尚无董事委员会制度不同，再次启用公允价值会计时，董事委员会制度已经执行数年。根据国泰安数据统计，金融类上市公司董事委员会设置个数、四个委员会（2002 年中国证监会和国家经济贸易委员会联合发布的《上市公司治理准则》规定，上市公司董事会可以设置战略、审计、提名、薪酬与考核等专门委员会）设置个数的均值，2002~2011 年总体显著增加，2012~2013 年则保持稳定（表 3-15）。牛建波和刘绪光（2008）的实证研究也肯定了董事委员会对公司治理的积极作用，认为其能够为投资者带来显著的治理溢价。

表 3-15　董事委员会设置个数

年份	样本数	均值	其中四个委员会的个数均值
2002	9	1.44	1.33
2003	11	3.18	2.72
2004	11	3.82	3.27
2005	11	4.18	3.36
2006	12	4.83	3.50
2007	28	4.86	3.42
2008	27	5.15	3.67
2009	31	5.16	3.71
2010	37	5.14	3.78
2011	41	5.24	3.83
2012	43	5.16	3.74
2013	43	5.23	3.86

四、多数金融类上市公司交叉上市，有助于提升财务报告质量

（一）金融类上市公司交叉上市情况

交叉上市（cross-listing）是指同一家公司在两个或多个证券交易所上市的行为，通常是指同一家公司在两个不同的国家或地区上市的情形（尹兴中和王红领，2009）。以我国为例，交叉上市主要是同时在中国内地与中国香港、中国内地与北美的证券交易所上市，甚至有些公司同时在这三个地方上市。1998 年执行公允价值会计期间，金融类上市公司尚未出现境外上市的例子。21 世纪以来，境外上市的金融类公司逐渐增加，2003 年中国人寿保险股份有限公司成功登陆中国香港和美国纽约证券交易所，成为首家境外上市的中国金融类上市公

司。随后，境外上市的金融类公司逐渐增加，截至 2006 年底，招商银行、交通银行、中国工商银行、中国建设银行、中国银行、中国平安、中国人寿 7 家重量级金融行业上市公司都完成了在中国香港或北美上市。截至 2013 年底，在中国香港或美国上市的金融类上市公司又增加了中国农业银行、中信银行、中国民生银行、中国光大银行、中信证券（股票代码 600030）、海通证券（股票代码 600837）、中国太保、新华保险。自此，这些金融类上市公司的主力军都接受了成熟市场严格的证券监管。

（二）交叉上市对财务报告质量的意义

交叉上市的意义何在？市场分割理论（market segmentation theory）认为，交叉上市可以消除投资壁垒和市场分割的负面效应，有助于分散投资者风险，从而降低投资者对收益率的要求，并降低企业的资本成本（尹兴中和王红领，2009），Foerster 和 Karolyi（1999）、Miller（1999）、Korczak 和 Bohl（2005）、Chan 等（2008）则对市场分割理论提供了经验证据，发现交叉上市确实有助于降低资本成本，提高市场流动性。约束假设（bonding hypothesis）认为，公司在投资者保护机制更为健全的他国地区交叉上市后，可能会受到法律和声誉两方面的约束，包括接受更加严格的信息披露制度、更为严格的中小股东权益保护和更为严厉的证券监管、维护良好市场声誉的诉求，而这也将给交叉上市公司带来诸多益处，特别是新兴市场国家到成熟市场交叉上市可以提升公司的治理水平、缓解信息不对称和代理问题，进而提高公司股价并降低资本成本（Coffee，1999；Stulz，1999；Siegel，2005）。Doidge 等（2004）、Lel 和 Miller（2008）、Hail 和 Leuz（2009）、Huang 等（2013）都提出证据支持约束假设（徐建和李维安，2014）。

本书认为，交叉上市也可能促使财务报告的质量提升，尽管交叉上市并不会改变上市公司境内财务报告所遵循的会计准则体系。首先，公司内部人为了攫取控制权私利可能会操控盈余（Leuz et al.，2003），Karolyi（2006）的综述文章归纳了大量文献后指出，外国公司在美国实现交叉上市后，公司内部人攫取控制权私利的行为得到有效遏制，投资者利益得到更有效的保护。既然交叉上市遏制了内部人攫取控制权私利的机会，可能也将因此削弱粉饰财务报告盈余的动机。其次，交叉上市公司普遍选择在资本市场更成熟的他国（地区）交叉上市，申请上市及上市后，一般都需要根据所在国家（地区）公认会计原则或 IFRS 调整财务报告。显然，调整后报告如果与非交叉上市时的财务报告存在明显差异，则可能会削弱调整后财务报告在拟上市或上市资本市场的可信度，从而进一步提高自身财务报告的质量（辛清泉和王兵，2010）。Lang 等（2003）以在美国交叉上市的外国公司为样本，发现交叉上市公司的境内财务报告质量显著高于境内其他配比的非交叉上市公司，具体表现为更低的盈余管理、更稳健的盈余、更高的会计信息价值相关性。在我国，辛清泉和王兵（2010）发现，相对于非交叉上市公司而言，交叉上市公司的操控性应计利润显著更低、盈余质量显著更高。但是，交叉上市盈余质量更高仅体现在国际四大会计师事务所审计的公司，这说明国际四大审计可能是导致AH股公司盈余质量高于A股公司的重要原因，中国香港上市这个单一因素并不足以提高公司财务报表的质量。这可能是因为中国内地的制度特征仍然具有影响力，交叉上市公司受其影响不可忽视，中国内地审计市场低法律风险及市场排斥高质量审计需求，导致诉讼机制和声誉机制不足以约束审计师行为（辛清泉和王兵，2010）。落后国家具有两种密切相关的代理问题，一是公司内部人攫取控制权私利，损害中小股东利益；二是有些掌权者可能会运用权力为自身谋福利，损害其他国民的利益（Stulz，2005）。

总之，上述研究认为，为了使财务报表获得更成熟的交叉上市市场投资者的信赖，公司有动机地缩小在不同证券交易所呈报的财务报表的差异，为此，AH股交叉上市及国际四大审计能够有效提高上市公司在上海证券交易所或深圳证券交易所所呈报的财务报表的质量。

因此，可以认为，近年来，交叉上市公司在我国上海证券交易所或深圳证券交易所提供的财务报表的质量将进一步提高。原因如下：其一，近年来，交叉上市公司国际四大审计比例显著上升；其二，近年来，随着我国会计准则与IFRS实质性趋同，AH股上市公司在中国内地和中国香港所呈报的财务报表的差异在逐渐缩小，具体阐述如下。

（1）交叉上市公司国际四大独立审计比例显著上升。从CSMAR数据库中提取1998~2013年金融行业上市公司审计意见数据（含年报和半年报），有些样本公司通过借壳实现上市，数据库中也列示了借壳上市之前的审计意见数据，剔除借壳上市之前不属于金融行业的样本，最终得到有效样本382个。

根据表3-16，近年来，金融类上市公司的审计具有两个重要特征：①审计意见类型总体表现优异，2007年以来尤其突出。1998~2013年年报和半年报审计的382份审计意见中，有373份出具了标准无保留意见的审计报告，非标审计意见仅9份；特别是非标审计意见全部出现在2007年之前，且全部是非国际四大会计师事务所提供的。②国际四大会计师事务所审计的比例显著上升。总体上，1998~2013年的373份审计报告，有183份是国际四大会计师事务所提供的，占比略低于50%。其中，1998~2006年的99份审计报告有31份是国际四大会计师事务所提供的，占比不足1/3，但是，2007~2013年的274份审计报告中有152份是国际四大会计师事务所提供的，占比超过55%。

表 3-16　1998~2013 年金融行业上市公司审计情况分析表

项目	标准无保留审计意见	保留意见	标准无保留意见加事项段、说明段
样本数	373	3	6
年报	321	3	5
半年报	52	0	1
公司及会计期间		爱建股份 2003~2005 年年报	平安银行 2004 年年报；中信证券 2005~2006 年年报；宏源证券（股票代码 000562）1999 年年报；安信信托 1998 年半年报和年报
会计师事务所性质	190 个样本为非四大审计 183 个样本为四大审计	非四大审计	非四大审计
1998~2006 年	68 个样本为非四大审计 31 个样本为四大审计		
2007 年之后	122 个样本为非四大审计 152 个样本为四大审计		

（2）AH股上市公司在不同交易所的财务报表差异逐渐缩小。2007年新会计准则体系被视为与 IFRS 实现了实质性趋同，得到了包括 IASB、欧盟、中国香港等的高度赞誉和认同，2007 年 12 月 6 日，内地和香港也因此签署了两地会计准则等效的联合声明。尽管我国新会计准则体系与 IFRS 在企业合并、资产减值、非货币性资产交换、投资性房地产、恶性通货膨胀会计等方面存在着一些差异，但相对于 2006 年之前的会计准则和会计制度，差异已经显著缩小。这为我们观察交叉上市公司执行内地会计准则质量优劣提供了极好的机会。2007~2010 年，我国财政部连续四年发布我国上市公司执行会计准则情况年度分析报告，表 3-17 统计了这四年 AH 股上市公司净资产、净利润差异情况。

表 3-17　2007~2010 年 AH 股上市公司净资产与净利润差异情况分析表

项目	2007 年	2008 年	2009 年	2010 年
净资产规模	2.84%	0.96%	0.22%	0.01%
净利润规模	4.69%	2.39%	0.64%	0.33%
样本数	53 家 AH 股	57 家 AH 股	61 家 AH 股	66 家 AH 股
重要说明	（1）2007 年仅有 6 家公司净利润无差异，10 家公司净资产无差异；2010 年有 32 家公司净利润完全无差异，35 家净资产完全无差异 （2）主要差异点：以前年度资产重估差异调整 （3）随着差异逐渐缩小，2011 年起，财政部不再统计该数据 （4）关于各个年份存在的差异，总体上看，中国香港财务报表具有更高的净资产和净利润			

根据表 3-17，AH 股上市公司内地和香港财务报表的差异几乎已经消失，这表明这些公司内地财务报告质量已经趋近于香港的财务报告质量，且在净利润和净资产方面表现得更加稳健。而在此之前，AH 股上市公司内地和香港财务报表的差异表现并非如此。根据王立彦和刘军霞（2003）的研究，尽管 1998 年的会计

准则与会计制度缩小了内地与香港会计准则在条文方面的差异，但是根据1998~2002年的财务报告，没有系统证据表明AH股两套报表净利润差异在显著缩小，且1999年起净利润均值指标的差异相对于1998年还持续增加。

五、金融行业上市公司执行公允价值会计在制度背景方面面临的挑战

与首次启用公允价值会计时期相比，我国2007年再次启用公允价值会计时，制度背景已经不可同日而语，公允价值会计的执行已经具备了诸多有利条件。但是，公允价值会计的执行也仍然面临诸多挑战，包括国际上应用公允价值会计普遍遭遇的挑战，也包括在我国制度背景框架下面临的挑战。

根据以上的文献整理可知，国内外学者的研究表明，关于国际上应用公允价值会计普遍遭遇的挑战，金融危机爆发之前主要是公允价值会计信息的可靠性问题，特别是第二层级和第三层级的公允价值，新兴市场在这个方面的挑战更大。金融危机爆发之后，除了可靠性问题继续发酵之外，公允价值会计可能导致的顺周期效应和传染效应，成为关注的新焦点。本书认为，如果继续使用公允价值会计，这些问题的争论将持续存在，自然也将成为我国金融类上市公司执行公允价值会计面临的挑战。

除此之外，结合我国制度背景，金融类上市公司应用公允价值会计仍然面临着一些与我国制度背景相关的特有挑战，本书认为，至少包括以下三个方面。

（1）我国会计准则与IFRS的目标定位差异可能产生的影响。截至目前，尽管新兴市场主体在IASB的作用逐渐体现，且IASB的各个组成单位也吸收了新兴市场主体的成员，但是，IASB仍然由发达市场主体主导的局面并没有发生变化，并受到FASB的重大影响。因此，IASB制定的会计准则，其定位是为资金提供者提供决策有用性信息。决策有用观要求会计信息在相关性与可靠性之间做出权衡。近年来，FASB和IASB强调相关性的重要性高于可靠性，并明显地转向了公允价值会计，因为公允价值会计被认为能够提供比历史成本更加相关的信息（Christensen and Nikolaev，2013）。例如，公允价值会计能够提高会计信息的透明度、可比性和及时性（Schipper，2005）。在我国，很长一段时间内，会计信息的提供首先是为了满足国家宏观经济管理需要，会计信息的可靠性未来将是其灵魂。随着资本市场的迅速发展，这种局面已经发生了显著变化，2006年发布的基本会计准则重新将会计信息目标定位为决策有用性与受托责任并重，但是，对可靠性的担忧显然禁锢了公允价值会计在我国会计准则中的使用。一方面，会计准则条文对公允价值会计使用范围、使用条件的规定，比IFRS更谨

慎；另一方面，上市公司执行公允价值会计的保守态度突出。例如，会计准则非常谨慎地赋予了投资性房地产历史成本和公允价值会计的选择权，但上市公司普遍选择历史成本。这类事实表明，上市公司似乎主观上并不乐意执行公允价值会计，上市公司仅在会计准则强制执行公允价值会计的领域执行公允价值会计。

（2）公允价值取值问题。在我国，第二层级和第三层级公允价值会计的应用并不普遍（本书后续章节将详细分析），但即使是活跃市场的公允价值会计，也面临一些问题。其一，尽管2005年开启了股权分置改革，但是流通股和非流通股并存的局面在一定时间内还将存在；其二，我国监管机构对股票市场日涨跌幅度的限制，价格对价值发现机制的作用发挥受到监管的限制；其三，相对于发达资本市场而言，我国股票市场价格发现功能仍然不成熟，股票价格操纵、内幕交易、投机盛行等问题更严重；其四，信用评级、资产评估欠发达。诸如此类的问题，增添了各界对计量日的公允价值“公允性”的疑虑。

（3）公司治理有效性疑虑。尽管金融类上市公司在公司治理制度建设上已经取得了显著进步，但是，如何将制度建设转化为有效落实，仍然存在诸多挑战。例如，很多学者从实证研究角度对股权制衡、独立董事、董事会各种委员会带来更有效的公司治理，从而带来更高质量的盈余、更高质量的投资效率等提出了一些质疑。

第四章　公允价值会计对金融类上市公司盈余波动、盈余管理及银行资本监管的影响研究

公允价值会计的批评者担心公允价值会计可能会带来两个问题。第一，公允价值会计将会增加企业盈余波动，而盈余波动加剧会影响盈余预测能力，加剧股票价格波动；第二，企业通过选择公允价值计量的资产或负债的分类方法（分类结果会影响未实现利得或损失的列报位置）、处置时点（影响未实现利得或损失转为已实现损益的时点）对会计盈余施加影响。本章将围绕金融类上市公司执行公允价值会计对盈余波动和盈余管理的影响展开分析研究。

第一节　公允价值会计对金融类上市公司盈余波动影响的研究分析

一、会计准则引入公允价值会计对盈余波动影响研究的文献回顾

SFAS 133 指出："公允价值是金融工具最相关计量属性，而且是衍生金融工具唯一相关计量属性。"这得益于它旨在如实反映计量日市场参与者在有序交易中拟出售资产收到的价格或转移负债支付的价格，因此能够提供比其他计量属性更及时、更相关的会计信息。然而，由于每个计量日之间的公允价值通常会发生变化，公允价值计量的资产负债在不同会计时点的账面价值将会发生波动，由此

引起利润表盈余或综合收益的波动。早期，由于很多银行管理层不支持投资性证券执行公允价值会计，美国银行家协会的代表在参加 FASB 举办的 115 号会计准则听证会过程中就指出：相对于历史成本，投资性证券如果采用公允价值会计，银行的盈余波动性将增强，而且，增强的波动性并不是对银行经营活动变化的反映，由此将导致投资者做出低效率的资本配置，增加银行的资本成本，同时，投资性证券执行公允价值会计，银行将更容易违背资本金管制要求（Barth et al., 1995）。Barth 等（1995）利用美国银行 1971~1990 年财务报表数据，发现公允价值基础的会计盈余的波动性确实大于历史成本基础的会计盈余波动，前者标准差高出后者 26%。但是，股票市场并未对此做出反应，这表明投资者并不认同公允价值带来的盈余增量波动性具有信息含量。关于公允价值会计对资本金管制影响的实证结果与之相似，公允价值基础的资本金指标违背管制要求高出历史成本的 43.6%。在此之后，围绕银行业执行公允价值会计对盈余波动性影响的研究一直持续着。例如，Bernard 等（1995）、Yonetani 和 Katsuo（1998）分别以丹麦银行和日本银行为样本，经过研究得出与 Barth 等（1995）一致的结论。FASB 将利润表拓展至综合收益表之后，有关研究结论也基本一致。Hodder 等（2006）利用 1996~2004 年美国 202 家商业银行的数据，构造了完全公允价值的收益变量，并比较了完全公允价值的收益、净利润、综合收益的波动性，发现完全公允价值收益的波动程度是净利润的 5 倍、综合收益的 3 倍，并且，股票价格对全面公允价值收益的波动程度有显著的反映；衡量银行利率风险的长期利率贝塔系数与全面的公允价值收益波动程度的相关性强于净收益波动性或综合收益波动性。Hodder 等（2006）的研究表明，扩大而非缩窄公允价值会计在金融工具的适应范围，能够更好地反映银行承受的公允价值利得与损失变化的风险，完全执行公允价值会计能够更完整地描述银行风险管理活动的结果。

在我国，也有学者采用实证研究方式分析公允价值会计对盈余波动的影响。刘斌等（2013）发现，相对于历史成本，公允价值会计加剧了公司利润波动，对盈余预测能力产生负面影响；谭洪涛等（2013）发现综合收益总额的波动强于净利润的波动，净利润的波动强于历史成本净利润的波动（他们以 2007~2012 年上市公司报表为对象，将净利润扣除利润表“公允价值变动收益”项目，得出历史成本净利润），他们将这种结果归因于公允价值计量程度的增加。谭洪涛等（2013）还进一步观察了股票市场对盈余波动风险的反应，发现股票报酬率对盈余波动做出了反应，且金融行业的敏感性强于非金融行业。

二、我国研究公允价值会计对盈余波动影响的方法分析

在研究盈余波动受到的影响之前，有必要对研究方法的科学性与可行性进行

分析，因为它至关重要。

（一）历史成本模式与公允价值模式为基础的会计盈余波动影响比较研究的方法介绍：文献回顾

Barth 等（1995）以 1971~1990 年美国银行的投资性证券为对象，研究公允价值会计引入对银行会计盈余波动与资本金管制影响，这是该领域实证研究的先期文献。1993 年，FASB 发布了 SFAS 115 号会计准则《债务与权益证券投资的会计处理》，要求对投资性证券采用公允价值会计的会计处理。此前，绝大多数银行的证券投资都是以历史成本计量的，同时通过财务报表附注披露公允价值的估计信息。SFAS 115 号准则受到了美国银行界的广泛批评，他们担忧该准则会增加银行会计盈余的波动，并增加银行违背资本金监管指标的风险。因此，Barth 等（1995）比较了历史成本会计与公允价值会计模式对会计盈余和资本金监管的影响；构造了五个盈余变量，分别是历史成本每股净利润（HCNI）、公允价值每股净利润（FVNI）、证券每股已实现利得与损失（RSGL）、证券每股未实现利得与损失（URSGL）、不包括证券利得与损失的净收益（PRENI）。由于样本期间财务报表是以历史成本为基础编制的，HCNI 直接根据报表数据计算获取；HCNI 加上投资证券的年度未实现利得与损失等于 FVNI；历史成本模式下，证券已实现利得与损失已在利润表确认，RSGL 可以直接取值；URSGL 是根据财务报表附注披露的公允价值信息模拟计算取得；PRENI 是 HCNI 减去 RSGL 的结果。在此基础上，他们比较了变量 HCNI、FVNI 的均值、中位数、标准差是否存在显著性差异。

1997 年，FASB 发布了 SFAS 130 号会计准则《报告综合收益》，其将利润表扩展为综合收益表，公允价值会计对综合收益表的影响会更明显。会计准则尚未将公允价值会计应用于全部金融工具，这已经引起银行的不满，银行担心综合收益波动增加，最终会引起投资者高估风险评估（Hirst et al.，2007）。在这种情况下，IASB 和 FASB 仍在努力拓展公允价值会计的适用范围。基于此，Hodder 等（2006）研究了 1996~2004 年美国 202 家商业银行三种业绩计量指标的波动性及价值相关性，分别是净收益、综合收益、构造的完全公允价值会计的收益。其中，净收益与综合收益的主要差别是可供出售金融资产的公允价值利得与损失，这部分利得与损失绕过净收益直接计入该综合收益；完全公允价值会计的收益，是以样本银行利润表综合收益为基础，将财务报表附注中根据美国 SFAS 107 号和 133 号会计准则披露的持有至到期投资、贷款、长期金融负债、衍生品等项目产生的未实现利得或损失包括进来，通过计算获取的。因此，三种收益指标衡量手段，分别代表公允价值会计的不同应用程度对损益的影响，完全公允价值会计的收益已经假定所有金融工具都执行公允价值会计。

国内学者的相关研究主要也是借鉴上述文献。刘斌等（2013）借鉴了 Barth 等（1995）文献，以 2007 年第 1 季度到 2011 年第 3 季度沪深两市非金融行业上市公司为样本，比较包括或剔除利润表“公允价值变动损益”的两组净利润的方差是否具有显著差异，从而评价历史成本会计与公允价值会计对会计盈余波动是否存在显著影响差异。谭洪涛等（2013）同时借鉴了这两篇文献的思路，并且注意到了公允价值会计对我国金融行业上市公司的重要性强于非金融行业，比较金融和非金融上市公司在综合收益总额波动、净利润波动、历史成本波动三个指标的差异，以分析公允价值会计应用范围的扩大是否会增加会计盈余的波动性。由于样本期间我国已经实行公允价值会计，谭洪涛等（2013）模拟取得历史成本会计盈余，即直接以样本公司净利润扣除“公允价值变动损益（税后）”得出，这与 Barth 等（1995）模拟取得公允价值会计收益不同。

（二）我国并不具备以实证范式研究公允价值会计引入是否增强了会计盈余波动的条件

研究公允价值会计的引入是否增加了会计盈余波动，进而影响股票定价，重点是比较公允价值会计引入前后不同会计处理方式对会计盈余的影响，因此，理想的研究方法是：根据新会计准则生效的会计期间的报表，直接取得公允价值会计的会计盈余，准确模拟新会计准则中执行公允价值会计的报表项目采用旧会计准则取得的会计盈余，再比较两种会计盈余的波动性。

如上所述，我国 2007 年引入的公允价值会计中，金融行业上市公司是主要执行的会计主体，而交易性金融资产、可供出售金融资产则是执行公允价值会计的主要报表项目，它们都是 2007 年会计准则采用的新报表项目，此前主要采用“短期投资、长期债权投资、长期股权投资”等报表项目。其中，短期投资的核算范围与交易性金融资产相似，可比性最强。短期投资的期末计价采用成本与市价孰低模式：当短期投资的期末市价低于成本时，差额计提短期投资跌价准备，同时计入利润表“投资收益”；当市场价格回升后，应该在原计提的跌价准备范围内冲回。因此，短期投资的计量属性并不是纯粹的历史成本。可供出售金融资产的核算范围，与 2007 年前会计准则的任何报表项目都有较大差异。新旧会计准则的报表项目金融资产和金融负债的核算口径，只有旧准则的“短期投资”和新准则的“交易性金融资产”与其比较接近，所以列举实例说明。

假定甲公司 2007 年初以成本 100 万元购买 A 股票，以成本 150 万元购买 B 股票，购买时划分为交易性金融资产。由于股票市场走势不理想，企业并未在一年内出售股票。假定 A 股票 2007 年底、2008 年底、2009 年底公允价值分别为 120

万元、80 万元、70 万元，2010 年以 70 万元售出；假定 B 股票 2007 年底、2008 年底的公允价值分别为 180 万元、185 万元，2009 年以 185 万元售出。假设甲公司每年剔除该股票的税前利润是 1 000 万元。表 4-1 根据成本与市价孰低模式和公允价值模式，分别列示了两只股票对公司税前利润的影响，可以发现两种模式的会计盈余差异，利润表的“利润总额”、“公允价值变动损益”和“投资收益”三个报表项目的关系，并不能准确解释两种模式的会计盈余差异。如果要将公允价值会计模式的利润调整为成本与市价孰低模式的利润，必须准确获取企业持有的每项金融资产的持有成本及期末的市场价格，单纯依靠现行利润表及报表附注信息是不可能完成的。

表 4-1 成本与市价孰低模式和公允价值模式下交易性金融资产对损益的不同影响（单位：万元）

项目	2007 年利润表		2008 年利润表		2009 年利润表		2010 年利润表	
	公允价值变动损益	投资收益	公允价值变动损益	投资收益	公允价值变动损益	投资收益	公允价值变动损益	投资收益
公允价值模式（A 股票）	20	0	−40	0	−10	0	30	−30
公允价值模式（B 股票）	30	0	5	0	−35	35		
公允价值模式的利润总额	1 050		965		990		1 000	
成本与市价孰低模式（A 股票）	0	0	0	−20	0	−10	0	0
成本与市价孰低模式（B 股票）	0	0	0	0	0	35	0	0
成本与市价孰低模式的利润总额	1 000		980		1 025		1 000	
两种模式年度盈余比较	50		−15		−35		0	

可能正因为如此，我国学者刘斌等（2013）和谭洪涛等（2013）直接比较了历史成本会计盈余与公允价值会计盈余的波动性差异，没有严格考虑旧会计准则具体的会计处理方法，如计量方法差异（短期投资的成本与市价孰低），也没有办法考虑报表项目核算范围的差异。但是，由于企业执行新会计准则后，并未同时提供旧会计准则体系的会计盈余，他们的研究都借鉴了 Barth 等（1995）模拟取得公允价值会计盈余的方法，模拟取得历史成本会计盈余。

应该说，假定新旧会计准则相同的报表项目分别执行公允价值会计和历史成本会计，根据新会计准则执行期间的财务报表，模拟构造以历史成本为基础的会计盈余具备可行性，即需要测算 2007 年以前执行历史成本而 2007 年以后执行公允价值会计的那些资产和负债，重新采用历史成本进行会计处理，公司利润表将可能发生的变化。延续上例，表 4-2 分别列示了两只股票采用公允价值和历史成本对公司利润表税前利润的不同影响。

表 4-2　历史成本模式和公允价值模式下交易性金融资产对损益的不同影响（单位：万元）

项目	2007 年利润表		2008 年利润表		2009 年利润表		2010 年利润表	
	公允价值变动损益	投资收益	公允价值变动损益	投资收益	公允价值变动损益	投资收益	公允价值变动损益	投资收益
公允价值模式（A 股票）	20	0	−40	0	−10	0	30	−30
公允价值模式（B 股票）	30	0	5	0	−35	35		
公允价值模式利润总额	1 050		965		990		1 000	
历史成本模式（A 股票）	0	0	0	0	0	0	0	−30
历史成本模式（B 股票）	0	0	0	0	0	35	0	0
历史成本模式利润总额	1 000		1 000		1 035		970	
两种模式年度盈余比较	50		−35		−45		30	

可以发现，现有文献直接以“公允价值变动损益”模拟公允价值会计与历史成本会计利润总额的差异（刘斌等，2013；谭洪涛等，2013），能够准确展现两种计量模式对会计盈余的差异影响。但我国在引入公允价值会计对部分金融资产和金融负债进行会计处理之前，并不是采用纯粹的历史成本会计，因此，没有办法获取数据用于研究我国引入公允价值会计，相对于使用旧会计准则，是否加剧了会计盈余波动。

三、研究假设

尽管采用实证方法研究引入公允价值会计对会计盈余波动的影响，会受到数据的客观限制。但是，仍然有必要在现有研究基础上，进一步研究公允价值会计对金融行业各个子行业盈余波动的差异影响，具体理由如下。

美国热衷于以银行业为对象研究公允价值会计，是与美国银行业的特点密切相关的。美国的银行业实行混业经营，可以从事证券业务，因此，商业银行的资产负债表包括几乎所有的金融工具，相应地，以公允价值会计为基础的盈余指标是否比以历史成本为基础的更具优势，显然成为各界关注的焦点。但在我国，银行、证券、保险、信托仍实行分业经营。证券公司与保险公司持有的公允价值会计的金融工具主要是债券、股票、信托产品、基金等，种类更齐全、分布更均衡（股票、债券、理财为主）；银行则主要是安全性更高的债券；信托公司持有的规模显著更小。因此，这些不同类型金融公司，公允价值会计对会计盈余波动的影响可能也是不一样的。基于以上分析，提出如下研究假设。

假设 4-1：公允价值会计显著增强了金融行业上市公司会计盈余的波动性，证券、保险公司尤为明显。

四、研究设计与研究样本

研究样本同样选取的是金融行业上市公司2007~2013年财务报表数据，除了从CSMAR选取，还人工收集整理财务报表附注公允价值变动有关信息，最终获取265个样本数据。

针对研究假设4-1，本书构造了以历史成本为基础的会计盈余，并比较它与以公允价值为基础的会计盈余的方差分布是否具有显著差异。设计研究变量时，考虑以下两个因素：第一，可供出售金融资产公允价值下降可能计入利润表“资产减值损失”，直接以“净利润”扣减“公允价值变动损益”并不能准确模拟得出历史成本净利润，刘斌等（2013）和谭洪涛等（2013）的研究设计存在不足；第二，可供出售金融资产的规模超过交易性金融资产，有必要比较这两种资产的不同作用。需要注意，可供出售金融资产公允价值变动可能计入其他综合收益，但是，其他综合收益包括的范围并不局限于此。

基于这一点，本节借鉴上述文献，采用如下方法设计研究变量：①将样本划分为三个子样本，即银行、证券与保险、其他；②取得利润表“净利润”数据，FVNI代表公允价值会计利润，分三个子行业计算2007~2013年净利润的波动幅度（即净利润的标准差）；③利润表“净利润”扣减“公允价值变动损益”（税后，即乘以0.75）等，属于可供出售金融资产价格下降且计入“资产减值损失”的金额（税后，即乘以0.75），模拟取得历史成本会计利润（HCNI），并计算利润波动；④查阅财务报表附注，获取可供出售金融资产公允价值上涨或下跌形成的未实现利得或损失，计算公允价值会计应用范围扩大至可供出售金融资产后的盈余（CI），考虑到2009年前后可供出售金融资产会计处理的差异，选取2007年可供出售金融资产公允价值上涨或下跌计入“资本公积”的金额和2008~2013年计入“其他综合收益”的金额，以税后数据和净利润（该净利润包括了属于可供出售金融资产价格下降且计入“资产减值损失”的金额）相加，取得的盈余代表的公允价值会计应用范围扩大至可供出售金融资产之后的盈余，计算该盈余指标的波动。为了控制规模的影响，FVNI、HCNI、CI三个变量都除以当期期末总资产。

五、公允价值会计对会计盈余波动影响的实证结果

（一）实证结果

表4-3和表4-4分别列示了三组盈余变量的简单统计量及两两变量均值标准

偏差是否具有显著性差异的结果，具体有以下几点：①总体而言，三组盈余变量中，公允价值会计应用范围扩大至可供出售金融资产之后的盈余的均值和标准偏差最大，且其标准偏差与其他两个变量都存在显著差异。但是，公允价值盈余和历史成本盈余的均值和标准偏差都非常接近，而且，这两个变量的标准偏差都没有显著性差异。因此，相对于历史成本会计而言，公允价值会计的引入，并未造成金融行业上市公司净利润出现明显差异，但如果考察可供出售金融资产的叠加影响，则公允价值会计确实引起了更严重的综合收益波动。②行业内部表现差异显著。首先，证券和保险与金融行业整体表现的相似度最高，CI 的标准偏差显著异于其他两个变量，而其他两个变量的标准偏差也不存在显著差异。在均值大小排序上，证券与金融行业整体完全一致，但保险行业 CI 均值却排在三个盈余指标的最低，说明保险行业可供出售金融资产累计亏损。其次，银行业三组盈余变量的均值和标准偏差，虽然 CI 仍然最大，但是与其他两个变量的差异幅度比金融行业整体要低很多，三组变量的标准偏差相异也都没有通过显著性检验，只有单边检验中 CI 标准偏差分别微弱显著大于 FVNI［Pr（$F<f$）=0.073 7］和 HCNI［Pr（$F<f$）=0.071 5］。最后，金融行业的其他上市公司，三组盈余变量的均值、标准偏差值都比较接近，两两变量的标准偏差也都没有存在显著性差异。

表 4-3　三组盈余变量的描述性统计

行业	变量	样本数	均值	中位数	标准偏差	最小值	最大值
全行业	FVNI	265	0.027 3	0.013 6	0.053 9	−0.184 7	0.654 0
	HCNI	265	0.028 6	0.014 0	0.052 9	−0.113 7	0.654 0
	CI	265	0.032 9	0.013 2	0.115 5	−0.184 7	1.659 6
银行	FVNI	106	0.010 3	0.010 5	0.002 3	0.001 3	0.015 5
	HCNI	106	0.010 4	0.010 6	0.002 3	0.001 3	0.014 5
	CI	106	0.010 2	0.010 3	0.002 6	0.003 3	0.020 4
证券	FVNI	107	0.028 9	0.026 9	0.039 7	−0.184 7	0.123 5
	HCNI	107	0.030 6	0.029 5	0.036 0	−0.113 7	0.114 9
	CI	107	0.044 7	0.027 7	0.163 0	−0.184 7	1.659 6
保险	FVNI	24	0.013 7	0.012 2	0.007 7	0.001 2	0.031 6
	HCNI	24	0.018 9	0.016 9	0.009 2	0.009 6	0.047 5
	CI	24	0.008 4	0.008 6	0.027 7	−0.058 9	0.056 3
其他	FVNI	28	0.097 1	0.065 1	0.125 6	0.004 8	0.654 0
	HCNI	28	0.098 1	0.066 3	0.125 5	0.004 8	0.654 0
	CI	28	0.094 8	0.075 0	0.135 2	−0.132 8	0.654 0

表 4-4　三组变量标准偏差差异的显著性分析

业	变量	样本数	标准偏差	变量标准偏差是否具有显著差异		
				FVNI=HCNI	FVNI = CI	HCNI = CI
全行业	FVNI	265	0.053 9	2×Pr（$F>f$）=0.757 4	2×Pr（$F<f$）=0.000 0	2×Pr（$F<f$）=0.000 0
	HCNI	265	0.052 9			
	CI	265	0.115 5			
银行	FVNI	106	0.002 3	2×Pr（$F>f$）=0.987 1	Ha: ratio= 1 2×Pr（$F<f$）=0.147 5 Ha: ratio<1 Pr（$F<f$）=0.073 7	Ha: ratio=1 2×Pr（$F<f$）=0.143 1 Ha: ratio<1 Pr（$F<f$）=0.071 5
	HCNI	106	0.002 3			
	CI	106	0.002 6			
证券	FVNI	107	0.039 7	2×Pr（$F>f$）=0.312 6	2×Pr（$F<f$）=0.000 0	2×Pr（$F<f$）=0.000 0
	HCNI	107	0.036 0			
	CI	107	0.163 0			
保险	FVNI	24	0.007 7	2×Pr（$F<f$）=0.428 0	2×Pr（$F<f$）=0.000 0	2×Pr（$F<f$）=0.000 0
	HCNI	24	0.009 2			
	CI	24	0.027 7			
其他	FVNI	28	0.125 6	2×Pr（$F>f$）=0.997 5	2×Pr（$F<f$）=0.704 5	2×Pr（$F<f$）=0.702 2
	HCNI	28	0.125 5			
	CI	28	0.135 2			

可以认为，上述特征与这些不同类型上市公司持有的公允价值会计的资产或负债的类型、规模是匹配的。因为证券、保险公司相对于其他公司而言持有更大比例的股票，股票的公允价值波动强于债券。

（二）稳健性检验

（1）谭洪涛等（2013）模拟的历史成本会计盈余，仅依据现行利润表的净利润扣减公允价值变动损益计算取得，并未考虑可供出售金融资产价格下跌计入资产减值损失的部分，此外，还直接采用综合收益总额，并非仅考虑可供出售金融资产价格变动计入其他综合收益的综合收益。为了增强研究结论的显著性，在稳健性检验中，本书采用他们的做法并进行了重新分析，结果保持不变。

（2）考虑到保险公司的样本数很小，可能会影响分析结果的有效性，因此对金融行业进行重新分类，将其划分为银行业、证券保险业、其他，并按照上述两种计量方法进行重新分析，结果仍然保持一致。其他金融行业的样本数也低于30 个，但本书却并未将它与银行或证券保险合并考虑，这是因为其他金融行业的资产规模、持有的公允价值会计的金融资产或金融负债，都与银行业、证券业、保险业具有显著差异，相对而言，研究这些公司公允价值会计的表现的重要性明显更低。

六、公允价值会计对会计盈余波动影响的结论

研究发现，如果立足于净利润，公允价值会计对盈余波动影响与历史成本会计并未存在显著差异；如果将净利润扩展为综合收益，相对于历史成本会计而言，公允价值会计的执行确实导致了金融行业上市公司盈余波动幅度显著增强，这说明可供出售金融资产执行公允价值会计确实对盈余及盈余波动产生了显著影响。但是，金融行业上市公司执行公允价值会计对盈余波动的影响显著强于历史成本，仅体现在证券保险公司；银行类、信托类等其他金融企业由于执行公允价值会计，对盈余及盈余波动的影响都比较微弱。

本章认为，在解释上述研究结论时，必须非常谨慎。第一，正如 Barth 等（1995）的研究存在不足一样，本书的研究结论也与他们具有相似的问题。Barth 等（1995）指出，如果财务报表根据公允价值会计进行确认、计量与记录，真实的会计盈余与根据财务报表附注披露的公允价值模拟的会计盈余可能会有显著差异。因此，他们提醒人们，解释他们文章的研究结论必须很谨慎，股票定价并未因公允价值盈余相对于历史成本盈余的增量波动，可能就是因为其公允价值盈余指标的获取是不完整的公允价值计量。如果我国金融行业上市公司财务报表主动提供完整的三种会计盈余，关于它们之间差异性的分析结果也可能与本书具有差异。第二，更重要的是，诚如前面指出的那样，研究公允价值会计是否导致会计盈余波动增强，最有效的方法是比较2006年前后新旧会计准则产生的不同会计盈余，但 2006 年以前的会计准则并非严格意义的历史成本，甚至可以说，稳健性原则的普遍应用已经使 2006 年以前的会计准则兼具历史成本和公允价值会计，因此，本章的研究结论并不意味着公允价值会计的引入增强了会计盈余波动。这也是本章为什么不继续研究公允价值会计盈余波动对股票市场影响的原因。本章认为，研究公允价值会计市场反应，如果无法研究引入公允价值会计的会计准则提供的会计信息是否造成了市场的增量反应，不如直接研究公允价值会计产生的会计信息是否具有市场反应，因为后一种研究虽然不能分析现有准则是否更有效，但是足以分析现行会计准则是否有效。基于这一点，后续章节将围绕公允价值会计产生的信息是否具有价值相关性展开论述。

第二节　公允价值会计对中国银行上市公司收益波动、资本监管的影响研究

在我国，商业银行是公允价值会计的重要执行力量，公允价值会计对资产、负债和利润短期波动的加剧，对商业银行资本充足率监管指标影响程度的大小，是考察商业银行执行公允价值会计是否会产生重要不利经济后果的关键，因此，本节将重点阐述该问题。

一、资本充足率监管与公允价值会计关系的理论分析

资本充足率是衡量银行综合经营实力、抵御风险能力的重要指标，贯穿于商业银行设立和经营的全过程，因此，资本充足率也成为银行监管的核心内容（黄光和吕江林，2012）。但是，对资本充足率监管是否有效及多大程度降低银行风险仍然存有一定争议。Konishi 和 Yasuda（2004）、Jacques 和 Nigro（1997）、杨光美和贺光宇（2012）等认为资本充足率监管能够降低银行风险，理论基础是 Furlong 和 Keeley（1989）提出的在险资本效应假说。该假说认为资本监管将迫使银行在危机发生时运用自有资本承担损失，为此，提高商业银行资本充足率将促使银行在资产选择中采取谨慎的投资行为，从而降低银行风险（高国华和潘英丽，2011）。然而，与之相对应的预期收入效应假说（Kim and Santomero，1988）则认为，银行资本充足率的提高将降低银行的期望收入，基于对预期收益的理性补偿，银行将增加对高风险资产的投资以弥补预期收入的下降，因此，银行资本充足水平的提高将导致银行资产风险的提高（高国华和潘英丽，2011），这也得到了 Shrieves 和 Dahl（1992）的实证支持。尽管资本监管率是否有效性存在争议，但银行资本监管越来越严格也是事实，因为监管者一般也是规避风险者。

银行业持有大量执行公允价值的金融资产和金融负债，公允价值波动将对银行财务状况和资本监管指标产生重要影响。Barth 等（1995）指出，公允价值会计有助于预测银行资本充足率波动，从而提供给投资者更及时的决策辅助信息。公允价值会计能够更加准确地反映银行财务状况和利率风险（Blankespoor et al.，2013；Hodder et al.，2006）。但是，当市场不活跃或流动性不足时，金融工具公允价值的界定存在困难，其购买价格、出售价格、对特定主体的在用价值（value in use）三个金额彼此并不一致（Barth et al.，1995）。而且，即使某项金融工具

的购买价格或出售价格是可观察的，这些价格充其量只能提供“公允价值”的上下限（Landsman，2006）。这引起了利益相关者的担忧，他们担心公允价值会计会助推金融行业的危机（Government Printing Office，2009；Sarkozy，2010），主要是批判公允价值会计计量偏差（即噪声）（Hughes and Tett，2008；Johnson，2008）。Forbes（2009）曾不客气地指出，坏的会计规则是银行危机的缘由。2008 年以来，金融危机使市场流动性下降，市场处于高度不确定状态，此时的价格并不是各种可能结果的均值，而更可能是个人关于最佳和最差结果的判断，因此，根据市场价格获取的公允价值，计量噪声不可避免地进一步导致并增加公允价值估值偏差（Easley and O’Hara，2010），产生的价值歪曲和传染效应将导致金融机构不必要地被清算，因此，市场流动性不足时，市场价格可能不是最有利的计量属性（Allen and Carletti，2008）。

公允价值计量存在的偏差，可能导致银行监管者做出两类错误判断。第一类错误判断是将健康银行视为麻烦银行，采取相应的不必要的行动，徒增不必要的监管成本和银行合规成本，甚至迫使银行破产清算，导致资源的浪费；第二类错误判断是将麻烦银行视为健康银行，错误地允许这些银行继续经营而没有采取必要的惩戒措施，导致投资者在低估银行风险的前提下做出不恰当的决策。显然，这两类错误都可能导致资源的非有效配置（Valencia et al.，2013）。为检验公允价值计量噪声对银行资本充足率的影响程度，Valencia 等（2013）采用蒙特卡洛模拟技术（Monte Carlo simulation technique）模拟分离出银行执行公允价值会计的金融资产和金融负债公允价值计量的基本价值部分及非基本价值部分（即噪声部分），研究发现公允价值噪声确实会引起这两类错误，并且第一类错误更严重，会导致不必要的监管成本和银行合规成本的增加，而且，市场流动性不足时，公允价值计量噪声问题的严重性会增强。根据 Valencia 等（2013）的研究结论，总体上，公允价值会计给监管者和银行造成了诸多不利的经济后果。

由于担心资本监管指标的计算引入公允价值，可能会导致过度的管制干预，并降低管理者风险承受意愿，Chircop 和 Novotny-Farkas（2016）利用美国银行业数据，研究《巴塞尔协议Ⅲ》要求将可供出售金融资产未实现的公允价值利得与损失纳入资本监管指标的计算所带来的经济后果，研究发现：①当有消息表明《巴塞尔协议Ⅲ》管制政策得以实施的可能性增强时，市场就已经做出了负面反应；②相对于未受管制影响的银行，受管制影响的银行降低了可供出售金融资产的投资。

二、巴塞尔银行监管委员会资本监管政策演进简介

经济学文献研究普遍认为，银行体系的效率对一个国家或地区的经济增长和

社会福利具有巨大的影响（类承曜，2007）。但是，20 世纪 70 年代以来发展中国家和发达国家多次发生的银行系统性和非系统性危机，包括 2008 年金融危机对银行业造成的重创，都表明银行体系的稳定对经济社会的稳定至关重要。即使是个别银行的危机，也应该被足够重视。因为，银行倒闭具有外部性，一家银行倒闭有可能引起其他银行的倒闭，甚至引发银行体系危机，即银行危机具有传染性（类承曜，2007）。

1973 年布雷顿森林体系的瓦解对银行业产生了严重影响，为了应对国际资本市场一些重要的银行发生倒闭或危机事件所产生的影响，1974 年 9 月，由 10 个西方国家的中央银行发起，并最终在 1975 年初正式成立了 BCBS。成立至今，BCBS 制定了一系列重要的银行监管规定，并在世界范围内产生广泛影响，其中，尤其是涉及银行资本监管的 1988 年、2004 年和 2010 年发布的巴塞尔协议倍受重视，习惯上分别被称为《巴塞尔协议Ⅰ》、《巴塞尔协议Ⅱ》和《巴塞尔协议Ⅲ》。

（一）《巴塞尔协议Ⅰ》

1987 年 7 月，BCBS 通过了《关于统一国际银行的资本计算和资本标准的协议》（*International Convergence of Capital Measurement and Capital Standards*），即《巴塞尔协议Ⅰ》。《巴塞尔协议Ⅰ》围绕资本充足率，主要包括以下四部分内容。第一，将银行的资本划分为一级资本（core capital 或 primary capital，即核心资本，Tier 1）和二级资本（supplementary capital，即附属资本，Tier 2）两个部分。其中，二级资本的总额不得超过一级资本的 100%。第二，协议根据银行资产的风险大小，粗线条地将资产划分为 0%、20%、50%、100%四个风险档次，分别对应无风险资产、低风险资产、半风险资产和全风险资产。第三，将银行表外业务纳入资本监管范畴，并确定了表外业务的转换系数（划分为 100%、50%、20%和 0%四大类）。第四，规定了商业银行资本充足率的具体计算方法和界限，资本充足率不得低于 8%，核心资本充足率不得低于 4%。

根据《巴塞尔协议Ⅰ》，资本充足率和核心资本充足率计算公式分别为“资本充足率 =（资本总额/风险加权资产总额）× 100%”“核心资本充足率 =（核心资本/风险加权资产总额）× 100%”。其中，“资本总额 = 核心资本+附属资本”“风险加权资产总额 = $\sum$(表内资产 × 风险权重) + $\sum$(表外项目 × 信用转换系数 × 相应表内资产的风险权重)”。核心资本是资本中最重要的部分，包括永久的股东权益（实收普通股股本和永久性非累积优先股股本）、公开储备（留存收益、股本溢价、任意盈余公积金、法定盈余公积金等反映在资产负债表中的储备）、少数股东权益。附属资本主要包括非公开储备或隐蔽储备、重估准备、一般准备金或一般贷款损失准备金、债务–资本混合工具、次级长期债务。其中，一般准备金最多不能超过风险资产的1.25%，特殊情况下可临时达到2%。

《巴塞尔协议Ⅰ》最终生效时间是1992年，尽管该协议对非成员国不具有强制性，但自1993年起已经有包括非成员国在内的100多个国家开始实施《巴塞尔协议Ⅰ》。

（二）《巴塞尔协议Ⅱ》

尽管《巴塞尔协议Ⅰ》获得了广泛认可，但随着金融创新浪潮的推进、全球金融市场的发展及金融机构经营管理方式的变革，《巴塞尔协议Ⅰ》的局限性不断暴露，主要表现为：①对风险的考虑没有涉及日益重要的操作风险和市场风险；②没有考虑银行间风险管理水平的差异；③没有考虑银行风险管理水平提高的事实（叶立新，2006）。为此，BCBS对《巴塞尔协议Ⅰ》进行多次增补，比较重要的三次增补分别是1996年发布的《巴塞尔协议市场风险修正案》、1997年发布的《有效银行监管核心原则》、1998年发布的《关于操作风险管理的报告》。1999年，BCBS发布了新的资本充足率框架征求意见稿，意图废除1988年的《巴塞尔协议Ⅰ》。2004年6月，BCBS发布了《统一资本计量和资本标准的国际协议：修订框架》，即《巴塞尔协议Ⅱ》，并于2006年底至2007年初正式生效。

《巴塞尔协议Ⅱ》秉承以资本充足率为核心的监管思路，实行以最低资本要求（minimum capital requirements）、监管部门的监管审查程序（supervisory review process）和市场自律（market discipline，核心是信息披露）为三大支柱的监管框架。最低资本监管比例要求延续了《巴塞尔协议Ⅰ》的规定，但是计算过程吸收了《巴塞尔协议Ⅰ》及后续几年的增补文件的精华，涵盖信用风险、市场风险和操作风险，并改进了衡量方法。相应地，资本充足率的计算公式调整为“资本充足率=总资本/风险加权资产×100%=（核心资本+附属资本）/（信用风险加权资产+12.5×市场风险+12.5×操作风险）×100%”“核心资本比率=核心资本/风险加权资产×100%=核心资本/（信用风险加权资产+12.5×市场风险+12.5×操作风险）×100%”。

（三）《巴塞尔协议Ⅲ》

2007年次贷危机催化下的2008年国际金融危机爆发后，原有的国际银行监管准则中的核心资本充足率偏低、银行高杠杆经营缺乏控制、流动性监管标准缺失等问题逐渐暴露出来（尹继志和陈小荣，2012）。为此，BCBS在2010年9月通过了《增强银行业抗风险能力》和《流动性风险计量、标准与监测的国际框架》，简称《巴塞尔协议Ⅲ》，作为对《巴塞尔协议Ⅱ》的替代。《巴塞尔协议Ⅲ》对银行业监管提出的新要求，可以归纳如下（表 4-5）。

表 4-5　《巴塞尔协议Ⅲ》关于银行业监管的新要求

项目	具体指标	指标说明	最低要求	实施时间	达标时间
资本充足率	核心一级资本充足率	普通股构成的核心一级成本占风险加权资产的比重	4.5%	2013 年初	2015 年底
	一级资本充足率	一级资本占风险加权资产的比重	6%	2013 年初	2015 年底
	总资本充足率	资本总额占风险加权资产的比重	8%	2019 年前执行 8%标准	
	资本留存缓冲	为了确保银行有充足资金吸收可能发生的金融危机和经济危机造成的损失，要求核心一级资本占风险加权资产的比重达标	2.5%	2016 年	2019 年
	反周期资本缓冲	经济上行期间根据贷款额的一定比例计提缓冲资本，在经济下行期间释放，以减轻经济下行期间信贷紧缩对实体经济的冲击，要求核心一级资本占风险加权资产的比重达标	0~2.5%	各国自主确定	
	系统重要银行附加资本	为了降低银行“大而不倒”产生的道德风险而对系统重要性银行提出的附加要求	1%	2013 年	2018 年
杠杆率	杠杆率	是商业银行持有的符合规定的一级资本与商业银行调整后表内外资产余额的比重，以防止银行采取减少资本支撑较大资产的高杠杆化行为，规定核心资产占总资产比重不低于 3%	3%	2013 年初	2018 年底
流动性比率	流动性覆盖比例	优质流动性资产储备与未来 30 天资金净流出量之比，考察银行在短期压力情境下的流动性状况	100%	2015 年初	2018 年底
	净稳定资金比例（net stable funding ratio）	净稳定资金比例是指可用的、稳定的资金与业务所需稳定资金的比例。稳定资金是指在持续压力情境下，1 年内能够保证具有稳定资金来源的权益类和负债类资金。确保银行必要的流动性，鼓励银行通过结构调整减少短期融资的期限错配，增加长期稳定性资金来源，提高银行防御流动性风险的能力	100%	2015 年初	2018 年底

注：根据 Basel Committee on Banking Supervision（2010）、尹继志和陈小荣（2012）、田娟（2014）整理所得

值得注意的是，《巴塞尔协议Ⅲ》出台之后，BCBS 注意到各方的反应，又相继出台了一些修改或补充文件。2013 年 1 月，BCBS 公布《巴塞尔协议Ⅲ：流动性覆盖率和流动性风险监测标准》，对 2010 年公布的流动性覆盖率标准进行了修订完善，2014 年 1 月，BCBS 公布了《巴塞尔协议Ⅲ：净稳定融资

比例》的征求意见稿。这些协议总体上放宽了流动性监管标准，以避免对实体经济产生负面扰动（田娟，2014）。修订后的流动性覆盖比例由原先的100%降低为60%，且2015年1月后每年提高10%，2019年1月初将标准提高到100%。

三、我国银行业资本监管政策的简要历程

2003年4月28日，中国银监会挂牌成立，在此之前，中国人民银行同时承担货币政策的执行与银行业的监督管理职责。此后，货币政策与银行业的监督管理职责分别由央行和中国银监会承担。

我国商业银行资本监管制度是随着改革开放进程而逐步建立和不断演进的（刘明康，2009b）。20世纪90年代是我国银行业资本监管的起步阶段。伴随着经济体制改革和金融行业对外开放的推进，1994年，中国人民银行公布了《关于资本成份和资产风险权数的暂行规定》和《商业银行资产负债比例管理考核暂行办法》，对商业银行资本构成、风险权数和资本充足率做了明确规定。随后，1995年，我国颁布第一部《商业银行法》，其中，第三十九条明确规定商业银行资本充足率不低于8%；1996年和1997年，央行在总结国内外经验的基础上，先后两次对1994年资本充足率计算方法进行了局部调整。这些资本监管制度一直沿用到2003年底。总体上，这段时间是我国借鉴国际监管经验，特别是《巴塞尔协议Ⅰ》，对银行进行资本监管的初步尝试，为我国银行业资本监管积累了经验。但是，一方面，与巴塞尔协议相比，这些资本监管要求在诸多方面明显与巴塞尔协议存在差距（叶立新，2006）；另一方面，这段时间的银行资本监管并未严格落实，商业银行资本充足率并未得到有效提高，资本监管对商业银行经营行为的约束作用并未有效发挥（刘明康，2009b）。

中国银监会成立之后，我国银行业资本监管制度走上快速发展道路（刘明康，2009b）。2004年2月23日，中国银监会发布了《商业银行资本充足率管理办法》，并于2004年3月1日开始实施。该管理办法以《巴塞尔协议Ⅰ》为基础，并吸收了《巴塞尔协议Ⅱ》的部分内容，对商业银行信息披露、资本充足率计算的适用范围、资本构成、资本充足率水平、信用风险、市场风险等进行了明确规定，这标志着我国比较完整的审慎监管规章制度体系的初步形成和商业银行资本约束机制的初步确立（刘明康，2009b）。尽管《巴塞尔协议Ⅱ》的征求意见稿已经于1999年发布，但是中国银监会此时发布的这份文件仍然是以《巴塞尔协议Ⅰ》为蓝本的，这主要是因为当时我国大多数银行不属于《巴塞尔协议Ⅱ》界定的“国际活跃银行”，缺乏实施《巴塞尔协议Ⅱ》所需要的内外部环境（刘明康，2009b）。

《巴塞尔协议Ⅱ》于2004年6月发布，并于2006年底至2007年初生效；同时，我国银行股份制改革取得了显著进展，多家银行实现了公开上市，甚至是实现了境内境外公开上市。在这种情况下，中国银监会在2007~2009年陆续颁布了《中国银行业实施新资本协议指导意见》（2007年2月28日）、《商业银行操作风险管理指引》（2007年5月14日）、《贷款风险分类指引》（2007年7月3日）、《中国银行业监督管理委员会关于修改〈商业银行资本充足率管理办法〉的决定》（2007年7月3日）、《商业银行信息披露办法》（2007年7月3日）、《商业银行资本充足率信息披露指引》（2009年11月7日）、《商业银行资本充足率监督检查指引》（2009年12月4日）等文件。这些文件传承了《巴塞尔协议Ⅱ》的精神，设置了一系列比较完整的银行业监管指标。

BCBS在2010年出台了《巴塞尔协议Ⅲ》，近年来，根据各方的反应，相继又出台了一些文件对《巴塞尔协议Ⅲ》的有关规定进行调整。相应地，中国银监会在2011年4月27日发布《中国银监会关于中国银行业实施新监管标准的指导意见》，在2011年6月1日发布《商业银行杠杆率管理办法》，在2011年7月27日发布《商业银行贷款损失准备管理办法》，在2012年6月7日发布《商业银行资本管理办法（试行）》，在2013年7月19日发布《中央交易对手风险暴露资本计量规则》《关于商业银行资本构成信息披露的监管要求》《关于商业银行实施内部评级法的补充监管要求》《资本监管政策问答》等资本监管配套政策文件，2014年1月6日发布《商业银行全球系统重要性评估指标披露指引》，2014年1月17日发布《商业银行流动性风险管理办法（试行）》等规范文件。这些规范文件综合了《巴塞尔协议Ⅲ》及之后国际银行监管的最新要求，形成了我国未来一定时期内银行业监管新政，其全面实施也预示着我国银行业监管进入了更为严格的《巴塞尔协议Ⅲ》阶段。

四、公允价值会计与我国商业银行资本监管的关系分析

（一）2007年以来我国商业银行资本监管的计算方法

1. 2004年2月23日颁布《商业银行资本充足率管理办法》的主要指标（含2007年修订）

尽管中国银监会借鉴《巴塞尔协议Ⅱ》内容并于2007年发布了《中国银行业实施新资本协议指导意见》等文件，但它并不要求我国所有银行在当时实施《巴塞尔协议Ⅱ》，而是规定分类实施原则。其中，在其他国家或地区设有活跃

业务的经营性机构，国际业务占相当比重的大型商业银行应实施《巴塞尔协议Ⅱ》，其他商业银行可以自愿申请实施《巴塞尔协议Ⅱ》。因此，本章需要对2004年3月1日开始实施的《商业银行资本充足率管理办法》予以介绍，由于2007年7月3日中国银监会发布《中国银行业监督管理委员会关于修改〈商业银行资本充足率管理办法〉的决定》并于同日开始实行，下文结合这两份文件介绍商业银行资本监管指标计算方法（表4-6）。

表4-6　商业银行资本监管指标（2004年/2007年版）

监管指标	监管要求（2004年）	计算方法（2004年）	指标组成解释	2007年版本修改要点
资本充足率	不得低于8%	（资本−扣除项）/（风险加权资产+12.5倍的市场风险资本）	（1）资本包括核心资本和附属资本 （2）核心资本包括实收资本或普通股、资本公积、盈余公积、未分配利润和少数股权 （3）附属资本包括重估储备、一般准备、优先股、可转换债券和长期次级债务 （4）附属资本不能超过核心资本的100%；计入附属资本的长期次级债务不得超过核心资本的50% （5）风险加权资产应该扣除专项准备和资产减值准备 （6）风险权重分为100%、50%、20%、0% （7）应该对表外业务的信用风险计提资本 （8）资本充足率计算的扣除项目包括商誉、商业银行对未并表金融机构的资本投资、商业银行对非自用不动产和企业的资本投资三类 （9）核心资本充足率的扣除项目包括商誉、商业银行对未并表金融机构的资本投资的50%、商业银行对非自用不动产和企业的资本投资的50%三类	（1）附属资本范围增加混合资本债券 （2）对计入所有者权益的可供出售债券公允价值正变动可计入附属资本，计入部分不得超过正变动的50%；公允价值负变动应全额从附属资本中扣减 （3）商业银行计算资本充足率时，应将计入资本公积的可供出售债券的公允价值从核心资本转入附属资本
核心资本充足率	不得低于4%	（核心资本−核心资本扣除项）/（风险加权资产+12.5倍的市场风险资本）		

2.《巴塞尔协议Ⅲ》后我国商业银行资本监管的主要指标

表4-7列示了《巴塞尔协议Ⅲ》出台后，我国在2011年4月27日至2014年1月17日发布的一系列银行监管文件所涉及的主要监管指标及执行的时间。由于不同文件存在针对同一个指标执行时间要求有差异的情况，表4-7中仅列示了最新文件的规定。

表 4-7　《巴塞尔协议Ⅲ》出台后我国商业银行资本监管主要指标

监管指标（括号为计算方法）	监管要求	解释说明
资本充足率	不得低于 8%	（1）资本充足率计算公式改进为："资本充足率=（总资本−对应资本扣减项）/风险加权资产×100%" （2）监管资本由两级分类（一级资本和二级资本）修改为三级分类（核心一级资本、其他一级资本和二级资本）：①核心一级资本包括实收资本或普通股、资本公积、盈余公积、一般风险准备、未分配利润、少数股东资本可计入部分；②其他一级资本包括其他一级资本工具及溢价、少数股东资本可计入部分；③二级资本包括二级资本工具及其溢价、超额贷款损失准备、少数股东资本可计入部分 （3）风险加权资产包括信用风险加权资产、市场风险加权资产和操作风险加权资产 （4）新标准实施后，正常条件下系统重要性银行和非系统重要性银行的资本充足率分别不低于 11.5%和 10.5% （5）2012 年起执行，系统重要性银行和非系统重要性银行应分别于 2013 年底和 2016 年底前达到新的资本监管标准 （6）计算资本充足率时，核心一级资本中全额扣除项目为商誉、土地使用权以外的其他无形资产、经营亏损引起的净递延所得税资产、贷款损失准备缺口、资产证券化销售利得、确定受益类的养老金资产净额、直接或间接持有本银行的股票、对资产负债表中未按公允价值计量的项目进行套期形成的现金流储备（若为正值，应予以扣除；若为负值，应予以加回）、商业银行自身信用风险变化导致其负债公允价值变化带来的未实现损益
核心一级资本充足率	不得低于 5%	
一级资本充足率	不得低于 6%	
储备资本	风险加权资产的 2.5%，由核心一级资本满足	
逆周期资本	风险加权资产的 0%~2.5%，由核心一级资本满足	
系统重要性银行附加资本	风险加权资产的 1%，由核心一级资本满足	
杠杆率（一级资本占调整后表内外资产余额的比例）	4%	（1）2012 年起执行，系统重要性银行要在 2013 年底前达标，非系统性重要银行要在 2016 年底前达标 （2）杠杆率高于《巴塞尔协议Ⅲ》的 3% （3）2014 年发布的《商业银行流动性风险管理办法（试行）》于 2014 年 3 月 1 日实行，要求商业银行流动性覆盖率应当于 2018 年底前达到 100%；过渡期内，应当于 2014~2017 年各年底前分别达到 60%、70%、80%、90%。这实际上放宽了流动性监管要求
流动性覆盖率（合格优质流动性资产/未来 30 天现金净流出量）	不低于 100%	
净稳定融资比例	不低于 100%	
贷款拨备率（贷款损失准备占贷款的比例）	不低于 2.5%	2012 年起执行，系统重要性银行 2013 年底达标。非系统重要性银行应于 2016 年底前达标。2016 年底前未达标的，应当制定达标规划，并向银行业监管机构报告，最晚于 2018 年底达标
拨备覆盖率（贷款损失准备占不良贷款的比例）	不低于 150%	
流动性比例（流动性资产余额/流动性负债余额）	不低于 25%	
存贷比	不高于 75%	

资料来源：中国银行业监督管理委员会（2011a，2011b，2011c，2012a，2012b）

（二）我国商业银行上市公司公允价值会计应用情况分析

1. 商业银行财务报表运用公允价值会计的主要项目

财务会计是对企业经济活动的如实反映，因此，了解商业银行公允价值会计应用情况，首先应该清楚银行的经济活动范围。总体上，我国商业银行实行分业经营，银行、证券、保险业务相互分离。根据《商业银行法》，商业银行可以从事的业务主要包括：吸收公众存款；发放短期、中期和长期贷款；办理国内外结算；办理票据承兑与贴现；发行金融债券；代理发行、代理兑付、承销政府债券；买卖政府债券、金融债券；从事同业拆借；买卖、代理买卖外汇；从事银行卡业务；提供信用证服务及担保；代理收付款项及代理保险业务；提供保管箱服务；经国务院银行业监督管理机构批准的其他业务。例如，商业银行经中国人民银行批准，可以经营结汇、售汇业务。同时，《商业银行法》明确规定，商业银行在中华人民共和国境内不得从事信托投资和证券经营业务，不得向非自用不动产投资或者向非银行金融机构和企业投资，但国家另有规定的除外。商业银行因行使抵押权、质权而取得的不动产或者股权，应当自取得之日起二年内予以处分。

因此，遵循我国企业会计准则关于公允价值会计的规定，且在银行经营活动过程中运用公允价值会计的领域并不广泛，涉及的报表项目与其他行业报表并无显著差别。其中，资产负债表主要集中于交易性金融资产、衍生金融资产、可供出售金融资产、投资性房地产、交易性金融负债、衍生金融负债等项目；利润表主要集中于公允价值变动损益、投资收益、其他综合收益等。但是，这些报表项目所涉及的具体经济业务则与非银行类企业具有明显差别，主要表现为以下三点：①银行的交易性金融资产、交易性金融负债、可供出售金融资产这些项目主要以债券为主，涉及少部分权益工具和基金。其中，债券来源主要是公共实体及准政府债券、政府债券、政策性银行债券、公司债券、金融机构债券等，而其他类型企业大部分以股票投资为主。②银行是衍生金融资产或衍生金融负债主要交易者，以中国银行 2012 年和 2013 年财务报表附注为例[①]，银行衍生品交易包括货币衍生工具、利率衍生工具、权益衍生工具、贵金属及与其他商品相关的衍生工具、信用衍生工具等。③以公允价值计量的其他项目，如以公允价值计量的结构性存款[②]、以公允价值计量的吸收存款。其中，结构性存款是结合了固定收益

---

① 查阅了中国农业银行、浦发银行、中国民生银行等银行 2012 年财务报表附注，发现其从事的衍生品交易种类与中国银行类似。

② 中国农业银行 2012 年财务报表附注指出，2012 年 1 月 1 日之前发行的结构性存款整体指定以公允价值计量且其变动计入当期损益的金融负债；之后发行的结构性存款，其中所含的嵌入衍生金融工具将进行分拆，并作为衍生金融工具列报，结构性存款中的债务部分作为吸收存款列报。但是，中国银行 2013 年财务报表附注仍然将结构性存款指定为以公允价值计量且其变动计入当期损益。

证券和金融衍生产品的金融商品，在普通外汇存款的基础上嵌入某种金融衍生工具（主要是各类期权），通过与利率、汇率、指数等的波动挂钩或与某实体的信用情况挂钩，存款人在承受一定风险的基础上获得较高收益的业务产品（丘键和张志洁，2008）。由于结构性存款受利率、汇率、指数等波动的影响，价值会发生一定的波动，所以应执行公允价值会计。

除此之外，银行还拥有大量不执行公允价值会计的金融资产和金融负债，主要包括存放在中央银行款项、存放同业款项、拆出资金、买入返售金融资产、发放贷款和垫款、持有至到期投资、应收款项债券投资、向中央银行借款、同业及其他金融机构存放款项、拆入资金、卖出回购金融资产款、以摊余成本计量的吸收存款及应付债券等。对非以公允价值计量的金融工具，银行通常会在财务报表附注披露这些金融工具的账面价值及相应的公允价值信息[①]。

2. 商业银行公允价值会计获取的主要手段

三个层级的公允价值会计在商业银行中都得到了一定程度的应用，银行财务报表附注也会披露三个层级公允价值的具体信息，包括每个层级公允价值获取方式、每个层级金融资产和金融负债的规模等信息。由于我国各大银行的经营业务同质化比较严重，且中国银行是我国国际化程度最高的银行，以中国银行 2012 年财务报表附注为例，对三个层级的公允价值会计分别应用的对象说明如下[②]。

第一层级：采用相同资产或负债在活跃市场中的报价计量（未经调整），包括在交易所交易的证券和部分政府债券。

第二层级：使用估值技术计量——直接或间接地全部使用除第一层级中的资产或负债的市场报价以外的其他可观察参数，包括大多数场外交易的衍生合约、从价格提供商获取价格的债券和交易贷款、发行的结构性存款。

第三层级：使用估值技术计量——使用任何不基于可观察市场数据的参数（不可观察参数），包括有重大不可观察因素的股权和债权投资工具。其中，金融工具估值技术中使用的主要参数包括债券价格、利率、汇率、权益及股票价格、波动水平、相关性、提前还款率及交易对手信用差价等，均为可观察到的且可从公开市场获取的参数。对银行持有的某些低流动性债券（主要为资产支持债券）、未上市股权（私募股权）及场外结构性衍生交易，管理层从交易对手处询

---

① 查阅中国银行 2007~2013 年财务报表附注，每年都披露了这类信息。

② 查阅中国农业银行、浦发银行、中国民生银行 2012 年年报，发现中国银行和中国民生银行对三个层级公允价值应用对象的披露最为详细；查阅中国银行 2009 年、2010 年、2011 年、2013 年和 2014 年财务报表附注，三个层级公允价值应用对象基本一致，除了 2013 年和 2014 年附注第一层级公允价值计量对象增加了场内交易的衍生合约。中国银行 2007 年和 2008 年财务报表附注未详细披露三个层级公允价值应用情况。

价，其公允价值的计量可能采用了对估值产生重大影响的不可观察参数，因此中国银行将这些金融工具划分为第三层级，管理层已评估了宏观经济变动因素、外部评估师估值及损失覆盖率等参数的影响，以确定是否应该对第三层级金融工具公允价值做出必要的调整，银行已建立相关内部控制程序监控集团对此类金融工具的敞口。

3. 银行业公允价值会计对财务报表影响程度的分析

根据中国银监会官方网站（2014年11月12日登录查询），我国银行主要划分为政策性银行（3 家）、国有商业银行（五大行）、股份制商业银行（12 家）、邮政储蓄银行（1 家）、城市商业银行（135 家）、农村商业银行（119 家）、农村合作银行（25 家）、农村信用社（71 家）、三类新型农村金融机构（333 家）、外资银行（47 家）、信托公司（61 家）、财务公司（115 家）、金融租赁公司（15 家）、汽车金融公司（16 家）、货币经纪公司（5 家）和消费金融公司（4 家），合计967家。其中，已经在A股上市的银行达16家，包括五大国有商业银行、8家股份制商业银行和3家城市商业银行。

1）上市银行公允价值会计对财务报表影响程度分析

根据从 CSMAR 中获取的 2007~2013 年 16 家上市银行财务报表数据，分析公允价值会计对上市银行财务报表的影响。表 4-8 列示了交易性金融资产占总资产比重（TRDTA）、衍生金融资产占总资产比重（FDTA）、可供出售金融资产占总资产比重（HLDTA）、交易性金融负债占负债总额比重（TRDTL）、衍生金融负债占负债总额比重（FDTL）、公允价值计量净资产占总资产比重（FVTA）、公允价值计量净资产占净资产比重（FVOE）、执行公允价值会计且公允价值变动计入当期损益的金融资产和金融负债产生的损益占利润比重（FVEARNINGS）、执行公允价值会计且公允价值变动计入当期损益的金融资产和金融负债产生的每股收益（FEPS_R）、可供出售金融资产产生的每股收益（AEPS_R）。

表 4-8　公允价值会计对上市银行财务报表影响分析

变量	样本数	均值	标准偏差	最小值	最大值	银行（最大值）及年份
TRDTA	106	0.009 6	0.013 7	0.000 0	0.088 6	南京银行，2007 年
FDTA	106	0.001 6	0.002 4	0.000 0	0.015 4	宁波银行，2013 年
HLDTA	106	0.065 2	0.038 0	0.000 2	0.234 2	北京银行，2007 年
TRDTL	106	0.003 1	0.006 7	0.000 0	0.031 4	中国工商银行，2013 年
FDTL	106	0.001 6	0.002 4	0.000 0	0.016 3	宁波银行，2013 年
FVTA	106	0.076 6	0.044 6	0.007 6	0.251 9	宁波银行，2013 年

续表

变量	样本数	均值	标准偏差	最小值	最大值	银行（最大值）及年份
FVOE	106	1.218 6	0.690 2	0.068 5	3.585 8	北京银行，2007 年
FVEARNINGS	105	0.006 7	0.038 3	−0.098 6	0.207 9	中国银行，2009 年
FEPS_R	106	0.001 7	0.034 0	−0.127 0	0.149 5	南京银行，2008 年
AEPS_R	106	−0.010 7	0.146 8	−0.477 5	0.556 5	北京银行，2008 年

其中，有必要对三个变量的取值进行说明：①FVEARNINGS 的取值为利润表“公允价值变动收益”加上利润表“投资收益”，归属于交易性金融资产（负债）、衍生金融资产（负债）及公允价值变动直接计入当期损益的其他金融资产（负债），求得公允价值变动损益之和，除以税前利润总额。②FEPS_R 取值类似于 FVEARNINGS 取值，但是分母为银行发行在外普通股股数，考虑到股本面值 1 元，直接取所有者权益的“股本”。③AEPS_R 取值“投资收益归属于可供出售金融资产的部分”加上 2007 年和 2008 年用“资本公积”中属于可供出售金融资产公允价值变动部分、2009~2013 年用利润表“其他综合收益”归属于可供出售金融资产公允价值变动部分之和除以发行在外普通股股数。虽然可供出售金融资产公允价值下降可能计入资产减值损失，但由于无法获取这些明细数据，AEPS_R 指标可能不能全部代表可供出售金融资产公允价值会计产生的利得或损失。

根据表 4-8 可以发现几点初步结论：①银行持有的执行公允价值会计的资产中可供出售金融资产最重要，占总资产比重均值达到 6.52%；交易性金融资产次之，占总资产比重均值接近 1%；银行持有的执行公允价值会计的负债规模远低于资产规模，以交易性金融负债为主，占负债总额比重仅 0.3%。②从总资产层面看，公允价值会计对银行总资产影响并不大。银行持有的公允价值计量的净资产占总资产比重均值约 7.66%。③从净资产层面看，公允价值会计对净资产影响非常大，公允价值计量净资产超过净资产账面价值将近 22%。④公允价值会计的资产和负债所产生的损益，对盈余贡献轻微，在税前利润中比重不超过 1%，说明银行公允价值会计的资产和负债的营利能力差，与它们占资产或净资产的比重不匹配。其中，可供出售金融资产的营利能力最差（对每股收益的贡献为负）。

表 4-9 列示了这些主要变量均值年度的不同情况。总体上：公允价值会计的交易性金融资产占总资产比重（TRDTA）、可供出售金融资产占总资产比重（HLDTA）、公允价值计量净资产占总资产（FVTA）、公允价值计量净资产占净资产（FVOE）比重都呈下降趋势；衍生金融资产（FDTA）和衍生金融负债

（FDTL）的比重都比较低；交易性金融负债占负债比重（TRDTL）显著上升；三个收益变量的波动都比较明显，有些年份盈利，有些年份亏损。由此说明，银行配置的金融资产和金融负债，不同年份对盈利的贡献非常不稳定。

表 4-9　公允价值会计对上市银行财务报表影响的年度差异

变量	2007 年	2008 年	2009 年	2010 年	2011 年	2012 年	2013 年
TRDTA	0.013 2	0.014 6	0.008 3	0.007 6	0.007 0	0.007 8	0.009 5
FDTA	0.001 4	0.002 4	0.001 1	0.001 5	0.001 3	0.001 3	0.002 1
HLDTA	0.078 1	0.078 3	0.063 4	0.058 0	0.058 6	0.062 6	0.060 6
TRDTL	0.001 9	0.001 2	0.001 6	0.003 8	0.004 2	0.002 7	0.005 7
FDTL	0.001 2	0.002 3	0.001 2	0.001 5	0.001 4	0.001 4	0.002 3
FVTA	0.092 9	0.095 5	0.073 2	0.067 2	0.067 1	0.071 8	0.072 3
FVOE	1.488 5	1.521 9	1.304 6	1.070 5	1.017 8	1.131 3	1.077 7
FVEARNINGS	−0.012 2	0.033 8	0.016 1	0.007 4	−0.003 7	0.009 1	−0.002 9
FEPS_R	−0.009 1	0.026 8	0.007 3	0.004 1	−0.009 0	0.009 2	−0.014 9
AEPS_R	0.043 3	0.123 1	−0.031 2	−0.055 5	0.038 7	−0.010 1	−0.162 1

2）上市银行与非上市银行公允价值会计对财务报表影响程度比较分析

为了了解上市银行与非上市银行是否存在系统性差异，从 CSAMR 获取了 215 家银行 2007~2013 年财务数据进行分析。这 215 家银行，包括全部上市银行、三家政策性银行、其他全部未上市的股份制银行（如广发银行、恒丰银行）、部分城市的城市商业银行（如上海银行、天津银行、重庆银行）、部分主要的农村商业银行（如北京农村商业银行、天津农村商业银行、重庆农村商业银行）、部分农村合作银行［如萧山农村合作银行、慈溪农村合作银行（2014 年改制组建为慈溪农村商业银行，本部分研究使用 2007~2013 年数据，故暂不考虑该变更）］、部分农村信用社（如南海农村信用社）、部分村镇银行、部分外资银行（如汇丰银行、摩根大通银行、瑞士银行）。因此，应该说，这些银行是能够基本代表我国 967 家银行的基本情况的。进行数据分析之前，需要说明三点。其一，由于不能完整获取非上市银行财务报表附注关于投资性房地产的计量属性，FVTA 和 FVOE 两个指标的计算除不再包括投资性房地产外，其他资产或负债类指标与上述界定一致。其二，由于不能获取公允价值变动损益转回的信息，损益类指标不再被包括。其三，由于没有市场价格数据和薪酬数据等资料，只能针对上市银行研究公允价值会计经济后果研究，舍弃非上市银行。通过 Stata 软件检验上市银行和非上市银行各个项目的均值是否存在显著性差异，结果如表 4-10 所示。

表 4-10　公允价值会计对上市银行与非上市银行资产负债影响的比较分析

变量	非上市银行均值（811 个样本）	上市银行均值（106 个样本）	t 检验是否显著差异 diff = mean（0）− mean（1）
TRDTA	0.014 4	0.009 6	t = 2.201 4；Pr（$\|T\|>\|t\|$）= 0.028 1
FDTA	0.001 2	0.001 6	t = −0.967 5；Pr（$\|T\|>\|t\|$）= 0.333 7
HLDTA	0.032 8	0.065 2	t = −8.056 4；Pr（$\|T\|>\|t\|$）= 0.000 0
TRDTL	0.000 9	0.003 1	t = −3.062 1；Pr（$\|T\|>\|t\|$）= 0.002 6
FDTL	0.002 5	0.001 6	t = 0.826 0；Pr（$\|T\|>\|t\|$）= 0.409 1
FVTA	0.048 4	0.076 4	t = −5.568 5；Pr（$\|T\|>\|t\|$）= 0.000 0
FVOE	0.665 0	1.216 2	t = −7.440 4；Pr（$\|T\|>\|t\|$）= 0.000 0

可以发现，上市银行公允价值计量净资产占总资产比重、公允价值计量净资产占净资产比重都显著高于非上市银行，主要因为上市银行持有更多的交易性金融资产、可供出售金融资产，尤其是可供出售金融资产均值达到非上市银行的 2 倍。虽然上市银行也持有更多的交易性金融负债，但其规模较小、影响较小。

4. 资本监管政策关于公允价值会计的金融资产和金融负债作用的分析

理论上，公允价值会计的金融资产和金融负债对资本监管指标的影响，应该至少关注两个问题。

第一，这些金融资产和金融负债对资本监管指标的影响程度。公允价值计量的金融资产和金融负债，计量价值由基本价值和非基本价值（即噪声）两个部分组成。噪声可以反映公允价值可靠性缺陷对资本充足率影响的错误程度。Valencia 等（2013）采用蒙特卡洛模拟技术模拟分离出银行执行公允价值会计的金融资产和金融负债公允价值计量的真实价值部分和噪声部分，并分析噪声对资本充足率的影响。但是，他们的研究在中国很难复制。他们采用美国 966 家银行控股公司数据，假定金融危机爆发之前的 2007 年末资产和负债的公允价值能够准确反映其基本价值，金融危机爆发后，对 2008 年公允价值计量分离基本价值和噪声部分。随后，他们选择了七种能够充分反映各种金融工具价格主要影响因子的指标，分别是美国三个月期的国债利率、第一担保贷款固定利率（fixed rate first mortgages）、两年期个人贷款利率、穆迪 BAA 级十年期债券利率、标准普尔 500 指数、联邦基金利率（federal funds rate）、房地美住房价格指数（Freddie Mac home price index），根据 1972~2008 年这些指数历史数据分布特征和指数间的横截面关系数估计各种资产和负债的公允价值，分离基本价值和噪声部分。例如，假定某权益工具 t 期公允价值 100 美元，t+1 期标准普尔 500 指数报酬率 5%，那么，t+1 期权益工具公允价值基本价值部分应该是 105 美元，偏离 105 美元的部分属于噪声产生的非基本价值。同时，他们的研究至少在三方面具有一些局限性。一是，他们假定除了公允价值计量的资产和负债，银行资产负债表其他项目在报表期间是保持不变的，也就忽略了会计期间内银行其他经济活动对资本充足率的影响，从而不能更为贴近实际地评估公允价值噪声对资本充足率的影响程度。二是，所选择的七种指标只能代表总体情况，公允价值还受标的资产特有风险的影响，因此，偏离指标变动的部分不一定都是计量噪声。例如，股票市场价格波动，除了受标准普尔 500 指数影响，也受相关公司特有风险影响。三是，他们的研究将 2007 年的资产或负债的公允价值取值视为基本价值，假定公允价值计量不存在噪声，这对 2007 年采用第二层级和第三层级方式取得公允价值的资产或负债，假定的合理性难以验证。此外，他们的研究，如果进行复制，则财务报表附注必须披露公司执行公允价值会计的金融资产和金融负债的详细组成部分。

第二，公允价值会计的金融资产和金融负债，相对于历史成本会计而言，对资本监管指标的增量有影响。

但是，由于现行资本监管政策与财务会计是相分离的，根据银行对外公布的财务报表及其附注信息，并不能得出这两种结果。根据表 4-8，虽然银行执行公允价值会计的资产和负债占银行资产总额和负债总额的比例比较都比较小，但公允价值会计的净资产在银行净资产总额中占极其重要的位置。因此，分析现行的资本监管政策关于公允价值会计的金融资产和金融负债的规定，是非常有必要的。

1）公允价值变动对资本充足率指标计算公式分子影响的规定

考虑到公允价值变动所产生的未实现利得或损失计入当期损益或资本公积项目，如果不做调整而采用原来的办法计算资本充足率，违反了监管资本的审慎性和稳定性，2007 年 11 月，中国银监会发布《中国银监会关于银行业金融机构执行〈企业会计准则〉后计算资本充足率有关问题的通知》，对计算资本充足率指标涉及的部分会计数据的处理办法进行了调整，以保持监管资本弥补损失和抵御风险的性质不变，保证资本充足率指标能够准确反映银行抵御风险的水平。根据该通知，调整的原则可以归纳为两点：其一，区别对待公允价值变动未实现利得或损失；其二，区别对待不同类别金融资产或金融负债。

（1）交易性金融工具公允价值变动未实现累积额为净利得的，该净利得在考虑税收影响后从核心资本中扣除，计入附属资本；公允价值变动未实现部分累积为净损失的，不做调整，全部计入核心资本的减项。

（2）归属于可供出售金融资产的股权类和债券类资产，公允价值变动未实现部分累积为净利得的，该净利得从核心资本中扣除，同时，不超过该净利得 50%（含 50%）的部分可以计入附属资本；公允价值变动未实现部分累积为净损失的，不做调整，全部计入核心资本的减项。

（3）归属于可供出售金融资产的贷款和应收款项类，公允价值变动未实现部分累积额为净利得的，该净利得从核心资本中扣除；公允价值变动未实现部分累计额为净损失的，该净损失加回到核心资本中。

（4）其他类别可供出售金融资产，存在活跃市场，则调整方法与归属于可供出售金融资产的股权类、债券类资产相同；不存在活跃市场，则调整方法与归属于可供出售金融资产的贷款和应收款项类相同。

（5）现金流量套期有效部分中的套期工具和被套期项目公允价值变动未实现部分累计额为净利得的，该净利得从核心资本中扣除，同时不超过该净利得50%（含50%）的部分可计入附属资本；如果公允价值变动未实现部分累计额为净损失，不做调整。

（6）将自用房地产或存货转换为采用公允价值计量的投资性房地产，转换日产生的未实现价值增值从核心资本中扣除，同时不超过该价值增值70%（含70%）的部分可计入附属资本，转换日产生的减值损失不做调整。投资性房地产持有期间公允价值变动未实现部分累计额为净利得的，该净利得在考虑税收影响后从核心资本中扣除，同时不超过该净利得50%（含50%）部分可计入附属资本中，公允价值变动未实现部分累计额为净损失的，不做调整。

（7）使用公允价值选择权的金融资产或负债，公允价值变动未实现部分累计额为净利得的，该净利得在考虑税收影响后从核心资本中扣除；公允价值变动未实现部分累计额为净损失的，该净损失在考虑税收影响后加回到核心资本中。

（8）过去确认为权益，而2006年新会计准则确认为负债的项目仍计入附属资本，如可赎回优先股。过去确认为负债，而2006年新会计准则确认为权益的部分应从核心资本中扣除，计入附属资本，如可转换债券。

2）公允价值变动对资本充足率指标计算公式分子影响的规定存在的问题分析

（1）分子对公允价值变动的调整，未考虑公允价值变动损益会计处理的特征，导致调整计算方法不合理。根据上述内容，2007年以来，资本充足率对公允价值变动损益采取了不对称处理，如交易性金融工具公允价值变动未实现部分累计额为净利得，则以税后金额从核心资本扣除，累计额为损失则不做调整。中国银保监会的不对称处理方法的依据是审慎性原则。但是，直接利用利润表的公允价值变动损益或资产负债表直接计入资本公积的公允价值变动信息，而不考虑公允价值变动损益会计处理的本质，即根据会计准则规定，公允价值计量的交易性金融资产、可供出售金融资产、投资性房地产，持有期间的公允价值变动所产生的未实现利得或损失，在处置这些资产的期间必须转回计入投资收益（投资性房地产则影响其他业务收入或其他业务成本），则事实上可能违背了审慎性原则。例如，假定某银行初始状态的核心资本是100亿元，随即，银行以公允价值

10 亿元购买了某种资产作为交易性金融资产，该年底，该交易性金融资产公允价值为 12 亿元，并由此产生 2 亿元的未实现利得，利润表将列报 2 亿元公允价值变动收益，假定不存在任何其他经济活动会影响初始状态的核心资本，则年底计算银行资本充足率时不能包括 2 亿元的未实现利得，资本充足率计算等式的分子核心资本仍然为 100 亿元。第二年，银行将该交易性金融资产出售，出售价格 12 亿元，2 亿元公允价值变动损益转入投资收益，利润表“公允价值变动收益”列报金额为−2 亿元，“投资收益”列报金额为 2 亿元。因此，出售业务对年度利润表净影响额为零，假定仍然没有任何其他经济活动影响初始状态的核心资本，也不考虑所得税因素，则计算年度资本充足率时，“公允价值变动收益”−2 亿元将被视为净损失，全额纳入核心资本，则核心资本仍然为初始状态的 100 亿元。在这个例子中，当银行出售交易性金融资产，已经产生了 2 亿元的收益，就不再因为该金融资产承担任何风险，核心资本应该显示为 102 亿元。反之，如果这笔经济业务最初以 10 亿价格购买后，第一年底，价格下跌至 8 亿元，则核心资本为 98 亿元；第二年，按照 8 亿元出售，利润表“公允价值变动收益”2 亿元，“投资收益”−2 亿元，核心资本为 96 亿元。但是，银行已经不再为该金融资产承担任何风险，核心资本应该是 98 亿元。

上述模拟情景说明：不考虑资产或负债持有期间公允价值变动在处置期间需要转回的特点，将使核心资本的计算不但不能真正体现审慎原则，反而严重偏离交易或事项的真实面貌。鉴于中国银保监会规定的资本充足率计算方法对未实现利得或损失的不对称处理秉承审慎原则，本书建议，银行具体计算资本充足率时，必须注意两个问题：第一，不能直接利用利润表中“公允价值变动收益”或资产负债表附注中“资本公积——其他资本公积”数据，而应该根据调整对象所对应资产或负债的明细账信息，区分会计科目“公允价值变动损益”和“资本公积——其他资本公积”真正属于资产或负债持有期间价格上涨或下跌部分与处置期间转回部分，仅将价格上涨或下跌部分形成的未实现利得或损失纳入资本充足率计算的调整对象。第二，资产或负债处置之后，该资产或负债累计已经实现的损益，应该计入核心资本范围。承袭上述例子，如果资产持有期间是 2 亿元未实现利得，则核心资本仍然为 100 亿元，出售资产后，不考虑税收影响，核心资本应该为 102 亿元；如果资产持有期间是 2 亿元未实现损失，则核心资本为 98 亿元，资产出售后核心资本仍然为 98 亿元。因此，有必要强调，银行必须根据这类资产或负债及相关损益账户的明细账信息才能更加精确地计算资本充足率。

（2）对交易性金融资产和可供出售金融资产等各种资产的公允价值变动损益的处理不对称，缺乏理论基础。根据中国银保监会对资本充足率分子的计算调整思路推测，这类资产或负债形成的未实现损益，能否真正转换为等额已实现的利得或损失，以影响核心资本或附属资本的不确定性程度从低至高的排序，在监管当局看来，很可能是如下顺序：第一层次，不确定程度最低，包括交易性金融工具、2006 年之前确认为权益而 2007 年新会计准则确认为负债的项目（如可赎回优先股）、2006 年之前确认为负债而 2007 年新会计准则确认为权益的项目（如可转换债券）；第二层次，自用房地产或存货转换为采用公允价值计量的投资性房地产，转换时点产生的未实现利得或损失；第三层次，包括可供出售金融资产中的股权类及债券类，不属于股权类、债券类、贷款和应收款项类的其他存在在活跃交易市场的可供出售金融资产，现金流量套期有效部分中的套期工具和被套期项目，投资性房地产持有期间公允价值变动未实现利得或损失；第四层次，可供出售金融资产中的贷款和应收款项类，不属于股权类、债券类、贷款和应收款项类的其他不存在在活跃交易市场的可供出售金融资产，使用公允价值选择权的金融资产或负债。

但是，上述四个层次的分类并不一定能够如实体现这些资产或负债持有期间未实现利得或损失的不确定性差异程度。资产或负债持有期间的未实现利得或损失的不确定程度的高低，受价格波动激烈程度高低和持有期限长短等多重因素的影响。因此，中国银保监会的这种分类方法存在如下问题。

第一，同一个层次内部不同组成部分的差异未予区分，一味采用相同的处理方法，不能反映其风险或不确定性程度差异。例如，归属于交易性金融资产的债券来源多样化，其信用评级不一定相同，产生的未实现利得或损失的不确定程度显然也存在差异。

第二，不同层次的资产或负债，其风险或不确定性程度也不能简单排序。根据我国会计准则，企业管理当局可以根据持有意图对交易性金融资产和可供出售金融资产进行划分，划分为可供出售的金融资产，除非限售期等规定的约束，企业对这种金融资产的处置自由权与交易性金融资产没有任何差异。因此，交易性金融资产和可供出售金融资产的风险可能一致，也可能交易性金融资产的风险更高。例如，A 银行和 B 银行购置同样的发债主体发行的同样信用等级的债券，但两个银行分别将其视为交易性金融资产和可供出售金融资产，显然，银行所承担的风险是一样的；再如，评级价低但归属交易性金融资产的债券，对信用评级较高但归属于可供出售金融资产的债券来说，其未实现利得或损失的不确定程度可能更高。

综上认为，资本充足率计算公式的分子，不能简单根据财务报表项目分类对未实现利得或损失采用不同处理方法。笔者注意到，资本充足率计算公式的分母，对不同资产、负债、表外项目都详细划分了市场风险、信用风险级别，可以认为，如果未实现利得或损失的调整对资本充足率计算具有重要影响，则分子的调整方法应该与分母的市场风险、信用风险级别保持一致。

3）公允价值会计对资本充足率计算公式分母影响的规定

根据《巴塞尔协议Ⅱ》和《巴塞尔协议Ⅲ》，资本充足监管指标的计算，计算公式的分母需要考虑三种风险，即信用风险、市场风险和操作风险。我国2011年修订的资本充足率计算指标也在2007年版本基础上将分母扩展至这三种风险。下面将分析执行公允价值会计的金融资产和金融负债关于三种风险的考虑。

（1）商业银行关于信用风险、市场风险和操作风险的度量办法。

第一，信用风险资本计量方法。

中国银保监会对商业银行信用风险资本计量方法进行过修改。2007年2月《中国银行业实施新资本协议指导意见》要求商业银行采用内部评级法计算信用风险资本要求，并鼓励实施高级内部评级法。但是，2012年《商业银行资本管理办法（试行）》则明确规定商业银行可以采用权重法或内部评级法计量信用风险加权资产。权重法，即标准法，是银行直接根据监管机构提供的银行表内表外各类项目及其对应的风险权重，加权计算获取银行账户表内资产信用风险加权资产与表外项目信用风险加权资产之和。风险权重通常依赖于外部信用评级结果确定相应的风险权重，如果某种资产没有信用评级，则通常设定为100%风险权重。显然，权重法的操作虽然比较简单，降低了银行执行成本，但是，我国外部信用评级市场比较落后，权重法的执行缺乏健全的外部信用评级支持，这也导致中国银保监会不得不采用一些“一刀切”的做法。例如，中国银监会2012年《商业银行资本管理办法（试行）》规定商业银行对一般企业债权的风险权重为100%，显然就没有考虑企业与企业的差异。内部评级法也依赖于信用评级，不同之处在于它依赖银行自己建立的内部风险评估体系来计量风险资产。但是银行必须在遵循中国银保监会制定的规章制度的前提下建立内部风险评估体系，而且必须事先获得中国银保监会核准才能正式使用。根据2012年《商业银行资本管理办法（试行）》规定，商业银行对银行账户信用风险暴露进行分类，至少划分为主权风险暴露、金融机构风险暴露、公司风险暴露、零售风险暴露、股权风险暴露、其他风险暴露六大类，并区别对待已经违约和未违约资产的风险暴露的计量。

第二，市场风险资本计量。

根据2012年《商业银行资本管理办法（试行）》，与信用风险不同，市场风险是指因市场价格（利率、汇率、股票价格和商品价格）的不利变动而使商业银行表内和表外业务发生损失的风险。

我国与巴塞尔协议都从监管角度出发，将银行资产划分为银行账户和交易账户，交易账户按照市场价格计价，银行账户按照历史成本计价。其中，交易账户包括为交易目的或规避交易账户其他项目的风险而持有的金融工具和商品头寸，这些金融工具必须在交易方面不包括任何限制性条款，或者能够完全规避风险、能够准确估值、能够进行积极的管理；银行账户记录的是除交易账户以外的资产（梁世栋，2009）。因此，列入交易账户计算资本的头寸必须满足三个条件：具有明确的持有头寸或金融工具或投资组合交易的策略，并取得高管批准；具有明确的头寸管理政策与程序；具有明确监控头寸与银行交易战略是否一致的政策和程序，包括监控交易规模和银行交易账户的头寸余额（梁世栋，2009）。

根据2012年《商业银行资本管理办法（试行）》，市场风险资本计量应覆盖商业银行交易账户中的利率风险和股票风险，以及全部汇率风险和商品风险，但可以不对结构性外汇风险暴露计提市场风险资本。因此，划分为交易账户的金融资产，需要计算市场风险加权资产。与信用风险计量方法的计算规定一样，它先后也存在两个不同版本，中国银监会2006年以来一直采用相同的标准，规定商业银行可以选择标准法或内部模型法计量市场风险资本要求。其中，标准法要求银行分别计量利率风险、汇率风险、商品风险和股票风险的资本，并单独计量以各类风险为基础的期权风险的资本。中国银保监会同样对商业银行内部模型法的执行办法进行了指导性规定，且商业银行执行内部模型法之前需要经过中国银保监会核准。

梁世栋（2009）认为，目前的市场风险主要是针对交易账户的，这对我国银行业是非常危险的，我国银行业应该同时考虑交易账户和银行账户的市场风险。因为，交易账户的市场风险包括了利率风险、股票风险、外汇风险、商品风险及期权风险等衍生工具价格风险，而银行账户的市场风险至少应包括银行资产负债不匹配导致的利率风险和提前还贷风险。

第三，操作风险加权资产计量。

操作风险是《巴塞尔协议Ⅱ》相对《巴塞尔协议Ⅰ》的新要求。中国银监会2011 年发布《中国银监会关于中国银行业实施新监管标准的指导意见》才提出对商业银行考虑操作风险的要求。根据 2012 年《商业银行资本管理办法（试行）》，操作风险是指不完善或有问题的内部程序、员工和信息科技系统，以及外部事件所造成损失的风险，包括法律风险，但不包括策略风险和声誉风险。该办法规定，商业银行可以采用基本指标法、标准法或高级计量法计量操作风险资本要求，且商业银行采用后两种办法必须事先获得中国银监会核准。基本指标法确定的操作风险仅与银行的总收入有关，而与银行的操作风险管理水平没有挂钩，因此，这种计算方法比较粗糙。标准法与基本指标法本质相似，但是它进一步将银行的业务划分为公司金融、交易和销售、零售银行、商业银行、支付和清算、代理服务、资产管理、零售经纪和其他业务 9 个业务条线，以各个业务条线的总收入为基础计量操作风险。因此，标准法虽比基本指标法略有进步，但同样没有考虑银行操作风险管理水平的差异。高级计量法是更科学的操作风险的度量方法，可以根据业务性质、规模、产品复杂程度及风险管理水平选择操作风险计量模型。但是，中国银保监会并未制定高级计量法的执行指导性办法。

（2）公允价值会计的金融资产与金融负债关于三种风险的具体分析。

根据信用风险、市场风险和操作风险的定义和计量要求，公允价值会计的金融资产与金融负债主要涉及信用风险、市场风险。本书认为，根据目前的做法，至少存在以下两点需要注意或探讨的问题。

第一，公允价值会计的金融资产与金融负债，并不全部纳入资本充足率计算公式分母关于三种风险的考虑。信用风险涵盖了银行表内和表外资产，相应地，公允价值会计的金融资产均需要度量信用风险。市场风险主要针对交易账户，但能够归属于交易账户的金融工具和商品头寸的主要目的是短期内持有以便出售，或者从实际或预期的短期价格波动中获利，或锁定套利的头寸。因此，执行公允价值会计的金融资产中，划分为非流动资产的可供出售金融资产并不满足该条件。操作风险仅与收入挂钩，收入涵盖净利息收入和净非利息收入两部分，显然，操作风险并未直接考虑金融资产与金融负债，虽然其产生的收益也可能纳入操作风险的收入范畴。另外，资本充足率计算也未直接考虑金融负债。

根据市场风险的定义，银行持有的可供出售金融资产同样可能因为利率、汇率等发生不利变化而遭受损失，与交易性金融资产面临的风险具有相似性。因此，如果不将其纳入市场风险的考虑范畴，资本充足率对市场风险的度量仍然是不充分的。

因此，尽管《商业银行资本管理办法（试行）》将市场风险聚焦于交易账户，但我国上市银行事实上已经将交易账户和银行账户都纳入了市场风险考虑范畴。根据人工翻阅我国上市银行 2007~2013 年年报附注信息可知，所有上市银行都考虑了银行账户的市场风险，具体是考虑了银行账户的利率风险。以中国银行 2013 年年报为例，中国银行的银行账户承担的利率风险主要是银行账户资产和负债到期日或重新定价期限不相匹配引起的。

第二，度量三种风险时，监管机构对银行不同资产或负债的分类方法的规定，与企业财务报表分类办法并不一致。根据我国 2006 年发布的企业会计准则，企业持有的金融资产和金融负债划分为四大类别。国际上，国际会计准则由 IAS 39 的四分类法调整为 IFRS 9 的两分类法。关于信用风险，风险权重以信用评级为基础，财务报表不同类别的资产可能信用评级一致，相同资产的不同组成部分可能信用评级并不一致。关于市场风险，由于账户分类不一致，无法将财务会计金融资产和金融负债的具体分类与巴塞尔协议的银行账户和交易账户准确对应。为此，中国银监会只是进行原则性规定，并要求商业银行自己确定划分规则，这就不可避免地导致国内各家商业银行对银行账户和交易账户分类不统一（梁世栋，2009）。相应地，这也使资本充足率的计算只能依赖银行内部人士完成，外部人士难以通过财务报表信息披露验证其准确性。

基于以上两点，报表信息使用者对上市银行财务报表附注关于市场风险的披露信息，理解难度大。根据《商业银行资本管理办法（试行）》市场风险主要涵盖交易账户的规定，且交易账户应该不包括可供出售金融资产，因为可供出售金融资产属于非流动资产，不满足交易账户“短期”的性质。但事实上，根据上市银行财务报表附注的披露，市场风险涵盖了交易账户和银行账户，且交易账户和市场账户的市场风险分析分别都包括了交易性金融资产和可供出售金融资产。这种处理方法容易引起报表信息使用者的困惑，因为《商业银行资本管理办法（试行）》规定的交易账户和银行账户并不存在交叉的项目，银行账户是交易账户以外的资产。

此外，尽管上市银行事实上考虑了银行账户的市场风险，但《商业银行资本管理办法（试行）》没有对银行账户市场风险进行指导规定，使信息使用者难以有效评价商业银行的信息披露是否充分、银行账户市场风险的考虑是否全面，因此，建议监管机构增加针对银行账户如何考虑市场风险的规范制定。

五、对银行资本监管的政策建议

2008 年金融危机爆发后，包括二十国集团 2009 年伦敦峰会与会领导人在内的国际社会普遍认为，金融危机的根本原因是经济结构失衡、金融创新过度、金融机构疏于风险管理和金融监管缺位，并提出了建立全球统一的高质量会计准则、提升金融市场透明度的要求（刘玉廷，2010）。言下之意，IASB、FASB 等最具影响力的准则制定机构，由于提供的会计准则质量不达标、金融市场透明度不达标，对金融机构疏于风险管理和金融监管缺位具有不可推卸的责任。为此，二十国集团在匹兹堡峰会强调了金融保险会计与金融监管规定相分离的原则（刘玉廷，2010）。客观上，金融监管目标与财务会计目标并不一致，也要求金融保险会计信息不能直接用于金融监管，两者有必要进行适当分离。金融监管强调防范和控制金融风险、维护金融安全与稳定（刘玉廷，2010）。因此，稳健是其天然需求，金融监管必将是审慎监管，这也有利于金融监管者规避责任。例如，银行的存贷比监管，体现了保护存款人利益优先原则，尽管它可能牺牲了股东利益，因为它限制了银行可供贷款的资金。财务会计目标虽几经变化，但目前通常将决策有用观和受托责任观有机结合，虽然提供的对外信息的受众群体偏向于资金提供者，但提供的信息内容却非常强调中立性原则，不偏向某个或某些资金提供者群体。因此，包括美国、西班牙、澳大利亚、新西兰、日本、欧盟以及 IASB、BCBS 等组织，都坚持会计准则与金融监管相互分离（刘玉廷，2010）。例如，根据现行会计准则规定，银行仍然按照“已发生损失模型”计提的资产减值损失。但是，金融监管机构通常需要额外计提贷款损失拨备，这超过了会计准则的“已发生损失”的范畴。再如，资本充足率一系列指标的分子对执行公允价值会计的资产和负债的公允价值变动的处理办法，也体现了会计准则与金融监管相互分离的原则。

但是，会计监管与金融监管相分离，并不意味着会计信息与金融监管指标完全不相关，也不意味着会计信息于金融监管无益。目前，会计监管与金融监管相互分离主要体现在银行与保险行业，根据这两个行业的监管规定及实务处理办法，金融监管指标的计算通常是以会计监管为基础的，会计信息质量必将影响金融监管指标的审慎程度。例如，银行业计提的拨备覆盖率，等于贷款减值准备余额除以不良贷款余额，其中，贷款减值准备是根据会计准则《资产减值》予以计提的。

因此，虽然金融监管与会计监管相互分离，金融监管指标也必须准确地利用会计信息。

1）关于分母的建议

资本充足率监管指标的分母根据各种具体资产的信用风险、市场风险的差别赋予不同的权重，但信用风险和市场风险涉及的报表项目，分类方法与会计准则具有显著差异，增加了财务报表阅读者理解会计监管与金融监管差异的难度，因此也必将影响报表的信息价值。本书建议，金融监管有关规定可以合理缩小它与会计监管的差异，如市场风险涉及的交易账户和银行账户，金融监管文件或会计准则可以明确它们分别主要涉及财务报表哪些报表项目，至少可以列举常用的项目。并且，可以要求银行在财务报表附注中披露交易账户、银行账户与财务报表项目在范围上的异同点，增加银行财务报表附注信息的可理解性。

2）改进分子计算的科学性和透明度

目前，分子的计算是比较粗糙的。如上所述，在执行公允价值会计的资产或负债对资本充足率监管指标分子的影响中，监管文件没有明确是否考虑“公允价值变动转回”的影响，也忽视了不同资产或同一资产不同来源的各种风险的差异。本书建议：①明确考虑公允价值变动转回，逐一分析每个执行公允价值会计的资产或负债的公允价值变动和转回情况，以确保正确处理利得或损失对资本充足率的影响；②根据分母对不同资产或负债风险的权重系数的考虑，使资本充足率分子对利得与损失不对称处理办法的做法的逻辑性增强，而不是现在“一刀切”处理方法。

目前，我国实行银行、保险与证券分业经营，现行的《商业银行法》也禁止银行控股非银行金融企业，对银行进行股票投资也有严格限制，因此，银行持有的执行公允价值会计的金融资产和金融负债的规模比较小、品种有限。相应地，金融资产与金融负债对资本充足率影响的计算办法，虽有瑕疵，但对资本监管指标计算结果的影响比较小。尽管 2015 年修订的《商业银行法》没有放开商业银行混业经营问题，但混业经营已经在欧美盛行，我国金融行业实行混业经营的呼声也不断见涨。如果银行混业经营成为事实，执行公允价值会计的金融资产和金融负债的规模可能扩大、品种可能增加、风险也更加复杂，有必要修改它们对监管指标影响的计算方法。

第三节　金融行业上市公司公允价值会计对盈余管理的影响研究

一、金融行业上市公司公允价值会计与盈余管理关系的特殊性

关于公允价值与盈余管理的关系存在两种观点：公允价值降低或提高了企业的盈余管理事实（刘行健和刘昭，2014）；少数观点认为公允价值降低了盈余管理的空间。例如，Mengle（1995）发现公允价值比历史成本更有助于减少商业银行管理层的盈余管理行为，并且有助于建立资本充足率监管管制制度以及合理的破产标准。多数观点认为，管理当局利用公允价值会计提供的盈余管理空间进行盈余管理。这些观点认为，采用公允价值计量的非金融资产或负债，由于不存在活跃交易市场而依靠主观估计公允价值，提供管理当局进行盈余管理的机会（Benston，2006；Barth et al.，1995）。金融资产或金融负债，如果缺乏活跃的交易市场，管理当局也可能操控公允价值的估计。Dechow 等（2010）发现，管理当局通过操控估计公允价值的假设参数（如折现率），影响证券化资产留存利益的公允价值的估计结果，从而降低证券化资产的损失金额，提高企业盈余水平。我国执行新会计准则后，交易性金融资产和可供出售金融资产采用的会计处理对会计盈余产生了不同影响，投资性房地产两种计量模式的选择也对盈余造成了不同影响，使管理当局有动机通过金融资产分类、金融资产出售时机选择、投资性房地产计量属性选择等方式进行盈余管理。例如，He 等（2012）的大样本研究发现管理层操控金融资产出售时机选择；叶建芳等（2009）、徐先知等（2010）的大样本研究均发现管理当局操控金融资产分类；张奇峰等（2011）采用案例研究方式发现北辰实业通过对投资性房地产采用公允价值计量模式进行盈余管理。

但是，以下三个因素可能会影响金融行业上市公司公允价值会计与盈余管理的关系。第一，在我国，企业管理当局并没有充分的自由选择交易性金融资产和可供出售金融资产的分类。我国上市公司股东持有的股票，可能包括了相当数量

的限售股，限售期通常 1 年以上，而交易性金融资产属于流动资产，股东并不能绕过该规则自由选择划分为交易性金融资产，也不能自由选择可供出售金融资产的出售时机。第二，与其他行业不同，金融资产和金融负债对金融企业财务报表影响程度更大，管理当局利用公允价值会计进行盈余管理的动机可能更强。第三，金融类上市公司通常市值规模大，影响力强，也因此监管层、机构投资者、分析师、会计师事务所等对其关注度也更高，使管理当局利用公允价值会计进行盈余管理的机会可能更小。

二、理论基础与研究假设

（一）理论基础与文献回顾

1. 会计准则为管理当局提供了运用金融资产会计处理选择权进行盈余管理的空间

根据我国 2006 年发布的《企业会计准则》，上市公司持有的金融资产可以划分为四大类别，即交易性金融资产和指定为以公允价值计量且其变动计入当期损益的金融资产、持有至到期投资、贷款和应收款项、可供出售金融资产。其中，第一类和最后一类都是执行公允价值会计，但对资产持有期间的公允价值变动的处理则具有明显差异。第一类产生的公允价值变动计入利润表的“公允价值变动收益”项目，属于营业利润；第二类产生的公允价值变动，2009 年以前通常计入“资本公积”，2009 年以后则同时计入利润表“其他综合收益”，不计入“净利润”，除非公允价值变动符合资产减值规定而计入“资产减值损失”。

首先，企业可以根据持有意图将购买的金融资产划分为交易性金融资产或可供出售金融资产，除非其满足持有至到期投资、长期股权投资、贷款与应收款这几种类型资产的条件。

其次，相对于交易性金融资产，尽管可供出售金融资产的会计处理受限售股等因素的影响，但会计准则仍然赋予了可供出售金融资产更大的会计处理选择权。公允价值上升时，虽然企业必须将未实现利得计入资本公积（2009 年之后，同步计入其他综合收益），但企业有机会通过出售金融资产锁定利润并计入营业利润（限售股除外）。公允价值下降时，企业有机会规避可供出售金融资产公允价值下降对利润表的影响，即使公允价值下降幅度巨大，企业也仍然有可能在不对审计意见类型产生不利影响的前提下，拒绝通过资产减值损失进行反映。

例如，根据中信证券和宏源证券2008年年报，两家公司同时持有西飞国际[①]（股票代码 000768）的股票，并都将其作为可供出售金融资产，且可供出售金融资产规模及价值变动对两家公司财务报表都具有重要乃至重大影响，但两家公司对西飞国际股票价格大幅度下降的会计处理却截然不同，中信证券将其视为价格严重下跌而按照“资产减值损失”进行会计处理，宏源证券将其视为价格的暂时性下降而计入“资本公积”，两家公司的年度审计报告都是标准无保留审计意见。再如，根据 2008 年年报，雅戈尔（股票代码 600177）和上海电力（股票代码 600021）分别持有海通证券无限售条件的流通股股票，都按照可供出售金融资产进行处理，雅戈尔持有的海通证券股票在 2008 年底收盘价仅相当于购买成本的45%，雅戈尔按照“资产减值损失”进行会计处理，面临同样条件的上海电力却将其计入“资本公积”。

由于会计准则赋予了更大的会计处理选择权，如果企业具有盈余管理动机，则企业可能会更乐于按照可供出售金融资产进行处理。避免亏损或债务违约、达到盈余预测目标、盈余平衡、股票增发、股票配股、更好的高管薪酬、高管晋升等，可能促使其进行真实盈余管理和（或）应计盈余管理。例如，Roychowdhury（2006）研究发现，公司利用多种真实盈余管理方法对财务报告进行盈余管理，避免年度报告出现亏损；Cohen 和 Zarowin（2010）发现公司同时使用了真实与应计两种盈余管理方式操控盈余以实现股票增发（seasoned equity offerings，SEOs），并且，股票增发成功后，真实活动对公司经营业绩下降的负面影响更大；顾鸣润和田存志（2012）发现我国上市公司 IPO（initial public offerings，首次公开募股）前也同时采用了应计和真实盈余管理，且上市公司 IPO 前的真实盈余管理活动对公司上市后业绩的负面影响更大；魏涛等（2007）认为上市公司通过非经常性损益进行盈余管理，实现扭亏或避免利润下降。由于伴随着实际经营活动的变化，真实盈余管理，相对于应计盈余管理，也有其独特的动机，如股利支付或避税的考虑。研究发现，受股利支付的约束，公司会通过真实盈余管理来减少税收性收入以满足股利支付的要求（Edelstein et al.，2008）；预期税率上升使公司更倾向于实施真实活动操控的盈余管理，预期税率下降会使公司更倾向于实施应计项目操控的盈余管理（李增福和郑友环，2010）。而且，相对而言，真实盈余管理通过真实经营活动的配合，更具隐蔽性，外部监管对其更难有作为（顾鸣润等，2012）[②]。

企业可能通过真实与应计两种盈余管理方式操控金融资产会计。不论是操控金融资产分类，还是操控金融资产出售时点，都属于真实盈余管理，因此，隐蔽

① 2012 年底该公司启用新的证券简称“中航飞机”。

② 转引自张金若等（2013b），略有调整。

性很强。操控可供出售金融资产是否确认资产减值损失，则应该属于应计盈余管理。我国金融行业上市公司业绩普遍不会出现亏损。但是，为了防止业绩下降、进行股票增发配股、更好的高管薪酬等，仍然可能通过应计或真实盈余管理操控公司交易性金融资产和可供出售金融资产的会计处理，包括对处置时点的控制。

2. 企业管理当局确实具有操控金融资产会计处理的嫌疑

国内近年来针对新会计准则公允价值会计的研究，普遍发现公允价值会计导致盈余管理上升。这两种执行公允价值会计的金融资产采取了不同的会计处理方法，学者怀疑企业管理当局可能会凭借信息不对称优势，通过操控金融资产分类、出售时机等方式进行盈余管理。

王建新（2007）认为公司倾向于将股票划分为可供出售金融资产，而金融企业比非金融企业更愿意将金融资产划分为交易性金融资产。但是，王建新（2007）的研究仅分析了 2007 年第一季度报表数据，这使其研究结论的可靠性受到影响。叶建芳等（2009）发现，上市公司（研究样本剔除了金融保险行业上市公司）持有的金融资产较多时，管理层倾向于将金融资产划分为可供出售金融资产，以缓解公允价值波动对利润波动的影响。持有期间，为避免利润下滑，倾向于短期内处置可供出售金融资产以锁定利润，违背了最初决定交易性或可供出售金融资产分类的持有意图。徐先知等（2010）研究发现，上市公司通过金融资产划分进行盈余管理，企业规模越大，管理层持股、经营状况越好，金融资产重要程度越高，管理层越倾向于将金融资产分类为可供出售金融资产。He 等（2012）利用我国 2007 年和 2008 年沪深上市公司数据进行研究发现，在持有交易性金融资产和可供出售金融资产的公司样本中，交易性金融资产存在在未实现的公允价值变动损失的公司，与存在在未实现的公允价值变动收益的公司相比，更有可能通过出售可供出售金融资产确认利得，以对冲交易性金融资产未实现公允价值变动损失对公司盈余的影响。亏损概率大的公司，更有可能采用这种盈余管理手段避免亏损。

（二）文献评论

本书认为，由于如下因素，管理当局操控金融行业上市公司可供出售金融资产和交易性金融资产的空间可能与现有文献研究结论不完全一致，包括操控分类、出售时机、公允价值计量。

1. 企业管理当局对可供出售金融资产的处置受到限制

在我国，企业管理当局并没有充分的自由可以选择交易性金融资产和可供出售金融资产的分类。我国上市公司股东持有的股票，大量存在限售股现象。限售股主要包括四大类：①股权分置改革有关的限售股，即上市公司股权分置改革完成后股票复牌日之前股东所持原非流通股股份，以及股票复牌日至解禁日期间由上述股份滋生的送股和转股；②再融资有关的限售股，主要是定向增发认购股份和公开增发网下机构配售股份等；③首次公开发行股票有关的限售股，主要是原股东限售股和首发机构配售股；④内部职工股、股权激励限售股、配售限售股等其他类别的限售股份。其中，企业在股权分置改革过程中持有的限售股，根据2007 年 11 月财政部发布的《企业会计准则解释第 1 号》，如果没有达到对被投资单位具有控制、共同控制或重大影响的股权，应当划分为可供出售金融资产；2009 年发布的《企业会计准则解释第 3 号》规定，企业持有上市公司限售股权（不包括股权分置改革中持有的限售股权），对上市公司不具有控制、共同控制或重大影响的，应当按照《企业会计准则第 22 号—— 金融工具确认和计量》的规定，将该限售股权划分为可供出售金融资产，也可将其划分为以公允价值计量且其变动计入当期损益的金融资产。虽然 2009 年的规定赋予企业管理当局某些限售股两种处理方法的选择权，但由于这些限售股的锁定期通常也是一年以上，不满足流动资产特征，并不适宜作为交易性金融资产。例如，上海证券交易所2006 年以来虽多次修订 IPO 股份的上市规定①，但是各个版本的规则都规定：①控股股东和实际控制人持有的股份，自 IPO 股票上市之日起 36 个月内不得上市流通，必须承诺规定期限内不转让或者委托他人管理其直接和间接持有的发行人首次公开发行股票前已发行股份，也不由发行人回购该部分股份，除非是企业的控股股东和实际控制人自发行人股票上市之日起一年后将股票转给存在控制关系，或均受同一实际控制人控制的另一方。②IPO 时已经发行的股份，IPO 股票上市之日起 12 个月内不得上市流通。而且，限售股锁定期也影响了管理当局自由选择或操控金融资产出售时机的能力，因为持股者只有在满足股票解禁条件之后才能出售股票。根据这些法律法规的规定，除了控股股东或实际控制人对持有的股份按照长期股权投资进行会计处理，其他类型的限售股应该划分为非流动资产，如果不能产生重大影响或共同控制，在可靠获取公允价值的前提下，应该划分为可供出售金融资产。

2. 现有文献尚未充分考虑限售股因素对研究设计的影响

目前，以我国公允价值会计为对象研究盈余管理的文献，基本未考虑限售股因素对研究设计和研究结果的影响。例如，徐先知等（2010）没有考虑限售股因素对交易性金融资产和可供出售金融资产分类的限制，他采用 logistic 回归分析

① 《上海证券交易所股票上市规则》于 1998 年 1 月实施，之后，在 2000 年 5 月、2001 年 6 月、2002 年 2 月、2004 年 12 月、2006 年 5 月、2008 年 9 月、2012 年 7 月、2013 年 12 月、2014 年 10 月、2018 年 4 月进行了修订。

方法，因变量采用虚拟变量，划分为可供出售金融资产取值 1，划分为交易性金融资产取值 0，这虽能够初步确定企业对金融资产划分的偏好，但却没有考虑金融资产规模的影响。He 等（2012）也没有关注限售股因素对企业选择处置可供出售金融资产时点的影响。叶建芳等（2009）虽然考虑了限售股制度的影响，但研究样本直接将可供出售金融资产全部是限售股的公司予以剔除，而且，并没有明确说明可供出售金融资产含有部分限售股的公司样本是否剔除，同时，其研究范围是 2006 年底至 2007 年底，研究期限较短，且恰逢中国股市处于大牛市并逐渐转向熊市时期，企业锁定利润需求而出售股票的可能性增加，这可能会影响研究结论的普遍性。最后，他们剔除了金融保险业，而该行业是公允价值会计最主要的执行行业。

3. 金融行业各类上市公司持有的公允价值计量的金融资产构成具有明显差异

证券、保险、银行、信托等其他金融行业上市公司持有的执行公允价值会计的金融资产和金融负债组成来源并不一致。证券和保险公司持有的股票投资更多，一方面，它受限售股制度的影响更大；另一方面，股票的公允价值波动更明显，管理层的投资策略可能异于债券等其他金融资产。因此，金融行业内部不同类型上市公司，公允价值会计与盈余管理关系可能存在不同特征。

4. 我国金融行业上市公司执行公允价值会计的金融资产的报价以活跃市场为主

同时，尽管有学者担心，采用公允价值计量的非金融资产或负债，由于不存在活跃交易市场而主观估计公允价值，给管理当局提供了进行盈余管理的机会（Benston，2006；Barth et al.，1995）。但是，金融类上市公司金融资产和金融负债普遍存在活跃市场交易现象，并能够获取可靠公允价值，管理当局很难通过操控公允价值的取值进行盈余管理。另外，金融行业上市公司交叉上市普遍，外部审计师事务所主要是国际四大事务所，可能接受更高质量的监管。

5. 管理者购买金融资产的决策表明他们认为资产价格上升的概率更高

认为企业管理者操控交易性金融资产和可供出售金融资产分类标准的观点认为，企业选择分类为可供出售金融资产，是为了规避公允价值波动对利润表产生的不利影响。显然，如果存在不利影响，通常是指公允价值下降。但是，作为理性经济人的管理者，做出购买金融资产决策的时点，显然是认为投资标的未来价格上涨的概率更高，否则将不会购买该金融资产。这种过度自信的态度也可能使他们相信，划分为交易性金融资产能够给企业利润表产生积极影响。

6. 财务报表附注提供的信息并不包括研究公司是否操控金融资产处置时点

He 等（2012）发现交易性金融资产存在未实现的公允价值变动损失比存在未实现的公允价值变动收益更有可能通过出售可供出售金融资产确认利得，以对冲交易性金融资产未实现公允价值变动损失对公司盈余的影响，从而认为公司操控了金融资产处置时点以操控盈余。但是，在收集金融行业上市公司财务报表附注资料时发现，多数公司的财务报表附注并未区分这两类金融资产持有期间产生的投资收益、处置产生的投资收益。也就是说，难以通过数据检验公司是否通过出售某些金融资产兑现利得，对冲继续持有的金融资产持有期间产生的未实现损失。只有当上市公司区分披露金融资产持有期间的公允价值变动损益、持有期间分红等产生的投资收益、处置产生的投资收益等信息时，会计信息使用者才能准确评估金融资产对企业财务报表的影响，而这与投资者进行资源配置决策是相关的。

（三）财务报表附注关于交易性金融资产和可供出售金融资产划分的定性和定量说明

如上所述，受限售股政策的影响，企业管理当局事实上并不能自由选择交易性金融资产和可供出售金融资产的划分。为此，需要准确考察限售因素对交易性金融资产和可供出售金融资产分类的影响程度，才能对管理者是否操控这两种资产的分类结果展开研究。

1. 财务报表附注关于金融资产划分的定性说明

根据对金融行业上市公司2007~2013年财务报表及附注信息的人工收集，在265个样本中，只有42个样本未说明交易性金融资产和可供出售金融资产划分的会计政策；其余的223个样本，大部分明确说明“将拟近期出售的划分为交易性金融资产”（218 个样本）、“以赚取价差为目的而购入的划分为交易性金融资产”（4 个样本）、“为交易目的而持有的划分为交易性金融资产”（1 个样本）。而且，未明确说明交易性金融资产和可供出售金融资产划分会计政策的42 个样本中，有 14 个样本未持有任何的交易性金融资产和可供出售金融资产，有 2 个样本仅持有交易性金融资产而未持有可供出售金融资产，有 1 个样本仅持有可供出售金融资产而未持有交易性金融资产。

关于限售股，主要通过人工收集整理金融类上市公司财务报表附注“主要会计政策及会计估计”的相关内容。有些公司（特别是券商类）详细披露了持有的不具有控制、共同控制或重大影响的限售股权的会计处理，并明确将其划分为可供出售金融资产，如中信证券、海通证券；有些公司虽然没有通过财务报表附注

“主要会计政策及会计估计”进行明确说明，但是在可供出售金融资产明细信息中详细列示了交易受限的金融资产，如西南证券（股票代码 600369）2012 年财务报表、广发证券（股票代码 000776）2014 年财务报表。总体来看：①在所有样本中，有 35 个样本（几乎都是证券公司）在财务报表附注明确披露了公司持有的限售股的具体金额，这 35 个样本公司绝大多数（29 个样本）也都披露了持有的限售股所对应的标的公司。②其他未披露限售股金额的样本公司中，有 15 个样本（几乎都是证券公司）披露了持有的限售股所对应的标的公司。③这两类样本公司合计 50 个，都将限售股划分为可供出售金融资产，除非因为满足重大影响共同控制或控制而划分为长期股权投资。④其他 215 个样本公司中，199 个样本公司（绝大多数是银行）未持有限售股股票，所以没有相关信息的披露；其他 16 个样本公司由于披露信息不全，不清楚是否持有限售股股票，但其中又有 10 个样本公司在会计政策中明确说明“不具有控制、共同控制或重大影响的限售股，作为可供出售金融资产处理”。

2. 交易性金融资产和可供出售金融资产定量分析

由于 15 个样本披露了划分为可供出售金融资产的限售股所对应的标的公司，但没有披露具体金额，为了确保样本标准的统一性，首先剔除这 15 个样本，然后进行如下描述性统计分析。

根据表 4-11 可以发现，总体上，金融行业上市公司持有的可供出售金融资产的规模超过了交易性金融资产，而且，剔除了限售股之后，结论仍然成立。但是，各个细分行业的差异很明显。银行没有持有限售股金融资产，且交易性金融资产规模远低于可供出售金融资产；证券公司持有的交易性金融资产规模是可供出售金融资产的 2 倍，证券公司持有的限售股金融资产的相对规模也比较小。保险公司持有的可供出售金融资产的规模远超过交易性金融资产（多于 13 倍），且保险公司也未持有限售股股票；其他类金融公司持有的可供出售金融资产也超过了交易性金融资产（接近 2 倍）。根据描述性统计分析并不能确定公司是否操纵了金融资产分类，但是，金融资产的划分很可能具有显著的行业特征。

表 4-11　交易性金融资产与可供出售金融资产规模

项目	样本数	均值	标准差	最小值	最大值
交易性金融资产/总资产	247	0.059 0	0.089 4	0	0.442 5
可供出售金融资产/总资产	247	0.083 1	0.085 6	0	0.466 7
剔除限售股的可供出售金融资产/总资产	247	0.081 5	0.085 6	0	0.466 7
交易性金融资产/总资产（银行）	106	0.009 6	0.013 8	0	0.088 6
可供出售金融资产/总资产（银行）	106	0.065 2	0.038 0	0.000 2	0.234 2
剔除限售股的可供出售金融资产/总资产（银行）	106	0.065 2	0.038 0	0.000 2	0.234 2

续表

项目	样本数	均值	标准差	最小值	最大值
交易性金融资产/总资产（证券公司）	90	0.138 8	0.099 0	0	0.442 5
可供出售金融资产/总资产（证券公司）	90	0.068 3	0.068 9	0	0.289 3
剔除限售股的可供出售金融资产/总资产（证券公司）	90	0.064 2	0.068 1	0	0.289 3
交易性金融资产/总资产（保险公司）	24	0.020 0	0.029 8	0.000 8	0.130 5
可供出售金融资产/总资产（保险公司）	24	0.266 7	0.103 4	0.068 7	0.466 7
剔除限售股的可供出售金融资产/总资产（保险公司）	24	0.266 7	0.103 4	0.068 7	0.466 7
交易性金融资产/总资产（其他）	27	0.021 2	0.071 9	0	0.375 5
可供出售金融资产/总资产（其他）	27	0.039 1	0.051 0	0	0.188 2
剔除限售股的可供出售金融资产/总资产（其他）	27	0.038 1	0.050 2	0	0.188 2

（四）研究假设

基于以上分析，提出研究假设如下。

假设 4-2：金融上市公司并未操控交易性金融资产和可供出售金融资产的划分，但划分具有明显的行业特征。

三、研究设计与样本选择

（一）研究模型和变量设计

借鉴徐先知等（2010）、叶建芳等（2009），采用如下模型进行实证检验。

$$\text{FVC}=\beta_0+\beta_1\cdot\text{FVFA}+\beta_2\cdot\text{ROE}+\beta_3\cdot\text{LEV}+\beta_4\cdot\text{GROWTH}+\beta_5\cdot\text{SIZE}+\beta_6\cdot\text{CHANGE}+\beta_7\cdot\text{BIG4}+\text{YEAR}+\text{IND}+\varepsilon$$

其中，FVC 表示交易性金融资产和可供出售金融资产结构，取值可供出售金融资产占两种资产总额的比值；FVFA 表示公允价值计量的金融资产占总资产比重，公司持有的公允价值计量的金融资产占总资产比重越高，说明这种资产对公司重要性越大，管理者操控金融资产分类的动机越强；ROE 表示营利能力，通过净资产报酬率反映，营利能力会影响公司会计政策选择（叶建芳等，2009）；SIZE 表示企业规模，取值期末总资产的自然对数，根据 Watts 实证会计三大假设，公司规模会影响公司会计政策选择（徐先知等，2010）；LEV 表示资产负债率，取值期末负债总额与期末资产总额比值，资产负债率会影响企业会计政策选择（Sweeney，1994；叶建芳等，2009）；GROWTH 表示成长性，根据公司本年相对于上一年营业收入增长率确定；CHANGE 表示管理层是否变更，董事长或总经理发生变更取值 1，否则取值 0；BIG4 表示四大审计，国际四大会计师事务所进行审计取值1，否则取值0；YEAR表示年份的虚拟变量；IND表示行业虚拟变量。

未采用徐先知等（2010）的“管理层持股”“高管薪酬”变量，是因为2009年起我国政策对金融行业管理层持股和薪酬进行了严格管制。

（二）数据来源

本节通过手工收集整理金融行业上市公司2007~2013年财务报表附注信息，包括可供出售金融资产限售股规模信息、交易性金融资产和可供出售金融资产的公允价值变动信息、其他损益信息。除此之外，从CSMAR数据库获取金融行业上市公司2007~2013年财务报表其他相关财务信息和必要的公司治理信息等。最终，获得224个有效样本。

四、实证结果

（一）描述性统计分析

表4-12列示了主要变量的简单样本量统计结果。可以得出：①交易性金融资产和可供出售金融资产是金融行业上市公司重要的资产，占总资产比重超过9%，可供出售金融资产规模占两种资产总规模的97%以上，说明绝大多数公司选择划分为可供出售金融资产；②净资产报酬率接近14%，说明金融行业上市公司总体营利能力强；③资产负债率超过78%，杠杆程度高，但是，企业间差异比较明显；④公司成长性比较好，但标准差较大，说明公司间差异明显；⑤公司规模比较大，但公司间差异明显；⑥总体上，接近17%的公司更换了高管；⑦总体上，超过56%的公司由国际四大会计师事务所提供审计。

表4-12　主要变量的简单样本量统计

变量	样本数	均值	标准差	最小值	最大值
FVC	224	0.971 3	0.095 5	0.112 3	1.000 0
FVFA	224	0.093 6	0.085 1	0.000 3	0.466 7
ROE	224	0.139 6	0.077 2	−0.048 8	0.520 0
LEV	224	0.782 0	0.201 9	0.046 1	0.978 0
GROWTH	224	1.981 3	5.258 3	0.040 2	59.021 5
SIZE	224	26.267 9	2.551 9	20.815 9	30.571 1
CHANGE	224	0.169 6	0.376 2	0.000 0	1.000 0
BIG4	224	0.562 5	0.497 2	0.000 0	1.000 0

表4-13列示了主要变量的Pearson相关系数。因变量FVC与解释变量FVFA系数虽然为正，但不显著，这初步说明执行公允价值会计的金融资产的重要性对分类并未产生影响。解释变量与控制变量的相关系数值基本没有超过0.7，说明多重共线性问题比较小。SIZE与LEV、SIZE与BIG4的相关系数都超过0.7，这可能归因于银行样本资产负债率普遍非常高，且大多聘请国际四大审计师事务所进行审计。

表4-13　主要变量的Pearson相关系数分析

变量	FVC	FVFA	ROE	LEV	GROWTH	SIZE	CHANGE	BIG4
FVC	1.000							
FVFA	0.088 8 (0.185 5)	1.000						
ROE	−0.095 0 (0.156 4)	−0.195 9*** (0.003 2)	1.000					
LEV	−0.158 8** (0.017 4)	0.002 0 (0.976 5)	0.512 7*** (0.000 0)	1.000				
GROWTH	0.016 0 (0.811 8)	−0.051 1 (0.446 3)	0.086 1 (0.199 0)	0.041 4 (0.537 5)	1.000			
SIZE	−0.278 2*** (0.000 0)	0.072 5 (0.280 2)	0.365 2*** (0.000 0)	0.817 9*** (0.000 0)	0.032 6 (0.627 5)	1.000		
CHANGE	−0.011 5 (0.863 8)	−0.125 1* (0.061 7)	0.046 2 (0.491 1)	−0.001 3 (0.984 3)	−0.049 8 (0.458 6)	0.018 6 (0.781 5)	1.000	
BIG4	−0.205 0*** (0.002 0)	0.236 2*** (0.000 4)	0.213 2*** (0.001 3)	0.638 0*** (0.000 0)	0.006 5 (0.923 1)	0.747 6*** (0.000 0)	−0.033 0 (0.623 6)	1.000

***、**、*分别表示在1%、5%、10%的水平上显著

（二）多元回归结果

为了提高回归结果稳健性，对连续型变量进行了1%的winsorize处理，并且进行了cluster处理。根据表4-14，当模型不控制金融子行业时，解释变量FVFA与因变量FVC具有显著正相关关系，表明执行公允价值会计的金融资产占总资产的规模越大，这种金融资产对该公司的重要性越强，这些公司越有可能将其划分为可供出售金融资产，这与我国既有研究结果是一致的（徐先知等，2010；叶建芳等，2009），说明金融行业上市公司管理当局确实存在操控金融资产分类的嫌疑。但是，当研究模型加入金融子行业控制变量，即区分了银行、证券、保险、其他金融业，解释变量FVFA不再具有显著关系。

表4-14　多元回归结果

变量	模型（不控制金融子行业）		模型（控制金融子行业）	
	回归系数	t值	回归系数	t值
截距	1.293 9***	15.23	0.160 36***	10.00
FVFA	0.109 7**	2.40	−0.010 0	−0.15

续表

变量	模型（不控制金融子行业）		模型（控制金融子行业）	
	回归系数	t 值	回归系数	t 值
ROE	−0.071 8	−0.91	0.007 7	0.09
LEV	0.111 1***	2.75	−0.017 6	−0.33
GROWTH	0.000 7	1.43	0.000 8*	1.78
SIZE	−0.015 5***	−3.96	−0.022 1***	−4.63
CHANGE	0.002 5	0.19	0.003 4	0.25
BIG4	−0.005 7	−0.35	−0.015 2	−0.98
保险			0.032 1**	2.06
证券			−0.119 2**	−2.17
其他金融业			−0.077 3	−2.24
YEAR（控制）				
样本量	224		224	
R^2	0.167 8		0.205 8	
F 值	3.20		4.13	

***、**、*分别表示在 1%、5%、10%的水平上显著

本书结合两个回归结果认为，金融行业上市公司对交易性金融资产和可供出售金融资产的划分，具有明显的行业特点，其中，保险公司划分为可供出售金融资产的情况显著更多，证券公司划分为交易性金融资产的情况显著更多。这也与这些公司财务报表附注关于划分会计政策的说明是一致的。因此，可以认为，金融行业上市公司划分金融资产，主要是根据持有意图、行业惯例等做出的决策，并不能认为这些公司的管理当局操控了金融资产的划分，这与本章的假设 4-2 是一致的，但与徐先知等（2010）、叶建芳等（2009）的研究结论并不一致。

关于其他变量，LEV 的回归结果与 FVFA 相似，控制了金融子行业后，回归系数也不再显著正相关，说明回归结果可能是由银行业可供出售金融资产占比较高、杠杆程度同时较高导致的伪正相关。公司规模的系数在两个回归结果中都显著负相关，与单变量 Pearson 相关系数结果也一致，说明规模越大的公司，越有可能将资产划分为交易性金融资产。

五、公允价值会计对盈余管理影响的研究结论

研究发现，金融行业上市公司对交易性金融资产、可供出售金融资产的划分，在遵循会计准则的前提下，存在着显著的行业特征。没有证据表明上市公司持有的这类金融资产的规模增加，会诱使管理当局操控其分类方法，这与国内已有研究结果（王建新，2007；叶建芳等，2009；徐先知等，2010）并不一致，可

能的原因如下：①研究样本不同，本书以金融行业为研究对象，而其他研究一般不包括金融行业，或未专门针对金融行业；②先前的研究未充分考虑限售股等因素对金融资产划分的限制；③研究样本所采用的期间不一样。因此，本书的研究并不支持管理当局操控了金融资产划分的结果。

需要说明的是，本书也不能否定管理当局操控金融资产划分。本书研究结论表明金融行业上市公司金融资产划分具有明显的行业特征，金融行业各个子行业可能对金融资产的划分具有"默契"，才导致行业内划分结果比较一致，这本身也可能是一种操控行为，同时，企业利用金融资产进行盈余管理的手段还不止上述研究所述方法。例如，企业可能根据会计准则对可供出售金融资产公允价值下降形成的未实现损失是否符合资产减值损失的原则性规定，操控其会计处理，在利润表"资产减值损失"和"其他综合收益"（及资产负债表"资本公积"）之间进行选择，以达到特定目标。因此，下一节将围绕该问题继续进行研究。

第四节　原则或规则导向会计准则对中国上市公司可供出售金融资产减值会计的影响研究

一、可供出售金融资产减值原则或规则规定的现状

21 世纪初美国爆出安然、世通公司等一系列的财务丑闻，对会计审计界产生了一系列广泛而深远的影响。其中，萨班斯法案 404 条款关于内部控制的规定、审计师同时提供审计服务与非审计服务对独立性及审计质量的影响，这两大议题都引发了大量的实证研究。但是，这些财务丑闻案件所引发的各界对会计准则原则导向或规则导向制定模式的争论，却由于难以找到合适的实证检验视角而基本停留在以价值判断为主的规范研究层面上。人们普遍认为美国会计准则体系是规则导向的（特别是安然事件爆发之前，大多数观点认为其是规则导向的），而 IFRS 是原则导向的。由于我国采用与 IFRS 实质性趋同的策略，我国会计准则也体现了原则导向。

关于原则导向和规则导向孰优，支持原则导向的认为规则导向提供了明确的界限检验，企业可能通过操控规避界限；而支持规则导向的则认为原则导向由于赋予了企业更大程度的裁量权，也有可能提供给企业更多机会操控财务报表。因此，哪种导向会计准则能够产生更高质量财务报表这一问题是具有争议的。但是，作为决定准则制定模式的非常重要的问题，原则导向或规则导向的选择问题

显然不应该仅停留在以价值判断为主的规范研究层面上，它更需要通过大样本的实证检验提供经验证据。非常遗憾的是，国内外文献显然非常缺乏相关问题的实证研究。国外少数的几篇文献采用实验研究检验原则导向和规则导向对融资租赁和经营租赁会计政策选择的影响，国内研究普遍采用规范研究方法——演绎法，推论原则导向和规则导向的优劣。

我国 2007 年生效的新会计准则对可供出售金融资产减值会计政策的原则规定及部分上市公司主要于 2012 年开始增加的规则性条款，为针对该问题展开实证研究提供了绝佳机会。《企业会计准则第 22 号—— 金融工具确认和计量》罗列了金融资产发生减值的九条客观证据，对可供出售金融资产减值准备提供了原则性的指导，但并没有明确提出可供出售金融资产减值准备的界限。查阅我国上市公司 2007~2014 年的报表，可以发现大量上市公司在可供出售金融资产的报表附注的部分，披露了对可供出售金融资产减值准备的明确界限，这表明不少上市公司在执行可供出售金融资产减值过程中同时提供了规则导向的情况，特别是 2012 年之后的年报，披露规则界限的公司越来越多。笔者注意到，中国证监会 2013 年发布了于当年 9 月 12 日开始实施的《公开发行证券的公司信息披露解释性公告第 3 号——财务报表附注中可供出售金融资产减值的披露》，提出公司应在年度财务报告的财务报表附注的会计政策部分明确披露各类可供出售金融资产减值的各项认定标准。其中，对于权益工具投资，还应明确披露判断其公允价值发生“严重”或“非暂时性”下跌的具体量化标准、成本的计算方法、期末公允价值的确定方法，以及持续下跌期间的确定依据。对于期末公允价值相对于成本的下跌幅度已达到或超过 50%，或者持续下跌时间已达到或超过 12 个月，尚未根据成本与期末公允价值差额计提减值的可供出售权益工具，公司应详细披露各项投资的成本和公允价值的金额、公允价值相对于成本的下跌幅度、持续下跌时间、已计提减值金额，以及未根据成本与期末公允价值的差额计提减值的理由。尽管如此，该文件对上市公司披露规则导向政策的影响也可能有限，文件执行效果也不是非常理想：第一，2012 年已经有超过 100 家公司披露规则界限，而中国证监会文件是 2013 年 9 月下发的；第二，本书研究时段为 2013~2014 年，仍然有非常多的公司未披露规则界限。可以猜测，这可能与审计报告意见签发是以“企业财务报表编制是否按照企业会计准则为标准的有关，未严格执行中国证监会信息披露规定不一定影响审计意见的类型。

因此，本节通过研究可供出售金融资产减值和相关报表附注的披露，思考影响我国上市公司同时提供规则导向规定的因素及原则导向与规则导向对财务报告质量的影响。关于财务报告质量的影响，本节从盈余平滑视角切入，这也是学术研究探讨资产减值对会计信息质量影响的普遍关注点。在中国目前的监管情况下，本节的研究可以为原则导向会计准则是否适用于我国上市公司提供另一个视角，并且，在许多财务丑闻爆发以后，研究者一直在争论原则导向还是规则导向准则哪个更有利于产生高质量的财务报告，本节的研究也可以给这一争论提供一些实证证据。

二、文献回顾与研究假设的提出

（一）国外文献回顾

以规则为基础的会计准则是以界限检验、大量例外事项、内容十分具体和准则内在的不一致为特征的，以原则为基础或以目标导向为基础的准则，则以经改进并且一致应用的概念框架为基础，明确指出了准则的会计目标，提供充分的细节和结构以确保准则能够得到一致的实施和应用，尽量减少准则中的例外情况，尽量避免界限检验（美国证券交易委员会，2003）。就原则导向和规则导向孰优这一问题，主要有两种代表性的观点。支持规则导向的研究者认为选择规则导向会计准则可以减少公司出具年报时的不确定性，减少审计人员与客户的争论，并给审计人员提供诉讼时的自我保护，方便监管部门的监管（Tweedie，2002）。支持原则导向的研究者则认为原则导向会计准则可以使财务报告关注经济实质而非形式，而规则导向会计准则给公司提供机会操纵交易（Maines et al.，2003）。

财务会计信息决策有用性的基石是会计信息具有相关性、可靠性和可比性（Schipper，2003）。规则导向准则，提供了更详细的指南，可能有助于提供更具可比性、验证性的信息，但详尽的指南也可能导致盈余管理的机会增加（Schipper，2003）。但是，原则导向和规则导向对会计信息质量的影响研究不应该仅停留在以价值判断为主要特征的规范研究。尽管很容易找出多份采用原则导向或规则导向的具体会计准则的例子，但是，要寻找一份规范相同交易或事项，并存或先后采用原则导向或规则导向准则制定思路制定的会计准则，用于检验原则导向和规则导向分别对会计信息的差异影响，是非常困难的。由于此限制，近年来，尽管国内外学者试图以实证研究方法检验该议题，但本书也仅搜寻到少数几篇文章用实证研究的方法检验原则导向和规则导向会计准则对会计信息质量的影响。而且，这些文献几乎都是以租赁会计为对象，采用实验研究方法，分析执行原则导向或规则导向会计准则对企业管理当局将相同或相似的租赁业务安排划分为融资租赁或经营租赁的两种不同结果的影响，以考察是原则导向或规则导向会计准则是否可能产生更激进的财务报告。有些文献还继续探讨审计委员会或外部审计师在约束企业管理当局的决策过程中的作用。Agoglia 等（2011）

最早采用实验研究方法检验准则准确性和审计委员会影响力对企业管理当局选择经营租赁或融资租赁会计政策的影响。他们的研究发现，相对于规则导向，原则导向会计准则的财务报告一致性更强（表现为管理当局会计政策选择结果的离散程度更低），更不可能提供激进的财务报告（表现为更有可能将相同或相似的租赁业务安排划分为融资租赁进行会计处理）。强审计委员会相对于弱审计委员会，规则导向的会计准则中，首席财务官（chief financial officer，CFO）更不可能提供激进的财务报告。但是，审计委员会强弱对原则导向准则下 CFO 的这种报告行为没有影响。显然，他们的研究结果支持 FASB 转向原则导向。

Collins 等（2012）延续 Agoglia 等（2011）的研究，并且首次直接采用上市公司真实财务数据进行大样本检验，探讨会计准则是否有明确的规则界限对租赁分类决策以及分类结果离散程度有影响。他们注意到，美国 GAAP 的租赁准则具有明显的规则导向特征，IASB 具有典型的原则导向特征。据此，他们从全球财富 500 中选取 64 家公司形成 32 对配对样本，分别执行美国 GAAP 和 IFRS，数据期间选择 2007~2009 年。研究结果发现，遵循 IFRS 的公司更可能将租赁分类为融资租赁，遵循美国 GAAP 的公司更可能划分为经营租赁。经营租赁不要求承租方在资产负债表中确认负债，可以提高企业总资产报酬率、降低资产负债率，使报表展现出更好的偿债能力。因此，遵循美国 GAAP 的公司更可能出具激进财务报告。他们还发现，两类公司的会计政策选择结果的离散程度没有差别，即两种准则制定导向对会计信息可比性没有影响。

巴西是由完全规则导向且与税务会计密切相连的会计准则转变为以原则基础且服务于决策有用性的会计准则的少数国家之一，Alex 等（2016）运用 2004~2012 年数据实证研究规则导向转变为原则导向对巴西上市公司财务报表可比性的影响。研究发现，会计准则的灵活性增加、管理者的自由裁量权增加，公司间财务报表的可比性不会减少。他们的文章借鉴 de Franco 等（2011）的做法，采用会计职能（accounting function）的相似性度量可比性，后续很多文章（Defond et al.，2011；Barth et al.，2013）也采纳这种方法。首先，用每家样本公司（如 i 公司）过去 12 个季度总资产报酬率对季度股票报酬（RETURN）数据进行回归；其次，根据取得的每家样本公司（如 i 公司）的 RETURN 回归系数，预测每个样本公司（如 i 公司）预期的 ROA；再次，运用根据相同方法取得的同行业其他样本公司的 RETURN 的回归系数，预测每家公司（i 公司）的期望 ROA；最后，比较两种情况下取得的期望 ROA 的数值差异，数值差异越小，财务报表可比性越强。

（二）国内文献回顾

国内尚无直接采用大样本数据实证检验原则导向和规则导向对会计信息质量

影响的研究文献，大部分研究一般以规范研究展开。平来禄等（2003）认为，如果考虑到经济人属性及会计准则的经济后果，会计准则规则导向将是一种必然的结果。采纳原则导向，不给定具体的政策界限，当存在利益分歧时，达成一致几乎是不可能的，最终只能诉求道德操守。林斌等（2004）以 FASB 2002 年 10 月 21 日发布的 *Proposal Principles—Based Approach to US Standard Setting* 征求意见稿所收集到的 135 份反馈意见作为分析对象，这些反馈意见可以大致反映美国社会各界对美国会计准则定位的观点。他们的结论是原则导向相比规则导向得到了更广泛的支持，有助于提高会计信息质量，原则导向会计准则所提供的财务报表产生的收益显著大于成本。葛家澍和杜兴强（2009）认为原则导向和规则导向并非绝对对立，应该充分考虑经济环境、财务会计人员、注册会计师的总体水平，结合原则导向和规则导向各自的优劣，进行选择。

（三）文献评论与研究视角的选择

尽管国内外很多文献从规范研究视角分析了原则导向和规则导向的优劣，但该议题本身不仅仅是价值判断问题，需要从实证研究中寻找证据支持。从国内外文献看，国际匮乏、国内缺乏实证研究。诚如 Schipper（2003）指出的那样，“规则导向准则，提供了更加详细的指南，可能有助于提供更具可比性、更验证性的信息，但详尽的指南也可能导致盈余管理的机会增加”，实证检验规则导向和原则导向的优劣，可以从“可比性”“可验证性”“盈余管理”的视角展开讨论。根据上述文献回顾，国际方面的研究都是以租赁会计准则的执行为研究对象，采用实验或上市公司数据进行大样本检验，分析原则导向或规则导向对会计信息可比性、会计政策激进程度的影响。本节选择的研究对象为我国上市公司可供出售金融资产减值会计，基于以下两点原因，从盈余管理视角展开实证研究。第一，原则导向或规则导向对盈余管理的影响，是 Schipper（2003）提出的考察两种准则制定模式三大影响之一。第二，Collins 等（2012）和 Agoglia 等（2011）的文献借助于设计两种实验对象，借助于执行 IASB 的 IFRS 或 FASB 的 GAAP 的两种不同上市公司的数据，有利于开展原则导向或规则导向会计准则对会计信息可比性影响的研究，而且，这些文献也并非直接对租赁会计政策选择结果所产生的会计信息的可比性进行研究，而仅是通过租赁会计政策选择结果的离散程度分析原则导向或规则导向对可比性的影响。相较而言，我国上市公司披露或不披露规则导向的可供出售金融资产减值会计政策，更适合直接根据不同会计政策所产生的会计信息对盈余管理的影响进行实证研究，关注企业是否通过减值会计信息进行盈余管理也是国内外学术界比较成熟的研究视角。

（四）研究假设

尽管上述文献表明，国外的研究成果支持原则导向的会计准则，规则导向会计准则比较容易被操控，上市公司利用“构造交易”能够避开规则导向会计准则明确界限，从而出具激进的财务报告，但是，原则导向会计准则不可避免地要求财务报表编制者和审计师具备更加专业的判断（Schipper，2003），因此，其对财务报表编制者、会计师事务所及注册会计师、证券监管机构、法律监管水平等都提出了更高的要求。

所以，会计准则制定模式更适宜采用原则导向的结论可能不一定适用于我国。首先，国外的资本市场比较成熟、监管更加严格，企业和外部审计师都忌惮监管机构的事后审查和由此可能增加的诉讼成本，因此能够为原则导向会计准则的良好执行提供土壤。反观国内市场，作为新兴市场，市场并不成熟，监管力度相对较弱，保护中小投资者能力不足，能否为原则导向会计准则的良好执行提供较好的土壤不容乐观。其次，国内的许多学者认为，在我国执行原则导向会计准则将提供给企业更大的操作空间。例如，平来禄等（2003）以自然经济人假设为基础进行推演，认为依据原则导向会计准则，当存在利益冲突时，会计信息质量只能诉求财务人员的道德操守，这违背了自然经济人的假设，准则的有效性程度也有待商榷。洪剑峭和娄贺统（2004）通过博弈模型分析认为，原则导向会计准则对会计监管环境有更高的要求，在我国，过早引入原则导向会计准则无法保证会计信息质量的提高。

在我国，2007 年 1 月 1 日生效的《企业会计准则第 22 号——金融工具确认和计量》规定的触发可供出售金融资产计提减值准备的 9 条客观证据，是典型的原则导向性规定；中国证监会 2013 年 9 月 12 日开始实施的《公开发行证券的公司信息披露解释性公告第 3 号——财务报表附注中可供出售金融资产减值的披露》明确要求上市公司披露各类可供出售金融资产减值的认定标准，权益工具投资还应披露公允价值发生“严重”或“非暂时性”下跌的具体量化标准等。显然，该规定实际上是要求上市公司补充披露触发可供出售金融资产减值准备计提的规则界限，其政策意图显然是防止上市公司随意调整可供出售金融资产减值认定标准且不披露被随意调整的减值认定标准，从而提高相关会计信息的可比性。但是，根据 2013 年和 2014 年我国上市公司年报附注，仍有大量的持有可供出售金融资产的上市公司并未公开披露减值的认定标准和具体量化标准，即中国证监会的规定并未得到上市公司的严格执行。

那么，是什么因素决定了部分上市公司在 2013 年之前自愿披露规则导向的可供出售金融资产减值准备会计政策呢？2013 年之后，哪些公司更有可能执行中国证监会规定？本书认为，2013 年之前选择自愿披露规则导向可供出售金融资产减值政策的上市公司，实际上是主动对自己的会计处理裁量权进行约束。因此，同时提供规则导向，可能是想要传递更高质量的财务报告的信息，同时，可供出售金融资产规模越大，信号传递效果越强。2013 年之后，面对中国证监会的新规，仍然有相当一部分公司并未执行。本书认为，除了2013年之前已经自愿披露规则导向的公司，那些持有较大规模可供出售金融资产的公司也更有可能率先执行中国证监会新规。第一，这类公司持有更多可供出售金融资产，可能更加专注监管机构对这类资产的监管文件，能够及时遵循新规；第二，持有较大规模的可供出售金融资产的上市公司，其会计政策选择更有可能受中国证监会的关注。2013 年之后，根据中国证监会规定，延续2013年之前的做法，继续提供规则导向可供出售金融资产减值政策的上市公司，以及2013年之后才开始提供规则导向可供出售金融资产减值政策的上市公司，如果都能够传递更高质量的财务报告信息，才能体现中国证监会的相关规定的积极性。因此，不论是 2013 年之前还是 2013 年之后提供可供出售金融资产规则导向减值会计政策的上市公司，本书都提出如下研究假设。

假设 4-3： 可供出售金融资产规模越大，上市公司越有可能同时提供规则导向会计准则。

假设 4-4： 同时提供规则导向会计准则的上市公司出具的财务报告质量更高。

三、研究设计

（一）模型的设计与变量的选择

综合以上假设，使用如表 4-15 所示的变量和以下计量模型对提出的假设进行验证。

表 4-15　变量说明表

符号	含义	计算方法
RP	上市公司披露的可供出售金融资产减值政策	同时规定原则导向和规则导向时，RP=1；只有原则导向时，RP=0
RATE	可供出售金融资产减值金额占可供出售金融资产账面余额的百分比	可供出售金融资产当年计提金额/（期末可供出售金融资产净额+可供出售金融资产计提金额）
PRO	可供出售金融资产占总资产的比重	可供出售金融资产净额/总资产净额
LEV	资产负债率	负债合计/资产总计
IND	行业虚拟变量	金融行业=1，非金融行业=0
PP	业绩压力	剔除可供出售金融资产减值情况下，如果营业利润比上一年多，PP=0，反之为 1

续表

符号	含义	计算方法
OP	剔除可供出售金融资产减值后的总资产利润率	（营业利润+可供出售金融资产当年计提金额）/期初总资产
SMOOTH	平滑动机	当本年度扭亏为盈，且 OP 大于该变量所有正值的四分之三分位数时，等于 OP，否则为 0
LOSS	大清洗变量	若本年度扭亏为盈，且 OP 小于该变量所有负值的中位数，则等于 OP 的负值，否则为 0
PSM	证券市场表现	每年年末上证指数或者深证指数收盘指数的环比
GROWTH	营业利润增长率	剔除可供出售金融资产减值的营业利润增长额/期初总资产
BIG4	审计公司变量	审计公司为四大会计师事务所时，BIG4=1，否则为 0
Nnindcd	行业变量	根据中国证监会 2012 年行业分类
YEAR	年度变量	虚拟变量，当年取值为 1，否则取值为 0

模型一：

$$\begin{aligned}\text{RP} = &\beta_0 + \beta_1\text{•PRO} + \beta_2\text{•OP} + \beta_3\text{•PP} + \beta_4\text{•IND}\\ &+ \beta_5\text{•PSM} + \beta_6\text{•BIG4} + \text{YEAR}\end{aligned} \tag{4-1}$$

模型二：

$$\begin{aligned}\text{SMOOTH}(\text{LOSS}) = &\beta_0 + \beta_1\text{•RP} + \beta_2\text{•PRO} + \beta_3\text{•LEV} + \beta_4\text{•OP}\\ &+ \beta_5\text{•GROWTH} + \beta_6\text{•PP} + \beta_7\text{•PSM} + \beta_8\text{•BIG4}\\ &+ \beta_9\text{•IND} + \text{YEAR}\end{aligned} \tag{4-2}$$

模型三：

$$\begin{aligned}\text{RATE} = &\beta_0 + \beta_1\text{•SMOOTH}(\text{LOSS}) + \beta_2\text{•RP}\\ &+ \beta_3\text{•RP•SMOOTH}(\text{LOSS}) + \beta_4\text{•PRO} + \beta_5\text{•LEV}\\ &+ \beta_6\text{•OP} + \beta_7\text{•GROWTH} + \beta_8\text{•PP} + \beta_9\text{•PSM}\\ &+ \beta_{10}\text{•BIG4} + \beta_{11}\text{•IND} + \text{YEAR}\end{aligned} \tag{4-3}$$

中国证监会 2013 年发布了《公开发行证券的公司信息披露解释性公告第 3 号——财务报表附注中可供出售金融资产减值的披露》规范上市公司披露可供出售金融资产减值的规则性会计政策，理论上，双重差分检验（differences-in-differences，DID）方法是检验政策效果的常用有效方法。但是，本书却难以执行 DID 方法。第一，2013 年之前已经有相当一些公司同时提供了规则导向和原则导向可供出售金融资产减值准备会计政策，其提供规则导向的上市公司开始提供这类信息的起止时间也不尽一致；第二，提供规则导向会计政策的上市公司，并非一贯提供规则导向，而是存在反复，有不少公司在 t 年提供了规则导向，t+1 年不再提供，t+1 年之后的某年又重新提供。

其中，模型一用于分析影响上市公司披露可供出售金融资产减值政策的因素；模型二和模型三用于分析可供出售金融资产减值政策对盈余管理的影响。本节采用平滑动机指标和大清洗变量来衡量盈余管理的动机。模型三用可供出售金融资产减值金额占可供出售金融资产账面余额的比例作为被解释变量，在解释变量中分别用SMOOTH•RP和LOSS•RP，用于分析可供出售金融资产减值政策对公司采用可供出售金融资产减值来进行利润平滑和大清洗的影响。

在众多指标中，上市公司披露的可供出售金融资产减值政策（RP）用于表示上市公司年报中披露的可供出售金融资产减值政策是仅提供原则导向减值政策还是同时提供了规则导向减值政策；可供出售金融资产占总资产的比重（PRO）和资产负债率（LEV）用于表示上市公司的资产结构；剔除可供出售金融资产减值后的总资产利润率（OP）、营业利润增长率（GROWTH）和业绩压力（PP）用于表示上市公司的经营状况；行业变量（IND）、证券市场表现（PSM）适用于表示外部环境因素对于被解释变量的影响。最后，审计公司变量（BIG4）用于衡量审计质量，四大会计师事务所由于其可利用的资源、额外的起诉风险及名声使其审计更严格，审计质量更高，这也会影响上市公司的披露和其年报的质量。

（二）样本的选取

本节选取2007~2014年沪深上市公司进行研究，样本选取步骤和标准如下：①当可供出售金融资产规模占总资产的规模比例不是很大的时候，其减值对公司财务报表信息的影响不显著，因此选取样本时将可供出售金融资产占资产的比重从未超过1%的上市公司予以排除；②由于深证B股、上证B股都遵循国际会计准则，在选取样本时剔除沪深的B股，但保留了相应A股的数据。据此，共获得2007~2014年至少有一年可供出售金融资产占比大于1%的A股上市公司（共6 416家）的数据，此后剔除有因变量缺省值的上市公司。最后，有效样本量共6 306个有效观测值。

需要补充说明的是，处理样本时，如果2007~2014年有一年可供出售金融资产占比超过1%，但其他年份可供出售金融资产为零的样本，只要公司披露了可供出售金融资产减值会计政策，本书仍然保留这类样本，这主要是考虑到财务报表仅提供了年初、年末余额，并未提供年度内增加额和减少额，期末余额为零不代表财务报表没有受可供出售金融资产的影响。各年样本量分布如表4-16所示。

表4-16　样本量时间分布图（单位：个）

年份	金融行业样本数	非金融行业样本数	合计
2007	30	629	659
2008	31	640	671

续表

年份	金融行业样本数	非金融行业样本数	合计
2009	32	685	717
2010	36	747	783
2011	39	791	830
2012	41	833	874
2013	41	840	881
2014	42	849	891

注：本节的数据处理使用 Stata 统计软件

资料来源：A 股上市公司 2007~2014 年对可供出售金融资产减值规范文字披露的部分是原则导向还是规则导向的数据，均是从上海证券交易所官网和深圳证券交易所官网中的各样本公司公开披露的年报经手工查询获得的，其他数据来自 CSMAR

四、原则导向与规则导向的影响因素研究实证结果

（一）描述性统计

1. 年份特征

首先对样本中各上市公司各年披露的可供出售金融资产减值政策是规则导向还是原则导向的情况进行统计，结果如表 4-17 所示。

表 4-17　各年样本上市公司可供出售金融资产减值政策披露情况

年份	原则导向公司		规则导向公司		公司总数
	数量	比例	数量	比例	
2007	658	99.85%	1	0.15%	659
2008	668	99.55%	3	0.45%	671
2009	714	99.58%	3	0.42%	717
2010	778	99.36%	5	0.64%	783
2011	825	99.40%	5	0.60%	830
2012	769	87.99%	105	12.01%	874
2013	525	59.59%	356	40.41%	881
2014	355	39.84%	536	60.16%	891
合计	5 292	83.92%	1 014	16.08%	6 306

由表 4-17 可知，2007~2014 年同时披露规则导向的可供出售金融资产减值政策的上市公司总体呈上升趋势，并且各年披露规则导向的可供出售金融资产减值的样本公司比例从 2007 年的接近于 0 逐年呈波动增加趋势，截至 2010 年披露规

则导向可供出售金融资产的公司比例虽然有所增加，但是增幅并不大，2011 年以后年度增幅大幅提高，并且 2013 年增加的幅度达到了最大，直到 2014 年比例超过了 50%。由此可见，披露规则导向的可供出售金融资产减值政策逐渐成为一个普遍的现象，而且越来越多的上市公司加入这个行列中来。

表 4-18 给出了有关变量的描述性统计。6 306 个有效样本中，可供出售金融资产规模占总资产的比重（PRO）的标准差为 0.073 4，其最小值和最大值分别为 0 和 0.826 7，说明样本公司持有的可供出售金融资产的规模差距较大。剔除可供出售金融资产减值后的总资产利润率（OP）的平均数是 0.100 6，但样本间相差很大，标准差为 1.993 1，最小值和最大值分别是−35.684 8 和 130.291。

表 4-18　样本公司统计特征

指标	样本数	均值	标准差	最小值	中位数	最大值
PRO	6 306	0.030 4	0.073 4	0	0.000 2	0.826 7
OP	6 306	0.100 6	1.993 1	−35.684 8	0.040 8	130.291 0

2. 行业特征

样本公司披露的可供出售金融资产减值政策情况分金融行业和非金融行业统计，结果如表 4-19 所示。2007~2014 年，不论是金融行业还是非金融行业的上市公司披露规则导向可供出售金融资产减值政策的比例大体上都是在逐年上升的。但是对比发现，截至 2014 年，金融行业中披露规则导向可供出售金融资产减值政策的公司比例比非金融行业的比例大 10 个百分点左右。更特别的是，在金融行业中，披露规则导向可供出售金融资产减值政策的上市公司增加最多的是 2012 年；而非金融行业中，披露规则导向可供出售金融资产减值政策的上市公司增幅最大的是 2013 年，比金融行业晚了一年，这说明金融行业上市公司普遍比非金融行业上市公司更早披露规则导向可供出售金融资产减值政策。

表 4-19　金融行业和非金融行业上市公司可供出售金融资产减值政策披露情况

年份	金融行业				非金融行业			
	原则导向		规则导向		原则导向		规则导向	
	数量	比例	数量	比例	数量	比例	数量	比例
2007	30	100.00%	0	0.00%	628	99.84%	1	0.16%
2008	28	90.32%	3	9.68%	640	100.00%	0	0.00%
2009	30	93.75%	2	6.25%	684	99.85%	1	0.15%
2010	32	88.89%	4	11.11%	746	99.87%	1	0.13%
2011	35	89.74%	4	10.26%	790	99.87%	1	0.13%
2012	17	41.46%	24	58.54%	752	90.28%	81	9.72%
2013	14	34.15%	27	65.85%	511	60.83%	329	39.17%
2014	13	30.95%	29	69.05%	342	40.28%	507	59.72%

本章推测出现这样的差异可能是由于以下三个原因。首先，从2008年金融危机以来，证券市场开始走下坡路，而 2011~2013 年虽然上证指数和深证指数在不断波动，但总体呈下滑趋势，此时金融行业上市公司更加关注可供出售金融资产减值政策，并且大规模转变为规则导向减值政策。其次，通过分析金融行业和非金融行业的可供出售金融资产占总资产比重，可以发现金融行业的上市公司可供出售金融资产占总资产比重的均值大于非上市公司可供出售金融资产的比重的均值，上市公司会计人员和审计人员对可供出售金融资产减值的会计信息的处理和审核更加谨慎，这也可能成为披露的影响因素。最后，四大会计师事务所对上市公司的审计程序更复杂，并且它们对金融行业的上市公司进行审计时会比较关注公司持有的金融资产，审计也可能更加严格，所以与非金融行业相对比，金融行业的上市公司更早开始披露规则导向的可供出售金融资产减值政策。

（二）相关性检验

对各变量间的相关关系进行 Pearson 检验，结果如表 4-20 所示。无论上市公司披露原则导向的可供出售金融资产减值政策还是规则导向的可供出售金融资产减值政策分别与可供出售金融资产占总资产的比重、行业、审计公司是否为四大会计师事务所呈正相关，且相关关系极其显著，与之前的推测一致。其他的解释变量间相关系数都低于 0.3，意味着其他解释变量间不存在多重共线性，不会因此使模型失真或者难以准确估计，但具体的结果仍需进一步分析。

表 4-20　变量间 Pearson 相关分析

变量	RP	PRO	OP	PP	IND	PSM	BIG4
RP	1.000 0						
PRO	0.100 6***	1.000 0					
OP	−0.005 7	−0.004 1	1.000 0				
PP	−0.013 6	−0.036 4***	0.036 7***	1.000 0			
IND	0.094 6***	0.107 0***	0.022 2*	−0.085 3***	1.000 0		
PSM	0.009 5	0.096 9***	−0.019 2	−0.150 6***	−0.005 2	1.000 0	
BIG4	0.061 5***	0.088 4***	0.007 6	−0.060 1***	0.299 2***	−0.012 5	1.000 0

***、*分别表示在 1%、10%的水平上显著

（三）回归结果分析

根据年报统计数据和数据库数据，以上市公司披露原则导向还是规则导向的

可供出售金融资产减值政策为被解释变量，运用 Stata 进行 Logit 回归分析，回归结果如表 4-21 所示。

表 4-21　上市公司可供出售金融资产减值政策披露影响因素回归结果

指标	回归系数	标准差	z	$P>\|z\|$	备注
PRO	3.713 5	0.722 9	5.14	0.000***	样本数=6 306
OP	0.598 8	0.609 6	0.98	0.326	LR chi2（18）=2 438.39
PP	0.116 3	0.097 3	1.20	0.232	Prob > chi2=0.000 0
IND	1.638 0	0.228 7	7.16	0.000***	Pseudo R2=0.438 4
PSM	−0.695 7	0.420 8	−1.65	0.098*	
BIG4	0.270 4	0.159 8	1.69	0.091*	
YEAR			控制		

***、*分别表示在 1%、10%的水平上显著

注：连续变量已经经过 winsorize 处理

从表 4-21 可以看出，可供出售金融资产占总资产的比重与被解释变量在 1%的水平上显著正相关，说明可供出售金融资产规模越大，上市公司越倾向于在年报中披露规则导向的可供出售金融资产减值政策，假设 4-3 得到验证。我国上市公司同时披露规则导向可供出售金融资产减值政策的行为实际上是选择对自身的会计处理裁量权进行约束。因此，可供出售金融资产占总资产的比重与被解释变量显著正相关恰好也证实了同时提供规则导向，可能是想要传递更高质量的财务报告的信息，并且，可供出售金融资产规模越大，信号传递效果越强。

剔除可供出售金融资产减值后的总资产利润率、业绩压力虚拟变量与被解释变量之间都呈正相关，但没有通过显著性检验，表明无论是上市公司披露规则导向还是原则导向可供出售金融资产减值政策不受利润和业绩压力影响，从侧面证明上市公司不是为了进行盈余管理，而是为了向投资者传递其会计信息更加真实有效的信号才同时提供规则导向可供出售金融资产减值政策，当然，仍然需要进一步更直接的证据证明该观点。

行业与被解释变量在 1%的水平上显著正相关，说明如果上市公司属于金融行业，与年报中披露规则导向的可供出售金融资产减值政策显著相关。另外，证券市场表现指标与被解释变量显著负相关，说明证券市场形势下滑，与上市公司披露规则导向可供出售金融资产减值政策显著相关。

综上所述，从回归结果可以看出，可供出售金融资产占总资产的比重、行业虚拟变量、审计公司虚拟变量与被解释变量之间显著正相关，证券市场表现与被解释变量之间显著负相关，这些都支持了这一假设——上市公司通过披露规则导向可供出售金融资产减值政策向投资者和公众传递更高质量财务报告的信号，当

上市公司同时提供规则导向会计准则时，可供出售金融资产减值被用于盈余管理的空间减小，上市公司更倾向于出具高质量的财务报告。当然这些并不能作为直接证据证明这一假设，因此在下一节，本书继续研究了披露规则导向可供出售金融资产减值政策对盈余管理的影响，以此来证明可供出售金融资产减值政策对上市公司财务报告质量的影响。

（四）稳健性检验

本节采用以下两种方案进行稳健性检验。

考虑到中国证监会 2013 年发布要求于当年 9 月 12 日开始实施的《公开发行证券的公司信息披露解释性公告第 3 号——财务报表附注中可供出售金融资产减值的披露》可能对上述研究结果产生影响，仅采用 2013~2014 年样本进行重新回归，以观察可供出售金融资产持有规模是否仍然是 2013~2014 年决定上市公司遵循中国证监会第 3 号解释性公告的重要因素。根据表 4-22 回归结果可知，研究假设 4-1 仍然成立。

表 4-22 上市公司可供出售金融资产减值政策披露影响因素回归结果

指标	回归系数	标准差	z	$P>\|z\|$	备注
PRO	2.371 2	0.763 3	3.11	0.002***	样本数=1 772
OP	-1.30×10^{-12}	2.91×10^{-12}	−0.45	0.654	LR chi2（18）=97.00
PP	−0.012 0	0.101 8	−0.12	0.906	Prob > chi2=0.000 0
IND	0.582 0	0.279 8	2.08	0.038**	Pseudo R2=0.039 5
PSM	−0.809 4	0.421 4	−1.92	0.055*	
BIG4	0.277 5	0.158 6	1.49	0.136	
YEAR			控制		

***、**、*分别表示在 1%、5%、10%的水平上显著

注：连续变量已经经过 winsorize 处理

为了检验以上结论是否稳健可靠，本节采用以下方法进行进一步验证：第一，用可供出售金融资产规模的自然对数替换可供出售金融资产占总资产的比重进行回归，实证结果与上面的实证结果一致，说明假设 4-3 的检验结果是稳健的。第二，分别检验金融行业和非金融行业；金融行业的回归样本中，解释变量可供出售金融资产持有规模的回归系数为 17.088 12，z 值为 4.48，非常显著；控制了行业变量的非金融行业的回归结果中，PRO 的回归系数为 2.871 16，z 值为 3.69，非常显著。

五、原则导向与规则导向对盈余管理的影响

（一）描述性统计

表 4-23 给出了有关变量的描述性统计，通过对描述性统计结果的分析我们可以发现以下情况。

表 4-23　样本公司统计特征

指标	样本数	均值	标准差	最小值	中位数	最大值
SMOOTH	6 306	0.025 2	0.056 2	0	0	0.775 3
LOSS	6 306	0.016 6	0.272 2	0	0	18.917 9
RATE	3 259	0.067 7	3.617 2	−3.507 0	0	206.441 7
PRO	6 306	0.030 4	0.073 4	0	0.000 2	0.826 7
LEV	6 306	0.536 8	1.344 6	0.001 7	0.493 3	82.559 6
OP	6 306	0.100 6	1.993 1	−35.684 8	0.040 8	130.291 0
GROWTH	6 306	0.215 3	11.436 1	−1.463 4	0.005 2	894.174 7
SMOOTH•RP	6 306	0.003 2	0.020 8	0	0	0.467 0
LOSS•RP	6 306	0.001 6	0.047 7	0	0	3.433 7

在本节中，分别用 SMOOTH 和 LOSS 的数值代表上市公司进行利润平滑和大清洗的动机来衡量上市公司的盈余管理动机，SMOOTH（LOSS）越大，上市公司进行利润平滑（大清洗）的动机越大。对比平滑动机（SMOOTH）和受到可供出售金融资产减值政策影响的平滑动机（SMOOTH•RP）的统计描述特征，我们会发现SMOOTH•RP的均值、标准差和最大值都比SMOOTH小，说明上市公司的利润平滑动机受到了可供出售金融资产减值政策的影响，并且极有可能上市公司披露规则导向可供出售金融资产减值政策遏制了上市公司的利润平滑动机，当然具体结果仍需要进一步的分析。对比大清洗动机（LOSS）和受到可供出售金融资产减值政策影响的大清洗动机（LOSS•RP）的统计描述特征，我们也能得到相类似的结论。综合上述观察，我们认为上市公司可供出售金融资产减值政策的披露可能会起到抑制上市公司进行盈余管理，当然为了得到更加直观的证据，我们需要通过回归分析来判断。需要特别说明的是 RATE 的样本数只有 3 259 个的原因是在样本中有部分上市公司并没有持有可供出售金融资产，所以其 RATE 值不存在。

（二）回归结果分析

1. 可供出售金融资产减值政策对上市公司盈余管理动机的影响回归结果

根据年报统计数据和数据库数据，运用模型二分别以上市公司平滑利润动机和大清洗动机为被解释变量，以上市公司披露的可供出售金融资产减值政策为解释变量，可知平滑利润指标或大清洗动机越大，上市公司进行利润平滑或大清洗的动机越强。本章运用 Stata 进行多元回归分析，回归结果如表 4-24 所示：（1）是以平滑利润指标为被解释变量的结果，（2）是以大清洗动机为被解释变量的结果。从表 4-24 可以看出，上市公司披露的可供出售金融资产减值政策与平滑利润动机、大清洗动机都呈显著负相关，说明当上市公司披露的可供出售金融资产减值政策为规则导向时，上市公司盈余管理动机小于减值政策为原则导向时的盈余管理动机，上市公司披露的规则导向的可供出售金融资产减值政策可能有助于遏制上市公司进行盈余管理。或者说，盈余管理动机越强的公司越可能仅采用原则导向的金融资产减值政策，盈余管理动机弱的公司越可能同时提供规则导向会计政策。

表 4-24　上市公司可供出售金融资产减值政策对上市公司盈余管理动机的影响回归结果

变量	（1）		（2）	
	回归系数	*t*	回归系数	*t*
RP	−0.002 7**	−2.00	−0.003 9***	−3.86
PRO	−0.032 5***	−4.25	−0.013 0**	−2.26
LEV	−0.023 9***	−9.52	0.011 3***	5.93
OP	0.433 3***	55.72	−0.223 6***	−37.77
GROWTH	−0.175 0***	−21.79	0.072 1***	11.80
PP	−0.009 7***	−8.44	0.005 3***	6.01
PSM	0.002 1***	2.70	0.000 04	0.06
BIG4	0.003 1	1.64	−0.003 8***	−2.64
IND	−0.009 3***	−3.72	−0.002 8	−1.47
样本数	6 306		6 306	
可调整的 R^2	0.443 6		0.279 3	

***、**分别表示在 1%、5%的水平上显著

注：以上所有连续变量已经经过 winsorize 处理，且已经通过 VIF（variance inflation factor，即方差膨胀因子）检验

2. 可供出售金融资产减值政策对上市公司盈余管理动机的影响——稳健性检验

2012 年以前几乎没有上市公司自愿披露规则导向可供出售金融资产减值会计

政策，因此采用2012~2014年样本，区分金融和非金融行业（非金融行业样本检验控制行业变量）进行稳健性检验。回归结果如表 4-25 所示（略去其他控制变量的回归结果）。表 4-25 所示的回归结果与表 4-24 一致，上市公司披露的可供出售金融资产减值政策与平滑利润动机、大清洗动机都呈显著负相关。

表 4-25　上市公司可供出售金融资产减值政策对上市公司盈余管理动机的影响回归结果

指标	变量	（1）		（2）	
		回归系数	t	回归系数	t
全行业 2012~2014 年（控制行业变量）	RP	−0.002 7**	−1.78*	−0.003 2**	−2.53
	样本数	2 634		2 634	
	可调整的 R^2	0.481 5		0.304 0	
非金融行业 2012~2014 年（控制行业变量）	RP	−0.002 6**	−1.65*	−0.003 7**	−2.78
	样本数	2 512		2 512	
	可调整的 R^2	0.480 5		0.310 0	
金融行业 2012~2014 年	RP	−0.009 8**	−1.93*		
	样本数	124			
	可调整的 R^2	0.650 9			

**、*分别表示在 5%、10%的水平上显著

注：由于金融行业上市公司不存在亏损公司，因变量为 LOSS 时，没有回归数据

3. 可供出售金融资产减值政策对上市公司利用可供出售金融资产进行盈余管理影响的回归结果

为了进一步探索上市公司披露的可供出售金融资产减值政策对其进行盈余管理的影响，以可供出售金融资产减值金额占可供出售金融资产账面余额的百分比为被解释变量，分别以利润平滑指标、大清洗指标及它们与可供出售金融资产减值政策的交互指标为解释变量进行回归分析。

首先，以利润平滑指标、上市公司披露的可供出售金融资产减值政策指标及SMOOTH•RP 作为解释变量进行回归，结果如表 4-26 所示。可以看出，上市公司利润平滑指标与被解释变量在 5%的水平上显著正相关，说明上市公司利润平滑指标越大，上市公司计提的可供出售金融资产减值比例越高。其次，上市公司披露的可供出售减值政策指标与被解释变量在 1%的水平上显著正相关，说明上市公司披露规则导向可供出售金融资产减值政策，与可供出售金融资产计提比例大于原则导向可供出售金融资产减值政策下的可供出售金融资产减值计提比例存在正相关关系，但是由于可供出售金融资产减值受上市公司管理金融资产的能力和资本市场的影响，不能作为直接的证据证明计提的可供出售金融资产减值比例越高，越有可能进行盈余管理。相反，RP 回归结果显著为正，可以说明提供规则导向可供出售金融资产减值准备会计政策的上市公司，更倾向于计提更多的减值准

备，财务报表更稳健。

表 4-26　上市公司可供出售金融资产减值政策对上市公司利用可供出售金融资产减值进行利润平滑的影响回归结果

变量	回归系数	标准差	t	$P>\|t\|$	VIF
SMOOTH	0.028 5	0.013 9	2.05	0.040**	2.12
RP	0.003 4	0.001 1	3.00	0.003***	1.21
SMOOTH · RP	−0.059 3	0.026 9	−2.21	0.028**	1.47
PRO	−0.007 5	0.005 7	−1.31	0.191	1.06
LEV	0.003 4	0.002 5	1.35	0.177	1.41
OP	−0.005 5	0.010 0	−0.55	0.580	3.60
GROWTH	0.004 7	0.008 7	0.54	0.588	2.77
PP	−0.000 5	0.001 1	−0.50	0.615	1.33
PSM	−0.003 1	0.000 8	−3.97	0.000***	1.07
BIG4	0.002 0	0.001 4	1.45	0.148	1.16
IND	−0.001 5	0.001 9	−0.83	0.408	1.26

***、**分别表示在 1%、5%的水平上显著

注：以上所有连续变量已经经过 winsorize 处理；样本数=3 259

最值得关注的是，SMOOTH • RP 这一指标与被解释变量之间呈显著负相关（P 值为 0.028），对比 SMOOTH 这一指标的系数为正的，可以认为规则导向可供出售金融资产减值政策能够有效地抑制上市公司利用可供出售金融资产减值进行利润平滑的动机。

然后，以大清洗指标、上市公司披露的可供出售金融资产减值政策指标及 LOSS • RP 作为解释变量进行回归，结果如表 4-27 所示。

表 4-27　上市公司可供出售金融资产减值政策对上市公司利用可供出售金融资产减值进行大清洗的影响回归结果

变量	回归系数	标准差	t	$P>\|t\|$	VIF
LOSS	0.000 5	0.017 5	0.03	0.975	1.42
RP	0.002 4	0.001 0	2.30	0.022**	1.03
LOSS • RP	−0.001 8	0.017 6	−0.10	0.920	1.12
PRO	−0.007 6	0.005 7	−1.32	0.185	1.06
LEV	0.003 0	0.002 5	1.21	0.228	1.39
OP	0.002 2	0.008 9	0.25	0.801	2.82
GROWTH	0.001 7	0.008 4	0.21	0.836	2.55
PP	−0.000 6	0.001 1	−0.57	0.569	1.33
PSM	−0.003 1	0.000 8	−3.96	0.000***	1.07
BIG4	0.002 1	0.001 4	1.51	0.130	1.16
IND	−0.001 7	0.001 9	−0.93	0.352	1.25

***、**分别表示在 1%、5%的水平上显著

注：以上所有连续变量已经经过 winsorize 处理；样本数=3 259

从表 4-27 可以看出，上市公司大清洗指标与被解释变量之间呈正相关，但是显著性并未通过检验，说明上市公司计提的可供出售金融资产减值比例与大清洗之间几乎无关系，这可能是由于除金融行业外的样本公司持有的可供出售金融资产规模较小，且有存货等多种盈余管理途径，可能很少通过计提可供出售金融资产减值进行大清洗。另外，上市公司披露的可供出售减值政策指标与被解释变量之间呈显著正相关，说明上市公司披露规则导向可供出售金融资产减值政策，与可供出售金融资产计提比例大于原则导向可供出售金融资产减值政策下的可供出售金融资产减值计提比例存在显著正相关关系。

最值得关注的是，LOSS·RP 这一指标与被解释变量之间呈负相关关系，LOSS 指标与被解释变量呈正相关关系，虽然两个指标的回归系数符号相反，符合预期，但是，这两个指标都未通过显著性检验，说明样本公司并未通过可供出售金融资产进行大清洗。这可能是因为上市公司持有的可供出售金融资产规模有限，不能满足上市公司进行盈余大清洗操作的需要，并且上市公司有存货等其他盈余管理方式予以替代。

综合上述回归分析结果可知，上市公司采用规则导向可供出售金融资产减值政策可以有效地抑制上市公司进行盈余管理，上市公司更可能出具高质量财务报告，假设 4-4 得到验证。

（三）稳健性检验

为了检验以上结论是否稳健可靠，本节采用以下方法进行稳健性验证。与主检验仅仅区分金融行业与非金融行业不同，本节根据 2012 年中国证监会行业分类标准，区分全行业、非金融行业和金融行业，分别进行回归检验。回归结果（表 4-28）显示，除了样本仅包括金融行业的回归外，其他两种结果仍然支持假设 4-4 提供规则导向会计政策的上市公司，盈余平滑现象显著更少，财务报告质量更高。

表 4-28 上市公司可供出售金融资产减值政策对上市公司利用可供出售金融资产减值进行盈余平衡的影响回归结果

指标	变量	回归系数	标准差	t	$P>\|t\|$
全行业（控制了行业变量）2007~2014 年	SMOOTH	0.023 5*	0.014 2	1.66	0.096
	RP	0.005 5**	0.001 4	3.88	0.000
	SMOOTH • RP	−0.047 8**	0.023 0	−2.08	0.038
非金融行业（控制了行业变量）2007~2014 年	SMOOTH	0.023 9	0.014 8	1.61	0.108
	RP	0.004 2**	0.001 5	2.74	0.006
	SMOOTH • RP	−0.043 6*	0.024 4	−1.79	0.074

续表

指标	变量	回归系数	标准差	t	$P>\|t\|$
金融行业 2007~2014 年	SMOOTH	−0.018 8	0.057 6	−0.33	0.745
	RP	0.009 5**	0.003 36	2.83	0.005
	SMOOTH • RP	−0.102 7	0.073 75	−1.39	0.165

**、*分别表示在 5%、10%的水平上显著

注：以上所有连续变量已经经过 winsorize 处理

六、关于可供出售金融资产减值原则导向或规则导向的结论与建议

（一）研究结论

原则导向和规则导向的问题是研究界持续不断争论的问题。大部分国外实证研究得出的结论是规则导向会计准则更容易被操控，而原则导向会计准则能够产生高质量的财务报告。本章以我国的可供出售金融资产减值为例，对规则导向和原则导向进行讨论，主要研究了以下两个问题：一是影响上市公司披露原则导向或规则导向可供出售金融资产减值政策的因素；二是上市公司披露的可供出售金融资产减值政策对上市公司盈余管理的影响。研究发现：上市公司可供出售金融资产规模越大，越有可能同时提供规则导向可供出售金融资产减值政策；相较于只提供原则导向可供出售金融资产减值政策的上市公司而言，同时提供规则导向可供出售金融资产减值政策的上市公司更有可能出具高质量的财务报告，主要表现为通过提高减值准备进行盈余平滑的行为明显更少。

（二）研究局限

由于一些主客观原因，本书仍然存在以下三点不足。

（1）我国会计准则仅强制要求上市公司披露规则导向可供出售金融资产减值政策，2012 年之前规则导向可供出售金融资产减值政策是上市公司自愿披露的；中国证监会 2013 年的解释性公告的执行力度不高，2013 年之后披露规则导向可供出售金融资产减值政策仍然具有选择性，而且，同一家上市公司在不同会计期间是否披露规则导向，会计信息具有反复性。这些条件限制了采用 DID 方法解决内生性问题，也难以分离自愿披露与强制披露的差异影响，这可能在一定程度上会影响研究结果的可靠性。

（2）本期计提的可供出售金融资产减值所对应的资产可能本期已经出售，

用本期计提的可供出售金融资产减值损失除以期末可供出售金融资产分析计提比例，可能会有偏差，因此可能影响实证结果的准确性。

（3）实证检验可供出售金融资产减值政策对上市公司盈余管理的影响时，回归方程的解释力不高，这可能是因为上市公司持有的可供出售金融资产规模有限，对报表的影响较小。

（三）政策建议

根据本章的分析和实证检验结果，针对提高会计准则质量、健全企业的会计信息质量的进程，有以下政策建议。

第一，在我国，国内市场作为新兴市场并不成熟，监管力度相对较弱，能否为原则导向会计准则的良好执行提供较好的土壤这一点不容乐观，因此要谨慎对待与原则导向国际会计准则实质趋同这件事情。如果继续采用原则导向企业会计准则，在不改变我国会计准则国际趋同的前提下，仍然可以采取具体办法提升会计准则执行质量。笔者建议，会计准则制定机构可以要求企业在执行原则导向的会计政策时，披露是如何执行原则导向会计政策的，即公司当年采用了什么样的标准（包括规则性的定量标准和规则性的定性标准）确定资产发生了减值，在各个不同会计期间，这些标准是否发生了变化、变化原因及变化影响。披露了这些信息，方便会计信息使用者验证减值会计处理结果的准确性，增强了各个不同会计期间减值会计政策和会计信息的可比性，同时，应该加快对表外信息披露会计准则的制定，以规范上市公司表外信息披露。

第二，我国《企业会计准则第 22 号——金融工具确认和计量》中规定的是当权益工具投资的公允价值发生严重或非暂时性下跌时，可以计提减值，在查阅上市公司的年报时，不少上市公司披露的可供出售金融资产减值政策是在公允价值严重下跌且是非暂时性下跌时计提减值，披露规则导向的可供出售金融资产减值政策时也应要求同时满足减值下跌明确界限和下跌时间界限。由此可见，会计从业人员的专业能力仍有待提高。

第五章　金融行业上市公司公允价值会计对股票市场及高管薪酬的影响研究

第一节　公允价值会计对股票报酬与股票价格表现的影响研究

从推动公允价值会计发展环境因素来看，人们更关注公允价值会计提供的有助于投资者估计企业价值的信息，这也是已有研究中有大量内容关于公允价值信息价值相关性的原因（葛家澍等，2005）。只有理解金融业执行公允价值会计的经济后果，才能分析公允价值会计对金融稳定产生的影响。因此，本节从权益市场的企业价值信息表现角度——股票报酬和股票价格，研究金融行业实施公允价值会计的表现及后果。

一、文献回顾与理论基础

金融行业公允价值运用情况的实证研究文献主要来源于西方，且这些文献的研究对象主要集中于银行，这主要是因为银行是运用公允价值会计的主要力量。这些文献大多认可公允价值会计信息能够提供更相关、及时、可比的会计信息。但是，并不是所有项目的公允价值信息都具有价值相关性或增量价值相关性，而且，可靠性确实会对公允价值会计信息质量产生影响。

Barth（1994）以美国银行业20年的数据为研究样本，发现证券投资的公允价值信息确实相对于历史成本信息具有增量信息含量，而历史成本信息则对公允价值信息不具有显著的增量信息含量。然而，Barth（1994）也指出，证券投资公允价值信息具有增量信息含量，而基于公允价值的证券投资收益信息并没有显著的增量信息含量，历史成本的投资收益信息反而具有增量信息含量。Nelson（1996）以美国200家最大商业银行1992年和1993年的公允价值信息披露为对象，发现证券投资的公允价值信息具有价值相关性，Eccher等（1996）的研究也取得了与此相一致的发现。但是，证券投资公允价值信息的价值相关性具有不稳定性，当模型控制了净资产报酬率和账面价值增长率后，价值相关性不复存在（Nelson，1996），也有文献认为公允价值信息不具有比历史成本更强的信息含量。Khurana和Kim（2003）以1995~1998年美国银行为研究样本，发现历史成本与公允价值提供的金融工具会计信息，在与股票价值相关性的表现上并不存在差异，并且，规模较小、信息环境较不透明的银行，历史成本信息具有更强的信息含量。

可靠性也对公允价值信息价值相关性产生了影响。例如，Barth（1994）、Petroni和Wahlen（1995）都发现，权益投资和美国国债投资的公允价值信息有助于解释股票价格，但不能可靠获取市场价格的公司债券和市政债券，它们的公允价值信息则不具有相关性。Nelson（1996）发现公允价值取值噪声损害了信息的可靠性，使信息并不具有价值相关性。

2008年爆发的金融危机使西方很多著名银行遭受严重打击，包括BCBS在内的监管层也采取了系列措施强化银行的监管。相应地，会计学术界迎来了20世纪90年代以来研究银行执行公允价值会计的热潮，以金融危机为背景开展了大量的相关研究。多数会计学者强有力地回击了金融实业界人士和部分学者对公允价值会计的指责。Badertscher等（2012）通过数据检验说明，金融危机期间商业银行的公允价值会计属于替罪羊，不足以导致顺周期和传染效应，而且，恢复历史成本并不能解决执行公允价值会计可能产生的一些问题。例如，公允价值会计被批评的传染效应和顺周期效应并不能通过回归历史成本予以解决。公允价值会计在有些情况下可能无法提供相关信息，但是历史成本在很多情况下也不能提供相关信息，公允价值会计可能被用于真实盈余管理，但历史成本同样也可能被用于真实盈余管理（Laux and Leuz，2009）。Blankespoor等（2013）采用三种方法，即公允价值、GAAP规定的混合计量属性、巴塞尔一级资本监管计算，其包括：金融工具因素的财务杠杆比率，研究银行金融工具执行公允价值会计是否能够更好地描述银行所面临的信用风险。其中，信用风险包括债券收益率波动区间及银行未来失败风险。发现公允价值计量的金融工具所衡量的财务杠杆比率显著比其他两种计量方式能够更好地反映债券收益率波动和银行未来失败风险，且单变量分析和多变量分析的结果都是一致的。他们的研究结果说明，金融工具执行公允价值会计，包括准备持有至到期的金融工具，可以使资产负债表更好地反映银行信用风险。

二、研究假设

综上所述，西方会计学术界对公允价值会计信息的价值相关性大多持肯定态度，对公允价值会计的担忧主要是可靠性问题。在我国，由于相对欠发达的衍生品市场和场外证券交易市场，金融行业上市公司持有的金融资产主要是上海证券交易所和深圳证券交易所公开上市的股票、债券和银行间债券市场交易的债券等，大都能够可靠获取公允价值信息。因此，本书认为，这些金融资产和金融负债所提供的公允价值会计信息，包括资产负债表和利润表损益信息，都具有价值相关性。但是，执行公允价值会计的金融资产和金融负债，其公允价值会计信息的价值相关性并非全部一致。根据企业会计准则，可供出售金融资产持有期间的公允价值变动，除非由于实质性贬值而计入资产减值损失，大部分情况下绕过净利润进入资本公积和其他综合收益，而交易性金融资产、交易性金融负债、衍生金融资产、衍生金融负债及公允价值变动计入当期损益的其他金融资产和负债，它们的公允价值变动则直接计入营业利润。在我国，尽管会计准则于 2009 年将其他综合收益引入利润表，但是，我国重视净利润，尤其是重视营业利润的传统并没有发生变化。例如，中国证监会有关股票上市、增发的规定，国务院国有资产监督管理委员会有关国有企业业绩考核的指标，无不以净利润或营业利润为导向，并没有真正重视其他综合收益信息。同样地，资本市场分析师大多流行采用的市盈率、市净率等股票投资价值分析指标，也并没有真正重视其他综合收益。因此，相对于公允价值变动计入营业利润的金融资产和金融负债而言，市场对可供出售金融资产的公允价值会计信息的反应程度可能更弱。基于以上分析，提出以下研究假设。

假设 5-1：以公允价值计量的金融资产账面价值具有价值相关性。

假设 5-2：交易性金融资产、交易性金融负债、衍生金融资产、衍生金融负债及公允价值变动计入当期损益的其他金融资产和负债的公允价值变动损益具有价值相关性。

假设 5-3：可供出售金融资产公允价值变动具有价值相关性。

假设 5-4：交易性金融资产、交易性金融负债、衍生金融资产、衍生金融负债及公允价值变动计入当期损益的其他金融资产和负债，它们的公允价值变动的价值相关性强于可供出售金融资产公允价值变动的价值相关性。

三、研究设计

（一）回归模型

目前实证研究价值相关性的主流模型为 Ohlson（1995）提出的剩余收益估价模型。Kothari 和 Zimmerman（1995）认为可以同时使用价格模型和收益模型来检验会计信息的价值相关性，价格模型检验会计数据能否解释股票价格的截面差异，收益模型检验一定期间的公司价值变动能否在会计数据上得到显示（张金若等，2013b）。本章采用 Ohlson（1995）提出的剩余收益估价模型，构建价格模型和收益模型就金融行业执行公允价值会计对股票报酬与股票价格的影响进行研究。

在具体构造模型过程中，注意到现有的实证研究文献对公允价值变动损益的处理存在两种不同的方法。

第一种方法，检验交易性金融资产公允价值会计的影响时，直接利用利润表“公允价值变动损益”，检验可供出售金融资产公允价值会计的影响时，直接采用利润表“其他综合收益”数据。这种研究方法得到普遍运用，如刘永泽和孙翯（2011）使用以公允价值计量的每股净资产（FV）和公允价值变动损益产生的超额每股收益（Δ FEPS）两类数据作为模型的解释变量；胡奕明和刘奕均（2012）也用相似的方法，用公允价值计量的每股净资产和公允价值变动损益造成的每股收益（HOLDG）进行价值相关性检验；徐经长和曾雪云（2013）为研究可供出售金融资产公允价值变动信息的价值相关性，将可供出售金融资产公允价值变动对每股净资产的影响（UIPS）加入模型作为变量进行检验，UIPS 以利润表项目“其他综合收益”为基础。

第二种方法，考虑金融资产处置时需要对持有期间的公允价值变动进行转回，重新设计研究变量。这种方法由张金若等（2013b）首次采用。这种方法认为，根据财务数据生成逻辑，在处置金融资产或负债时，计入“公允价值变动损益”的部分需要转出，计入投资收益；计入所有者权益中“资本公积”的公允价值变动累计额也需要转出计入投资收益。投资收益是反映公允价值变动的重要项目，忽视“公允价值变动损益”转入“投资收益”的影响，会导致错误解释公允价值涨跌的信息价值（张金若等，2013b）。

本书认为，张金若等（2013b）的做法更符合金融资产和金融负债公允价值会计处理的本质，但是，考虑到这种方法尚未得到普遍运用，本书决定同时采用两种方法设计研究变量，分别进行回归检验，以进一步表明考虑公允价值变动损益转回因素对正确认识公允价值会计信息经济后果研究的重要性。

1. 价格模型

$$P_{it} = \alpha_0 + \alpha_1 \text{FEPS\_R} + \alpha_2 \text{AEPS\_R} + \alpha_3 \text{NFEPS\_R} + \alpha_4 \text{FV} + \alpha_5 \text{NBV} + \varepsilon \tag{5-1}$$

$$P_{it} = \beta_0 + \beta_1 \text{FEPS\_NR} + \beta_2 \text{AEPS\_NR} + \beta_3 \text{NFEPS\_NR} + \beta_4 \text{FV} + \beta_5 \text{NBV} + \varepsilon \tag{5-2}$$

式（5-1）为考虑投资收益转回的价格模型，如果FV的系数α_4显著，可以证明以公允价值计量的净资产具有价值相关性；若FEPS_R的系数α_1显著，则证明交易性金融资产等资产（负债）的公允价值变动损益在考虑投资收益转回时具有价值相关性；如果AEPS_R的系数α_2显著，证明可供出售金融资产公允价值变动在考虑投资收益转回时具有价值相关性。

式（5-2）为不考虑投资收益转回的价格模型，如果FV的系数β_4显著，可以证明以公允价值计量的净资产具有价值相关性；若FEPS_NR的系数β_1显著，则证明交易性金融资产等资产（负债）的公允价值变动损益在不考虑投资收益转回时具有价值相关性；如果AEPS_NR的系数β_2显著，可以证明可供出售金融资产公允价值变动在不考虑投资收益转回时具有价值相关性。

2. 收益模型

$$\text{RET}_{it} = \gamma_0 + \gamma_1 \text{FEPS\_R}/P_{i,t-1} + \gamma_2 \text{AEPS\_R}/P_{i,t-1} + \gamma_3 \text{NFEPS\_R}/P_{i,t-1} + \gamma_4 \text{FV}/P_{i,t-1} + \gamma_5 \text{NBV}/P_{i,t-1} + \varepsilon \tag{5-3}$$

$$\text{RET}_{it} = \lambda_0 + \lambda_1 \text{FEPS\_NR}/P_{i,t-1} + \lambda_2 \text{AEPS\_NR}/P_{i,t-1} + \lambda_3 \text{NFEPS\_NR}/P_{i,t-1} + \lambda_4 \text{FV}/P_{i,t-1} + \lambda_5 \text{NBV}/P_{i,t-1} + \varepsilon \tag{5-4}$$

其中，系数γ_4、γ_1和γ_2对应的变量解释与价格模型相同。

（二）变量解释

相关变量定义及计算方法详情见表5-1。

表5-1　研究变量一览表

变量	变量含义	变量计算及说明
P	股票价格	上市公司t年年报公布后第一个交易日的股票价格收盘价
RET	个股年度超常报酬	公司t年5月到t+1年4月经过市场调整的以月度计算的个股年度报酬
FEPS_R	考虑投资收益转回情况下公允价值变动产生的税前每股收益	利润表“公允价值变动损益”加利润表“投资收益”当中归属于交易性金融资产（负债）、衍生金融资产（负债）及公允价值变动直接计入当期损益的其他金融资产（负债），求得公允价值变动损益之和后，除以发行在外普通股股数
FEPS_NR	不考虑投资收益转回情况下公允价值变动产生的税前每股收益	利润表“公允价值变动损益”除以发行在外普通股股数

续表

变量	变量含义	变量计算及说明
AEPS_R	考虑投资收益转回情况下可供出售金融资产公允价值变动净额（每股数）	AEPS_NR 加投资收益归属于可供出售金融资产的部分除以发行在外普通股股数
AEPS_NR	不考虑投资收益转回情况下可供出售金融资产公允价值变动净额（每股数）	2007 年和 2008 年用“资本公积”中属于可供出售金融资产公允价值变动部分除以在外发行普通股股数；2009~2013 年用利润表“其他综合收益”归属于可供出售金融资产公允价值变动部分除以在外发行普通股股数
NFEPS_R	不含公允价值变动损益的税前每股收益（考虑转回）	税前每股收益−FEPS_R
NFEPS_NR	不含公允价值变动损益的税前每股收益（不考虑转回）	税前每股收益−FEPS_NR
FV	以公允价值进行后续计量的每股净资产	交易性金融资产加衍生金融资产加可供出售金融资产加公允价值模式后续计量的投资性房地产减交易性金融负债减衍生金融负债，得出以公允价值进行后续计量的净资产金额，除以在外发行普通股股数
NBV	不以公允价值进行后续计量的每股净资产	“每股净资产”−FV

四、样本选择与实证检验

（一）样本选择

本章以 2007~2013 年沪深金融行业的上市公司为样本，所使用的大部分原始数据来自 CSMAR 数据库，部分数据库中列示不详的财务数据，如其他综合收益的明细项目，从上海证券交易所及深圳证券交易所公布的公司年报中通过手工整理获取，并对样本进行以下整理：①剔除投资收益明细列示不明的样本，保留归属于交易性金融资产、交易性金融负债、衍生金融资产、衍生金融负债、指定以公允价值计量且公允价值变动计入当期损益的其他金融资产和负债以及可供出售金融资产产生的投资收益；②剔除公允价值产生的税前每股收益为零样本；③剔除以公允价值计量的每股净资产为零的数据；④剔除主要财务指标数据缺失样本；⑤剔除股票交易数据缺失样本。最终，价格模型获得 230 个样本，收益模型获得 194 个样本。

（二）描述性统计

表 5-2 和表 5-3 分别为价格模型及收益模型样本中主要变量的简单统计量。从表 5-2 可以看出，在金融行业中，以公允价值进行后续计量的每股净资产大于不以公允价值进行后续计量的每股净资产，且 NBV 均值为负，这说明从平均水

平来看，以公允价值进行后续计量的每股净资产大于公司总的每股净资产。由交易性金融资产、交易性金融负债、衍生金融资产、衍生金融负债或其他公允价值变动直接计入当期损益的资产和负债产生的每股收益相对于不含公允价值变动损益的每股收益较小，FEPS_R 为 0.05 元/股，NFEPS_R 为 1.06 元/股，FEPS_R 约为 NFEPS_R 的 4.72%，虽然仍是不含公允价值变动损益的每股收益较大，但是对比非金融行业 FEPS 约为 NFEPS 2%的比例，金融行业公允价值变动对每股收益的影响是相对较大的。可供出售金融资产公允价值变动产生的每股损益在考虑投资收益转回的情况下是 0.11 元/股，不考虑投资收益转回的情况下是−0.05 元/股，绝对值均比 FEPS 考虑转回的 0.05 元/股与不考虑转回的−0.01 元/股大，可见可供出售金融资产公允价值变动对每股收益也有较大影响。另外，考虑投资收益转回与不考虑投资收益转回的指标差异较大。本章对转回（变量后标为_R）与不转回（变量后标为_NR）两组样本中的同类指标的均值进行了 t 检验，结果显示两组样本均值具有显著差异性。因此，本章可以预测考虑转回与否的实证分析结果会出现差异。表 5-3 为收益模型相关变量的描述性统计，各变量情况与价格模型相对应变量大体一致。综合描述统计结果，样本公司执行公允价值会计后，对资产负债表和利润表都有较大的影响。

表 5-2　价格模型相关变量的描述性统计

变量	观测数	平均	标准差	最大值	最小值
P	230	14.52	10.05	58.50	2.40
FEPS_R	230	0.05	0.26	1.42	−2.31
FEPS_NR	230	−0.01	0.21	1.01	−2.41
AEPS_R	230	0.11	0.81	6.44	−3.94
AEPS_NR	230	−0.05	0.72	2.71	−6.52
NFEPS_R	230	1.06	0.92	4.59	−0.07
NFEPS_NR	230	1.12	0.92	4.67	−0.20
FV	230	7.19	8.44	42.53	0.09
NBV	230	−1.32	6.21	11.39	−29.66

表 5-3　收益模型相关变量描述性统计

变量	观测数	平均	标准差	最大值	最小值
RET	194	−0.018 0	0.158 6	0.659 0	−0.387 5
FEPS_R/$P_{i,\ t-1}$	194	0.002 7	0.008 1	0.028 5	−0.041 3
FEPS_NR/$P_{i,\ t-1}$	194	−0.000 6	0.005 1	0.024 3	−0.043 0
AEPS_R/$P_{i,\ t-1}$	194	0.002 0	0.023 9	0.119 9	−0.136 7
AEPS_NR/$P_{i,\ t-1}$	194	−0.004 1	0.021 4	0.059 4	−0.136 7
NFEPS_R/$P_{i,\ t-1}$	194	0.088 1	0.076 2	0.318 3	−0.004 4

续表

变量	观测数	平均	标准差	最大值	最小值
NFEPS_NR/$P_{i,\ t-1}$	194	0.091 4	0.074 8	0.317 5	−0.008 8
FV/$P_{i,\ t-1}$	194	0.506 8	0.421 3	3.042 6	0.006 5
NBV/$P_{i,\ t-1}$	194	−0.029 8	0.332 8	0.512 1	−2.195 0
$P_{i,\ t-1}$	194	15.43 0	10.44 0	58.50 0	2.64 0

表 5-4~表 5-7 为不同模型下的 Pearson 检验结果，从中发现，大多模型变量之间相关系数较小，VIF 值分别为 7.11、7.01、4.41、4.14，均较小，不存在多重共线性问题。

表 5-4　价格模型考虑转回的 Pearson 检验

变量	P	FEPS_R	AEPS_R	NFEPS_R	FV	NBV
P	1	0.217***	0.340***	0.499***	0.558***	−0.429***
FEPS_R		1	0.503***	−0.027	−0.167**	0.222***
AEPS_R			1	0.086	0.159**	−0.139**
NFEPS_R				1	0.524***	−0.403***
FV					1	−0.933***
NBV						1

***和**分别表示在 1%、5%的水平上显著相关（双侧）

表 5-5　价格模型不考虑转回的 Pearson 检验

变量	P	FEPS_NR	AEPS_NR	NFEPS_NR	FV	NBV
P	1	0.095	0.008	0.540***	0.558***	−0.429***
FEPS_NR		1	0.597***	0.044	−0.112*	0.184***
AEPS_NR			1	−0.079	−0.220***	0.240***
NFEPS_NR				1	0.604***	−0.383***
FV					1	−0.933***
NBV						1

***、*分别表示在 1%、10%的水平上显著相关（双侧）

表 5-6　收益模型考虑转回的 Pearson 检验

变量	RET	FEPS_R/$P_{i,\ t-1}$	AEPS_R/$P_{i,\ t-1}$	NFEPS_R/$P_{i,\ t-1}$	FV/$P_{i,\ t-1}$	NBV/$P_{i,\ t-1}$
RET	1	0.031	−0.019	0.265***	0.136*	0.072
FEPS_R/$P_{i,\ t-1}$		1	0.273***	−0.199***	−0.085	0.134*
AEPS_R/$P_{i,\ t-1}$			1	−0.193***	−0.025	−0.084
NFEPS_R/$P_{i,\ t-1}$				1	0.603***	−0.139*
FV/$P_{i,\ t-1}$					1	−0.804***
NBV/$P_{i,\ t-1}$						1

***、*分别表示在 1%、10%的水平上显著相关（双侧）

表 5-7　收益模型不考虑转回的 Pearson 检验

变量	RET	FEPS_NR/$P_{i,\ t-1}$	AEPS_NR/$P_{i,\ t-1}$	NFEPS_NR/$P_{i,\ t-1}$	FV/$P_{i,\ t-1}$	NBV/$P_{i,\ t-1}$
RET	1	0.144**	0.053	0.264***	0.136*	0.072
FEPS_NR/$P_{i,\ t-1}$		1	0.402***	0.023	0.021	0.062
AEPS_NR/$P_{i,\ t-1}$			1	−0.091	−0.160***	0.155***
NFEPS_NR/$P_{i,\ t-1}$				1	0.605***	−0.131*
FV/$P_{i,\ t-1}$					1	−0.804***
NBV/$P_{i,\ t-1}$						1

***、**、*分别表示在 1%、5%、10%的水平上显著相关（双侧）

（三）多元回归结果

本节运用 Stata 软件，采用固定效应回归方法，用式（5-1）~式（5-4）的回归模型对考虑投资收益转回和不考虑投资收益转回两种情况分别进行检验。为了消除异常值影响，得到较稳健可靠的实证结果，回归模型中所有的变量均按照1%的比例进行了 winsorize 处理。同时加入年度虚拟变量，使用固定效应回归对企业进行控制。检验结果报告见表 5-8 和表 5-9。

表 5-8　投资收益转回与投资收益不转回价格模型回归结果（固定效应）

投资收益不转回			投资收益转回		
变量	系数	t	变量	系数	t
截距	16.894 2***	14.25	截距	17.044 1***	14.15
FEPS_NR	6.337 2	1.13	FEPS_R	7.805 9**	2.4
AEPS_NR	−1.392 7	−0.99	AEPS_R	−1.715 4*	−1.77
NFEPS_NR	3.010 6***	5.23	NFEPS_R	3.131 3***	5.03
FV	0.616 7**	2.56	FV	0.627 0**	2.56
NBV	0.441 0	1.53	NBV	0.450 0	1.53

***、**、*分别表示在 1%、5%、10%的水平上显著相关（双侧）

注：回归因变量为 P_{it}；此表略去虚拟变量的报告结果

表 5-9　投资收益转回与投资收益不转回收益模型回归结果（固定效应）

投资收益不转回			投资收益转回		
变量	系数	t	变量	系数	t
截距	−0.230 7**	−2.33	截距	−0.245 6**	−2.50
FEPS_NR/$P_{i,\ t-1}$	1.163 4	0.39	FEPS_R/$P_{i,\ t-1}$	3.561 1**	1.93
AEPS_NR/$P_{i,\ t-1}$	0.493 8	0.92	AEPS_R/$P_{i,\ t-1}$	0.374 3	0.76

续表

投资收益不转回			投资收益转回		
变量	系数	t	变量	系数	t
NFEPS_NR/$P_{i,\ t-1}$	−0.531 6	−1.24	NFEPS_R/$P_{i,\ t-1}$	−0.500 8	−1.19
FV/$P_{i,\ t-1}$	0.489 1***	3.11	FV/$P_{i,\ t-1}$	0.486 9***	3.16
NBV/$P_{i,\ t-1}$	0.483 2***	3.08	NBV/$P_{i,\ t-1}$	0.485 8***	3.16

***、**分别表示在 1%、5%的水平上显著相关（双侧）

注：回归因变量为 RET$_{it}$；此表略去虚拟变量的报告结果

从表 5-8 价格模型回归结果来看，以公允价值进行后续计量的每股净资产在两组结果中均在 5%的水平上显著相关，说明公允价值计量的每股净资产对股价有显著解释力，而不以公允价值进行后续计量的每股净资产则不显著。在不考虑投资收益转回的情况下，公允价值变动损益产生每股收益（FEPS_NR）的回归系数为6.337 2，对股价没有显著影响，而考虑转回的解释变量（FEPS_R）在5%的水平上显著相关，说明只有在投资收益进行转回的情况下公允价值变动损益对股价才有显著影响。对可供出售金融资产产生的公允价值变动，投资收益转回时只有在 10%的水平上表现出微弱的相关性。

从表 5-9 收益模型回归结果来看，以公允价值进行后续计量的每股净资产（FV/$P_{i,\ t-1}$）在两组结果中均在 1%的水平上表现出显著相关性，说明公允价值计量的每股净资产对股票报酬有显著解释力，与价格模型结果一致。在不考虑投资收益转回的情况下，公允价值变动损益产生的每股收益（FEPS_NR/$P_{i,\ t-1}$）对股票报酬没有显著影响，而考虑转回的解释变量（FEPS_R/$P_{i,\ t-1}$）在 5%的水平上显著相关，说明只有在投资收益进行转回的情况下公允价值变动损益对股票报酬才有显著影响，此结果与价格模型一致。对于可供出售金融资产产生的公允价值变动而言，无论是否考虑投资收益相关部分的转回，该解释变量均未表现出显著相关性，与价格模型结果有微小差异。

综合价格模型和收益模型固定效应回归结果，发现以公允价值计量的每股净资产在所有回归模型中均表示出显著相关性，证实了本章提出的假设 5-1。对于交易性金融资产（负债）、衍生金融资产（负债）或公允价值变动直接计入当期损益的其他金融资产（负债）而言，将利润表“公允价值变动损益”直接作为解释变量数据基础，或是将利润表“投资收益中”属于上述金融资产（负债）转回的部分与“公允价值变动损益”加和后作为解释变量数据基础，两种方法下的结果差异很大，只有在考虑了转回的回归模型中，公允价值变动产生的每股收益FEPS对股价和股票报酬才有显著解释力，从而假设5-2得到了证实。而对于资产规模更大的可供出售金融资产而言，AEPS 在收益模型下无论转回与否，均不显著，在价格模型下也仅在考虑转回时表现出微弱显著性，假设 5-3 仅得到部分支持，但是，综合这些回归结果，研究假设 5-4 得以支持。

本书认为，研究假设 5-4 通过检验而研究假设 5-3 没有得到完全有效支持，说明我国证券市场“功能锁定”现象犹存。所谓“功能锁定”，是指投资者在决策过程中，会锁定于某种特定的信息，导致不能充分利用相关信息来评估决策。信息披露位置不同，投资者关注程度也会不一样。交易性金融资产等金融资产或负债的公允价值变动信息是通过利润表“公允价值变动损益”项目反映的，处置时转入“投资收益”，均是计入当期损益项目，而可供出售金融资产的公允价值变动先计入了“资本公积”，在处置时才转入当期损益。按照Ohlson（1995）的剩余收益估价模型，在有效的资本市场上，投资者可以及时有效地获得全部有用的信息并加以应用，以便做出相应的决策，因此理论上公允价值变动信息无论在利润表还是在股东权益变动表披露，都不会产生差异。但是事实上，我国的资本市场并不是完全有效的资本市场，投资者大多为非专业人士，报表的信息没有得到充分有效的利用，投资者对损益信息的关注程度大于对股东权益变动信息的关注程度。虽然从 2009 年起，可供出售金融资产公允价值变动产生未实现的利得和损失除了计入资本公积外，同时也在利润表“其他综合收益”中进行披露，但是披露的位置是在净利润之后，并未计入当期损益，由于“功能锁定”效应，投资者对其关注程度远不如计入当期损益的项目，因此并未利用该信息对股价和盈余进行判断并做出决策，可供出售金融资产公允价值变动信息没有表现出价值相关性。

五、公允价值与会计信息价值相关性的研究结论与建议

（一）研究结论

本节基于Ohlson（1995）提出的剩余收益估价模型，同时使用价格模型和收益模型对金融行业上市公司执行公允价值会计对股票报酬与股票价格的影响进行研究。通过研究发现，以公允价值进行后续计量的每股净资产对股票价格和股票报酬皆有显著影响，说明资产负债表上的公允价值信息具有价值相关性，对信息使用者判断股票价格和股票收益有一定的参考价值。公允价值变动损益是否具有价值相关性与是否考虑转回因素有关。当考虑投资收益转回时，公允价值变动损益对股票价格和股票报酬才有显著解释力，也就是说利润表上的公允价值信息才具有价值相关性，这说明是否考虑转回对公允价值会计相关性研究具有重要意义。这一结果印证了本节研究方法设计的合理性。但是，无论考虑转回与否，可供出售金融资产公允价值变动信息与股价和股票报酬都几乎不具有显著相关性。

本节认为，我国证券市场存在“功能锁定”现象，投资者对当期损益信息的关注程度超过了对股东权益变动的关注，导致计入“资本公积”的可供出售金融资产未实现利得和损失不具有价值相关性。

本节还将研究结果与张金若等（2013b）关于非金融行业公允价值变动损益的相关研究结果进行了比较。张金若等（2013b）发现，在非金融行业中，以公允价值进行后续计量的每股净资产与股票报酬不具有显著相关性，考虑了转回的公允价值变动损益对股票报酬亦不具有显著解释能力，这与本节针对金融行业开展的研究取得的结论相反。本节认为这与我国实施公允价值会计的情况是相符的。总体上，金融行业的上市公司持有大量以公允价值会计计量的金融资产和金融负债，公允价值会计对金融行业的影响最显著，因此无论是金融企业自身还是金融监管部门都会对公允价值信息给予更多的重视，规范对公允价值会计的运用，有利于投资者应用公允价值相关信息对股票价格和股票报酬做出判断。相比金融行业，非金融行业持有的以公允价值计量的资产和负债很少，公允价值会计对利润表和资产负债表影响都十分有限，投资者对公允价值信息的关注程度也不及金融行业。

（二）政策建议

第一，我国利润表虽已发展成事实上的综合收益表，但是投资者对其他综合收益的关注仍非常不足。这也可能与我国监管机构的监管有关。例如，我国IPO、发债、增发股票等都强调净资产报酬率或扣除非经常损益的净资产报酬率，即使是2009年增加了其他综合收益后，也没有改变监管机构对待财务信息的方式。在极易受到政策干扰的我国资本市场，为了提高投资者等信息使用者对可供出售金融资产的重视，有必要从监管层做起，而且，只有投资者充分认识到所有执行公允价值会计的金融资产和金融负债的信息价值，才能更全面地认识公允价值会计对金融行业产生的经济后果，从而有利于更全面地识别可能产生的风险，提出更全面有效的风险防范措施。

第二，提高投资者使用会计信息的能力，引导报表使用者正确有效地解读财务报表，减小“功能锁定”效应的不利影响。我国可以向西方成熟市场学习，成立并扶持如标准普尔这样专业的、独立的且拥有良好信誉的投资分析咨询机构，指导非专业的投资者正确有效地使用上市公司披露的信息，避免单一地使用利润表上的公允价值信息，同时结合财务报表附注等信息一并为投资决策服务。

第三，尽管我国的市场环境还不够成熟，与公允价值会计存在一些不兼容性，公允价值的获取成本也较高，但是研究发现公允价值会计具有价值相关性，对会计信息披露的质量有显著提高，投资者能够从中获取决策相关信息，从而对资本市场的健康发展起到一定的促进作用。因此，在以后的进一步会计改革中，应当继续坚持公允价值计量。

第二节　三个层级公允价值会计信息对股票价格与股票报酬的影响研究

一、三个层级公允价值会计信息的可靠性差异

2014 年，我国发布《企业会计准则第 39 号——公允价值计量》，对公允价值信息披露进行了严格规范，特别是三个层级信息披露。准则规定企业应当将公允价值计量所使用的输入值划分为三个层次，并首先使用第一层次输入值，其次使用第二层次输入值，最后使用第三层次输入值。第一层次输入值是在计量日能够取得的相同资产或负债在活跃市场上未经调整的报价；第二层次输入值是除第一层次输入值外相关资产或负债直接或间接可观察的输入值；第三层次输入值是相关资产或负债的不可观察输入值。这与 2013 年 1 月 1 日起生效的国际会计准则 IFRS 13——《公允价值计量》基本要求一致。

尽管大量的文献，包括本章第一节的实证研究，已经表明公允价值会计信息具有价值相关性，但是可靠性仍然是对公允价值信息价值相关性最为不利的因素。金融危机爆发后，公允价值会计信息的可靠性更是广受质疑。如果公允价值会计信息可靠性对信息价值的削弱，超过了公允价值会计信息相关性对信息价值的提升，会使公允价值会计信息，特别是低层级公允价值会计信息不具有价值相关性，那么，继续执行可靠性有瑕疵的公允价值会计，尤其是低层级公允价值会计，将可能导致不利后果。例如，Allen 和 Carletti（2008）认为，公允价值可能引发金融市场的传染效应，即在市场不活跃或者缺乏流动性时，银行以低于公允价值的价格出售资产，可能成为其他机构基于市场的定价依据，在以会计数据为基础的管理资本的要求下，触发银行资产的甩卖，从而强化市场的波动性。再如，Dechow 等（2010）发现，管理当局可能通过操控资产证券化产品的公允价值计量信息，谋取薪酬利益。

在这种背景下，非常有必要对我国金融行业上市公司公允价值会计在三个层级的不同应用情况进行分析，研究不同层级会计信息的价值相关性，从而对我国公允价值会计的未来发展提供经验和参考。

二、公允价值会计层级的会计规范分析

（一）公允价值层级的初步发展

2006年9月19日，FASB发布第157号《公允价值计量》准则，创新性地提出了公允价值估价的层级系统，即在进行公允价值计量时，应当分为三个层级。由SFAS 157 可知，第一层级是最明晰而且可靠的。第二层级计量包括很多方面：①企业在计量日能获得类似资产或负债在活跃市场上的报价；②相同或类似资产或负债在非活跃市场上的报价，除了直接观察到的市场上完整资产或负债报价；③不能直接观察到的但是来自或被可观察市场数据证实的市场报价。换句话说，第二层级计量的市场估值必须根据可观察的数据来估计；第三层级计量依据是对资产和负债不可观察的估值。因此，可以说，这些报价体现了报告主体自身的假设，即作为市场参与者在对资产和负债定价时使用的假设。基本上，当交易数据有问题或不可观察时，市场价值和公允价值都只能应用第三层级形式分析。2006年 11 月 30 日，IASB 跟随 FASB 的脚步，发布了公允价值计量的讨论稿，针对SFAS 157在世界范围内征询意见，在讨论稿中IASB认为这种统一的公允价值准则降低了计量的复杂性和差异化，并赞同 SFAS 157 建立公允价值层次系统的做法。我国 2006 年企业会计准则体系并没有明确公允价值层级概念，体现在《企业会计准则第 3 号——投资性房地产》《企业会计准则第 22 号——金融工具确认和计量》等细分准则中的隐含的公允价值层级定义也缺乏一致性。

（二）危机爆发后的改进措施

2007年8月，金融危机爆发后，公允价值会计受到大量质疑。但学术界经过研究，发现事实上正是公允价值向投资者提供了更加透明的信息，让投资者和监管机构清楚地了解了危机的严重性。但同时，SFAS 157 也暴露了很多问题，如对公允价值层级计量的定义只存在于理论层面，在实践中存在很多缺陷，仍然需要进一步的完善。例如，在第一层级计量中，从主市场或最有利市场中获取的信息虽然可以作为公允价值的最佳证据，也最具可操作性，但一旦市场流动性缺失，或者活跃度下降，市场价格不再公允，此时再采用市场价格明显是不合理的，只能借助估价模型等技术估计公允价值。

1. FASB 发布的一系列公告

为了应对各方面的压力，FASB 紧接着发布了四项立场公告，其中第三项立场公告和第四项立场公告均提及对公允价值层级计量的改进。2008年10月10日，FASB 发布了 FSP FAS 157-3 立场公报，报告提及如何判断在不活跃市场上可观

察的输入参数的可获得性和如何使用市场价格来评估可观察和不可观察输入参数。第三项立场公告发布较急切，因此可以看出其并没有完全完善准则的各个细节，但是在总体方向上可以发现，对公允价值计量的规定变得更加灵活。2009年4月9日，FASB 发布FSP FAS 157-4，对第三项立场公告进行补充。报告认为出现非正常情况时，首先需要对市场进行综合分析，若市场活跃度已下降，需要选择合适的估价模型对公允价值进行估计。

同时，FASB也对会计准则进行了更新。2009年8月28日，FASB 发布《改进公允价值计量的披露》，要求公允价值计量中需要披露以下内容：对第三层级信息进行合理调整的影响，如果有重大调整，应披露这一调整的事实和影响；第一层级和第二层级之间的转换，并披露重大转换的影响金额和原因；第三层级的重大不可观察信息，包括估价使用的信息和估价技术。随着这些文件的颁布，人们对公允价值会计的认识越来越深刻，也有越来越多的声音呼吁国际会计准则规定的统一。2009年8月到2010年1月，FASB修订了会计准则汇编 Topic 820——《公允价值计量与披露》，这与 IASB 发布的《公允价值计量（征求意见稿）》保持一致，标志着国际会计界对公允价值的认识趋于一致。

2. IASB 发布的新准则

金融危机后，IASB 一直紧跟 FASB 的脚步。2009 年，IASB 发布了《改进金融工具的相关披露》，主要对 IFRS 7 进行修订，对一部分金融资产和负债规定按层级进行计量。为了降低复杂性，让使用者能轻松理解和运用年报信息，2009年5月28日，IASB发布《公允价值计量（征求意见稿）》。在吸收了世界各方的意见，举行了多次圆桌会议后，2011年5月12日IASB与FASB的公允价值计量联合项目共同推出了IFRS 13——《公允价值计量》，统一了分散在IFRS中的不一致的公允价值计量方法。

3. 我国 2007 年以来对三个层级计量和披露的相关规定

2007 年 10 月，中国银监会发布通知，宣布中国银行业将全面实施新会计准则，包括政策性银行和股份制银行、农村信用合作社等机构，并给出了银行业金融机构执行新会计准则的时间表，如表 5-10 所示。

表 5-10　银行业金融机构执行新会计准则的时间表

机构类别	开始时间	备注
上市银行（14 家）	2007 年	中国工商银行、中国银行、中国建设银行、交通银行、招商银行、浦发银行、深圳发展银行、中信银行、兴业银行、北京银行、南京银行、华夏银行、宁波银行、中国民生银行
其他信托、财务公司等	2008 年	
农村商业银行、农村信用合作社等新型农村金融机构	2009 年	鼓励具备条件的提前执行

因为 CAS 22 中并没有一个清晰的层级划分理念，也没有对披露的强制要求，2007 年各金融机构上市公司的年报均未执行公允价值层级披露体系。2010 年 4 月 2 日，财政部发布了《中国企业会计准则与国际财务报告准则持续趋同路线图》，指出企业会计准则应当和全球准则保证步伐的一致性，同时也要根据我国特点稍做调整。相应地，从 2011 年起，我国金融机构上市公司的年报中均对三个层级公允价值进行分析和披露。2010 年 10 月 28 日发布的《财政部关于执行企业会计准则的上市公司和非上市企业做好 2010 年年报工作的通知》中也规定，公允价值在计量三个层次的问题上应该重点关注。

2012 年 5 月 17 日，财政部借鉴 IFRS 13 的计量方法和特点后，发布《公允价值计量（征求意见稿）》。2014 年，《企业会计准则第 39 号——公允价值计量》正式发布，自 2014 年 7 月 1 日起在所有执行会计准则的企业范围内施行，并鼓励在境外上市的企业提前执行。该准则重新对公允价值进行了解释，在内容上细化了往年计量和披露中存在的种种问题。首次正式明确了公允价值计量的方法和级次，并对公允价值计量相关信息的披露做出具体要求，这在一定程度上有助于提高公允价值会计信息的价值相关性和可靠性，但是该准则并未扩大公允价值的应用范围，仅限于 2006 年颁布的会计准则第一次全面提出运用公允价值时的金融工具和少量的非金融工具领域，远小于国际会计准则所要求的范围。

（三）主要会计准则对公允价值层级现行规定的比较

表 5-11 归纳了各准则对具体层级划分的规定，表 5-12 归纳了各准则对财务报表附注的相关披露要求。比较可知：①随着层级信息可靠性降低，披露规定越来越严格；②相比于 SFAS 157，IFRS 13 对估计值的使用方式进行了修订，完善了相关细节，对信息披露规定也更严格和实际，更具有可操作性；③CAS 39 和 IFRS 13 输入值方面大致要求一致，但 CAS 39 对披露要求更详细和具体。CAS 39 考虑到我国国情特点，对体例进行重整，将公允价值计量分为持续的与非持续的两类，对相关披露规定分别列示。

表 5-11　不同准则时公允价值计量的三个层级划分

准则名称	公允价值层级的定义
CAS 22	第一层级：有活跃市场报价从而直接确定公允价值的金融工具
	第二层级：需要对市场报价进行调整从而确定公允价值的金融工具
	第三层级：不存在活跃市场，企业应当采用估值技术确定其公允价值的金融工具
CAS 39	第一层级：资产或负债存在活跃市场当中，应当以活跃市场中的报价确定公允价值
	第二层级：资产或负债不存在活跃市场中，参照实质上相同或相似的其他资产或负债在活跃市场上的报价
	第三层级：资产或负债不存在活跃市场中，且无法从市场上获取实质上相同或相似的其他资产或负债的市场报价，则采用适当的估值技术来确定该项资产或负债的公允价值

续表

准则名称	公允价值层级的定义
SFAS 157	第一层级：是（不必调整）主体计量日在活跃市场上可观察到的同质资产或负债的报价 第二层级：是除第一层级以外的可直接或间接观察的资产或负债的报价之外的输入因素 第三层级：输入参数是不可观察参数，即使用估计技术得到的公允价值
IFRS 13	第一层级：主体在计量日能获得的相同资产或负债在活跃市场上的报价（未经调整的） 第二层级：除了第一层次输入值所包含的报价以外的资产或负债可观察的直接或者间接的输入值 第三层级：是资产或负债不可观察输入值

表 5-12　不同准则对公允价值披露内容的要求

准则名称	持续的公允价值计量	非持续的公允价值计量
CAS 39	持续以公允价值计量的项目和金额；计量的层次；在各层次之间转换的金额和原因，以及确定各层次之间转换时点的政策；对第二层次的公允价值计量，企业应当披露使用的估值技术和输入值的描述性信息；对第三层次的公允价值计量，企业应当披露使用的估值技术、输入值和估值流程的描述性信息；对第三层次的公允价值计量，企业应当披露期初余额与期末余额之间的调节信息；对第三层次的公允价值计量，当改变不可观察输入值的金额可能导致公允价值显著变化时，企业应当披露有关敏感性分析的描述性信息；当非金融资产的最佳用途与其当前用途不同时，企业应当披露这一事实及其原因	其他相关会计准则要求或者允许企业在特定情况下非持续以公允价值计量的项目和金额，以及以公允价值计量的原因；计量的层次；对第二层次的公允价值计量，企业应当披露使用的估值技术和输入值的描述性信息；对第三层次的公允价值计量，企业应当披露使用的估值技术、输入值和估值流程的描述性信息，当变更估值技术时，企业还应当披露这一变更以及变更的原因；当非金融资产的最佳用途与其当前用途不同时，企业应当披露这一事实及其原因
SFAS 157	报告日的公允价值计量；按不同的层次区分列示公允价值计量整体落入的公允价值层次；计量公允价值使用的估价技术和技术发生变化的讨论；（第三层级）还需披露期间利得或者损失（实现和未实现的）、购买销售发行以及结算（净值）、内外的转移；报告日仍持有的资产或承担的负债因公允价值计量所产生的未实现利得和损失的金额，并描述它们在损益表中列报的具体位置	报告日公允价值计量以及原因；按不同的层次来区分列示公允价值计量整体落入的公允价值层次；（第三层级）关于输入值的描述以及形成输入值的信息；计量公允价值的估价技术和在以前期间中计量类似资产和（或）负债的估价技术变化的讨论
IFRS 13	报告期末的公允价值计量及原因；公允价值计量整体被划入的公允价值层次；持续以公允价值计量的，公允价值层次中所有第一层次与第二层次之间转移的金额、转移的原因，以及主体确定层次之间何时发生转移的政策；对第二层次和第三层次，说明计量使用的估值技术和输入值；对第三层次的持续公允价值计量，期初余额与期末余额之间的调节；对第三层次的持续公允价值计量，与报告期末持有的资产和负债相关的未实现利得或损失变动引起的当期利得或损失总额；对第三层次，描述主体估值流程；如果非金融资产的最高效和最佳使用与其当期用途不同，主体应当披露这一事实	

三、三个层级公允价值与信息价值相关性研究的文献回顾与研究假设

一般认为，三个层级获取的公允价值信息，可靠性由第一层级向下逐级下降，这可能会直接影响公允价值信息的价值相关性，特别是第三层级的公允价值信息。黄世忠（2007）指出，第二层级的公允价值信息能够随时可靠获取，信息

可靠性低于历史成本，但是，第三层级公允价值信息则依赖于在估值模型中大量运用假设并对资产和负债的未来现金流量进行预测，可靠性低于历史成本。

（一）国外实证文献简要回顾

公允价值会计开始在北美运行时，Barth（1994）、Petroni 和 Wahlen（1995）等学者就针对不同可靠性的公允价值信息的差异展开研究。他们发现，权益投资和美国国债投资的公允价值信息有助于解释股票价格，但不能可靠获取市场价格的公司债券和市政债券的公允价值信息则不具有相关性。

2008 年金融危机爆发后，公允价值不同层级信息在可靠性方面的差异，使低层级公允价值信息的价值受到更广泛的关注，但是经验研究的结论并不完全一致，重点是对第二层级和第三层级公允价值信息是否具有价值相关性及是否具有系统性差异存在不同观点。Goh 等（2015）的研究表明，市场参与者认为第一层级的净资产比第二层级更具有价值，而第二与第三层级净资产的价值并没有显著区别。相反，Song 等（2010）以美国 431 家银行 2008 年的季报为样本，通过实证研究发现，按照第一层级和第二层级披露的公允价值的价值相关性大于按照第三层级披露的公允价值的价值相关性，经过验证得出的结果是稳健的。Song 等（2010）的实证研究也发现，公允价值资产或负债的三个层级都与股价密切相关，但是第三层级的显著性略低于第一、第二层级，而且，公司治理有助于提升第三层次公允价值的价值相关性。因此，良好的公司治理有助于提升信息使用者对公司采用第三层级获取公允价值的可靠性的信任感。Kaya（2013）通过大量分析文献和相关研究结果，认为第二层级和第三层级计量具有主观性，而且公众缺乏对不可观察输入值的控制性，这将会危及整个金融行业体系，而且这种做法将导致输入层级结构的完整性产生严重的问题。在流动性不足的市场上，假设情况的参与、不可观察输入值的非透明性会导致忽视会计的本质，特别是第三层级下估值的资产和负债，完全依赖于企业自身的假设。Steven 等（2013）认为公允价值在财务报表中的使用相当于管理层在报告程序中嵌入对未来的假设。对第三层级更是如此，因为第三层级更多地依赖于未来现金流贴现模型，而且公允价值披露在实践中没有进行充分严格的审核，因此对于投资者来说第三层级披露的信息不那么可信。在案例中，母公司对子公司的股份进行收购，由开始的 23%持股变为 52%的绝对控股，但是通过对子公司 2008 年和 2009 年年报的分析，发现在该子公司公允价值层级数量的披露中，第三层级所占的比例几乎是第一层级的三倍，由于第三层级披露的非透明性最高，这并不利于投资者了解公司财务情况。笔者认为，只有公允价值层级披露能够被有效地审计时，第三层级信息才对投资者有用。然而案例证明，在实践中公允价值信息披露并没有被严格地审计，因此笔者认为要解决这个问题，需要更严格的审查和更标准的模型。通过所分析的案例可以发现，当下的模型对其并不适用，所以可能需要公众公司会计监督委员会（Public Company Accounting Oversight Board，PCAOB）通过专门的会议来讨论并规定标准和模型来解决这些问题。

（二）国内相关文献

总体上，近年来区分层级信息实证研究我国公允价值信息价值相关性的文献逐渐增多，并逐渐由纯粹关心第一层级信息转向比较研究三个层级信息的价值相关性差异。白默和刘志远（2011）以 2007~2009 年详细披露公允价值变动损益信息的上市公司为样本，研究发现第一层级计量的公允价值盈余占总盈余比重与盈余信息对股价的解释能力具有显著正相关关系。邵莉和吴俊英（2012）以深圳证券交易所和上海证券交易所上市的 A 股金融机构 2007~2010 年的年度报表相关数据作为研究对象，采用费森-奥尔森估值模型，实证结果发现，公允价值按层级披露有助于提高企业股价，而且该价值相关性随层级不确定性的升高而递减，其中，第一层级公允价值资产比第二层级公允价值资产更具增量价值，第三层级公允价值资产及公允价值负债的三个层级均未呈现显著的价值相关性。邓永勤和康丽丽（2015）以 2007~2013 年披露公允价值层次信息的我国金融行业上市公司为样本，研究发现公允价值层次信息整体上具有价值相关性，并且第一、第二、第三层级分别计量的公允价值资产的价值相关性逐渐降低，但第一、第二、第三层级分别计量的公允价值负债的价值相关性没有显著差异。

（三）文献述评和研究假设

公允价值计量结果所属的层次取决于对公允价值计量整体具有重要意义的最低层次的输入值，进而按照规定的标准，披露公允价值计量所使用的估值技术、输入值、估值流程等信息。整个过程向财务信息使用者清晰地展示了企业如何获得公允价值计量结果，理论上，应该可以尽可能降低公允价值估计的主观性，提高公允价值计量信息的相关性和如实反映性。因此，理想结果上，公允价值层次信息能够反映资产和负债的真实价值，提高会计信息的质量，有助于财务信息使用者为证券定价做出合理的投资决策。

但是，根据国内外已有研究成果可知，不同层级计量的公允价值信息，是否具有价值相关性、价值相关性的程度，都具有显著差异。研究结果普遍表明，第一、第二、第三层级分别计量的公允价值资产及其盈余信息，价值相关性逐渐降低，但是，第三层级公允价值资产或盈余信息是否具有价值相关性、各个层级负债公允价值信息是否具有价值相关性，国内外文献研究结论也存在一些差异。

笔者认为，造成上述结果的原因，最根本在于公允价值信息的可靠性，第

一、第二、第三层级公允价值信息可靠性逐渐下降，可能导致第二层级和第三层级公允价值信息价值相关性显著下降，甚至丧失价值相关性，但是，可靠性应该不是唯一的原因，否则有的研究文献得出负债三个层级公允价值信息都不具有价值相关性的结论将不能得到合理解释（邓永勤和康丽丽，2015）。笔者认为，规模也是影响公允价值信息可靠性的重要因素。在我国，公允价值计量的负债规模显著低于公允价值计量的资产，因此，其价值相关性的显著性更低，甚至可能丧失价值相关性。

我国的上市公司中，金融行业持有的公允价值金融资产和金融负债占上市公司持有总规模的绝大部分，从相对比例来看，金融行业公允价值金融资产和金融负债分别占总资产和总负债的比例也远高于其他行业上市公司，而且，金融行业与其他行业具有显著差异，大量的实证研究普遍将金融行业整体剔除，或者说，金融行业与其他行业的数据不适合作为一个样本数据进行实证检验。因此，研究公允价值层次信息价值相关性差异，非常有必要单独针对金融行业上市公司展开研究。邓永勤和康丽丽（2015）在这方面做了有益的尝试，但是，他们的研究仍然有进一步拓展的空间。

首先，正如前面章节提到的，金融行业内部各个子行业，包括证券、银行、保险等，持有的公允价值计量的金融资产和金融负债的类型具有显著差异，银行以持有价格稳定的债券为主，证券、保险行业却持有较多价格波动强的股票、基金，并且，股票市场牛、熊走势会影响证券、保险行业持有股票或基金的规模，如果不加区分地对整个金融行业上市公司公允价值信息价值相关性进行研究，将不能发现不同子行业是否存在显著差异，也就不能正确评估金融行业上市公司执行公允价值会计政策的效果。其次，通过下面章节对样本数据进行的详细分析可以发现，邓永勤和康丽丽（2015）的研究样本可能存在重要的遗漏，本节通过对这些上市公司年报附注信息进行详细收集整理，发现相同的2007~2013年，获得的研究样本显著高于他们的研究样本，这可能影响到邓永勤和康丽丽（2015）的研究结论的可靠性。最后，邓永勤和康丽丽（2015）只研究公允价值计量的资产和负债对股票价格的解释能力，没有研究公允价值计量的资产和负债所产生的收益对股票报酬的解释能力。研究会计信息价值相关性，将价格模型和收益模型两者相结合，显然得出的研究结论是更加可靠的。

基于以上几点，本节继续对三个层级公允价值信息价值相关性进行实证研究，并提出如下研究假设。

假设 5-5： 以公允价值计量的金融资产具有价值相关性。

假设 5-6： 三个层级公允价值计量的金融资产的价值相关性逐级递减。

假设 5-7： 三个层级公允价值计量的金融负债的价值相关性逐级递减。

假设 5-8： 三个层级公允价值计量的金融资产的价值相关性具有行业差异性。

四、金融行业上市公司三个层级公允价值附注信息披露分析

本节研究选取的国内金融机构上市公司共46家（其中，商业银行16家，证券公司19家，保险公司4家，其他金融机构7家）。根据财务报表附注，手工收集整理获取这些公司 2007~2013 年公允价值三个层级相关的定性和定量披露信息；其他数据信息从 CSMAR 获取。分析应用情况时按行业的不同进行分析，得出主要原因有三点：①我国金融行业实行分业经营，不同行业公司的规模、业务、经营特点等差异明显；②它们持有的金融资产和金融负债的类别，也具有明显差异；③执行会计准则披露要求的年份也有区别。

（一）银行

1. 三个层级定性披露情况

根据年报数据比对，16 家商业银行开始披露三个层级公允价值信息的年份并不一致，如表 5-13 所示。

表 5-13　开始进行三个层级公允价值计量信息披露的年份分布

开始年份	机构名称	占总数的比例	累计披露率
2007	北京银行 交通银行	12.5%	12.5%
2008	平安银行 华夏银行	12.5%	25.0%
2009	宁波银行 中国民生银行 中国银行 中国农业银行 浦发银行 兴业银行	37.5%	62.5%
2010	招商银行 中国光大银行 中信银行 中国工商银行 南京银行 中国建设银行	37.5%	100%

对不同银行年报附注相关信息进行横向比较可知：①大部分银行从 2009 年和 2010 年年报开始披露三个层级公允价值信息，这同财政部发布的《中国企业会计准则与国际财务报告准则持续趋同路线图》和《财政部关于执行企业会计准则的上市公司和非上市企业做好 2010 年年报工作的通知》相关文件里要求的时间相对应。②2010 年之后，所有银行对公允价值层级计量的相关数据进行披露，但是在大多数银行中并没有明确三个层级公允价值的具体应用对象，这也是因为我国在 2014 年之前对相关信息并没有提出严格具体的披露要求。③在各银行刚开始披露的年份，大部分银行对层级划分的依据、定义的理解和运用都存在差异，披露的方式也非常不统一。例如，招商银行层级划分的依据是“计量公允价值时所使用的输入变量的重要性”；中信银行并未披露层级划分的依据，也未对每一层级进行解释；浦发银行层级划分的依据是“按照在公允价值计量中对计量整体具有重大意义的最低层级的输入值”；宁波银行并未披露层级划分的依

据，对第一层级的定义为“公开市场价格”，第二层级为“估值技术——可观察到的市场变量”，第三层级为“估值技术——不可观察到的市场变量”；华夏银行层级划分的依据是“公允价值的可取得程度”，这些定义的差异很可能造成了投资者的理解错误。

对同一个银行不同时期的报表纵向比较可以发现另一个规律：在 2009 年年报中对三个层级定义进行分析描述的只占25%，另外75%的银行虽然有在以前年度的报表中披露相关数据，但是并没有详细说明相关层级的划分依据，随着年份的增长，大部分银行对公允价值披露的基本信息进行了描述，只有少部分，如中信银行等仍未进行披露，这也说明我国金融机构上市公司对公允价值会计的应用越来越重视，越来越规范。

2. 不同层级分布比重

2012 年 5 月 17 日财政部发布《企业会计准则第×号——公允价值计量（征求意见稿）》后，公允价值会计在日常财务计量中使用的频率越来越高。我国金融机构上市公司对公允价值层级的披露也更加详细，为了横向比较不同银行之间三个层级金融资产和负债的分布，本节对 2013 年各银行的报表进行比较分析。通过表 5-14 的归纳可以发现：①各银行所持有的金融资产和负债大部分分布在第二层级和第三层级，可能原因是我国仍是发展中国家，会计准则不够完善，市场不够成熟，获得可观察的输入值和市场公允价格有一定难度。②比较金融资产和负债总额可以发现，16 家商业银行所持有的金融负债远小于金融资产，因此下面着重研究金融资产。

表 5-14　2013 年商业银行所持有的金融资产和负债在三个层级的数量分布

统计量	银行名称	金融工具总额/元	第一层级比重	第二层级比重	第三层级比重
金融资产总额	平安银行	20 000 000 000	0.54%	99.41%	0.06%
	宁波银行	98 727 818 000	0.01%	99.99%	0.00
	浦发银行	191 166 000 000	0.00	97.38%	2.62%
	华夏银行	74 364 000 000	0.00	100.00%	0.00
	中国民生银行	135 635 000 000	0.29%	99.63%	0.09%
	招商银行	318 413 000 000	8.86%	91.08%	0.07%
	南京银行	48 916 774 000	0.00	99.33%	0.67%
	兴业银行	332 390 000 000	0.07%	76.22%	23.71%
	北京银行	109 741 900 000	0.00	100.00%	0.00
	中国农业银行	1 112 138 000 000	0.75%	80.22%	19.02%
	交通银行	293 707 000 000	10.41%	89.52%	0.07%
	中国工商银行	1 397 575 000 000	5.63%	84.01%	10.36%
	中国光大银行	126 209 000 000	0.00	99.75%	0.25%

续表

统计量	银行名称	金融工具总额/元	第一层级比重	第二层级比重	第三层级比重
金融资产总额	中国建设银行	1 141 824 000 000	3.97%	94.73%	1.30%
	中国银行	817 219 000 000	9.87%	86.23%	3.90%
	中信银行	180 816 015 000	0.01%	99.79%	0.20%
金融负债总额	平安银行	2 914 000 000	0.00	100.00%	0.00
	宁波银行	7 228 839 000	0.00	100.00%	0.00
	浦发银行	3 853 000 000	0.00	100.00%	0.00
	华夏银行	545 000 000	0.00	100.00%	0.00
	中国民生银行	1 883 000 000	0.00	100.00%	0.00
	招商银行	30 126 000 000	0.32%	82.11%	17.58%
	南京银行	414 749 000	0.00	100.00%	0.00
	兴业银行	8 080 000 000	0.00	100.00%	0.00
	北京银行	103 872 000	0.00	100.00%	0.00
	中国农业银行	313 894 000 000	0.00	100.00%	0.00
	交通银行	28 640 000 000	4.06%	95.94%	0.00
	中国工商银行	572 775 000 000	0.00	100.00%	0.00
	中国光大银行	129 639 000 000	0.00	3.00%	97.00%
	中国建设银行	400 252 000 000	0.00	99.11%	0.89%
	中国银行	200 391 000 000	3.82%	96.18%	0.00
	中信银行	6 853 000 000	0.00	99.75%	0.25%

注：表中数字之和不等于 100%是因为进行了四舍五入

（二）证券、保险行业

由于保险行业和证券行业上市公司数量较少，保险和证券公司中只有 15 家进行了相关披露，而且这两个行业所持有的金融资产多为股票债券，具有相似性。因此，本节将保险和证券行业上市公司一起进行比较分析。我国证券行业发展较慢，大部分证券公司 2009 年后才上市，从时间上看，对三个层级公允价值信息的披露也从 2009 年后开始，这些公司的披露情况如表 5-15 所示。

表 5-15　证券和保险公司开始披露公允价值层级信息年份

开始年份	机构名称	占总数的比例	累计披露率
至 2013 年底未披露	东北证券 国金证券 太平洋证券 国元证券 东吴证券 国海证券 西部证券 西南证券	34.78%	
2009	中国平安	4.35%	4.35%
2010	广发证券 中国太保 中信证券 中国人寿	17.39%	21.74%
2011	山西证券 兴业证券 招商证券 新华保险 海通证券	21.74%	43.48%
2012	方正证券	4.35%	47.83%
2013	光大证券 华泰证券 长江证券 宏源证券	17.39%	65.22%

对不同公司的横向比较可以发现这类公司的披露存在一定的缺陷：①大部分公司在2010后的年报中自愿开始披露三个层级公允价值信息，而且在11家已经披露相关信息的证券公司的年报中，均未涉及非以公允价值计量的金融工具的相关公允价值信息。②在2013年年报披露后，仍有8家证券公司未披露相关信息，这也可以折射出我国证券市场投资者和公司管理层并未认识到公允价值层级计量信息披露的必要性，没有遵循我国会计准则，也没有做到同国际会计准则的趋同。③以中信证券2013年年报为例，可以发现年报中只简单介绍了公允价值披露的原则，对相应的估值技术和不可观察的输入值来源并未提及，也未说明每个层级的具体应用对象和各个层级转换的时点、原因。

大部分公司披露的金融负债金额很小，因此主要研究金融资产的披露。表5-16主要分析了不同公司在2013年年报中对公允价值层级进行的披露，可以发现：①证券公司和保险公司所披露的以公允价值计量的金融资产主要分布在第一层级和第二层级，第三层级涉及较少；②比较证券公司和保险公司年报，保险公司对公允价值层级计量的描述更全面，披露的信息更符合准则要求，如中国平安就详细披露了第二层级和第三层级的估值方法及依据。

表5-16　2013年证券和保险公司所持有的金融资产在三个层级的数量分布

公司名称	资产总额/元	第一层级比重	第二层级比重	第三层级比重
方正证券	6 327 190 441	98.06%	1.94%	0.00
光大证券	10 228 246 310	62.41%	37.50%	0.09%
广发证券	44 074 661 661	51.50%	43.16%	5.34%
海通证券	54 637 859 800	64.65%	34.84%	0.50%
宏源证券	8 779 149 268	49.98%	39.63%	10.39%
华泰证券	26 565 173 297	45.64%	52.66%	1.69%
山西证券	2 573 009 263	55.53%	42.13%	2.33%
兴业证券	19 274 936 165	75.95%	24.05%	0.00
长江证券	10 090 875 734	54.88%	39.08%	6.03%
招商证券	21 416 729 878	34.77%	61.44%	3.80%
中信证券	101 740 561 947	98.06%	1.94%	0.00
中国平安	264 461 000 000	56.44%	42.26%	1.30%
新华保险	130 334 000 000	26.32%	46.26%	27.42%
中国太保	180 415 000 000	47.19%	49.19%	3.62%
中国人寿	525 711 000 000	34.40%	62.95%	2.64%

注：表中数字之和不等于100%是因为进行了四舍五入

（三）其他行业

除了商业银行、证券公司、保险公司，其他金融机构［包括陕国投A（股票代码 000563］、中航资本、安信信托等）对以公允价值计量的金融资产披露信息较少，因此不再单独分析。

（四）对披露质量的评价

同证券业和保险业等其他金融机构相比较，商业银行不仅对以公允价值计量的金融工具进行了披露，也对非以公允价值计量的金融工具的公允价值和账面价值进行了披露。尤其在 2013 年年报中，对非以公允价值计量的金融工具，几乎所有银行都进行了三个层级披露分析，这说明银行业相较于其他金融机构更重视对公允价值信息的披露和使用。

在对商业银行的分析中也可以发现以下不足：①各银行的披露质量存在明显差异，如中国银行是商业银行中披露较规范的银行，对各层级的定义、具体应用的对象、估值技术所使用参数的来源都进行了说明，而中信银行只披露了相关层级的数额，对每一层级的解释和划分依据都没有进行披露。②各银行对公允价值层级的理解存在明显差异，披露时也没有达到准则所要求的标准。例如，对比 CAS 39 的披露要求可以发现，中国银行对三个层级的披露是不够完善的，准则中所要求的“确定各层次之间转换时点的政策”“对于第二层次的公允价值计量所使用的估值技术和输入值的描述性信息”，在年报中难以找到这些相关信息。

五、实证分析

目前实证研究价值相关性的主流模型为 Ohlson（1995）提出的剩余收益估价模型。Kothari 和 Zimmerman（1995）认为可以使用价格模型检验会计信息的价值相关性，因为价格模型有助于检验会计数据能否解释股票价格的截面差异。

（1）价格模型。

$$P_{it}=\alpha_0+\alpha_1\text{FVPS}_{it}+\alpha_2\text{NBVPS}_{it}+\varepsilon \tag{5-5}$$

$$\begin{aligned}P_{it}=&\alpha_0+\alpha_1\text{FVPS}_{it}+\alpha_2\text{NBVPS}_{it}+\alpha_3\text{FVPS}_{it}\bullet\text{INDUSTRY}\\&+\alpha_4\text{NBVPS}_{it}\bullet\text{INDUSTRY}+\varepsilon\end{aligned} \tag{5-6}$$

$$\begin{aligned}P_{it}=&\alpha_0+\alpha_1\text{FVA1\_PS}_{it}+\alpha_2\text{FVA2\_PS}_{it}+\alpha_3\text{FVA3\_PS}_{it}\\&+\alpha_4\text{FVL12\_PS}_{it}+\alpha_5\text{FVL3}_{it}\text{\_PS}+\alpha_6\text{NBVPS}_{it}+\varepsilon\end{aligned} \tag{5-7}$$

$$\begin{aligned}P_{it}=&\alpha_0+\alpha_1\text{FVA1\_PS}_{it}+\alpha_2\text{FVA2\_PS}_{it}+\alpha_3\text{FVA3\_PS}_{it}\\&+\alpha_4\text{FVL12\_PS}_{it}+\alpha_5\text{FVL3\_PS}_{it}+\alpha_6\text{NBVPS}_{it}\\&+\alpha_7\text{FVA1\_PS}_{it}\bullet\text{INDUSTRY}+\alpha_8\text{FVA2\_PS}_{it}\bullet\text{INDUSTRY}\\&+\alpha_9\text{FVA3\_PS}_{it}\bullet\text{INDUSTRY}+\alpha_{10}\text{FVL12\_PS}_{it}\bullet\text{INDUSTRY}\\&+\alpha_{11}\text{FVL3\_PS}_{it}\bullet\text{INDUSTRY}+\varepsilon\end{aligned} \tag{5-8}$$

（2）收益模型。

$$\mathrm{RET}_{it}=\gamma_0+\gamma_1\mathrm{FVPS}_{it}/P_{i,t-1}+\gamma_2\mathrm{NBVPS}_{it}/P_{i,t-1}+\varepsilon \tag{5-9}$$

$$\begin{aligned}\mathrm{RET}_{it}=&\gamma_0+\gamma_1\mathrm{FVPS}_{it}/P_{i,t-1}+\gamma_2\mathrm{NBVPS}_{it}/P_{i,t-1}\\&+\gamma_3\mathrm{FVPS}_{it}/P_{i,t-1}\bullet\mathrm{INDUSTRY}\\&+\gamma_4\mathrm{NBVPS}_{it}/P_{i,t-1}\bullet\mathrm{INDUSTRY}+\varepsilon\end{aligned} \tag{5-10}$$

$$\begin{aligned}\mathrm{RET}_{it}=&\gamma_0+\gamma_1\mathrm{FVA1\_PS}_{it}/P_{i,t-1}+\gamma_2\mathrm{FVA2\_PS}_{it}/P_{i,t-1}\\&+\gamma_3\mathrm{FVA3\_PS}_{it}/P_{i,t-1}+\gamma_4\mathrm{FVL12\_PS}_{it}/P_{i,t-1}\\&+\gamma_5\mathrm{FVL3\_PS}_{it}/P_{i,t-1}+\gamma_6\mathrm{NBVPS}_{it}/P_{i,t-1}+\varepsilon\end{aligned} \tag{5-11}$$

$$\begin{aligned}\mathrm{RET}_{it}=&\gamma_0+\gamma_1\mathrm{FVA1\_PS}_{it}/P_{i,t-1}+\gamma_2\mathrm{FVA2\_PS}_{it}/P_{i,t-1}\\&+\gamma_3\mathrm{FVA3\_PS}_{it}/P_{i,t-1}+\gamma_4\mathrm{FVL12\_PS}_{it}/P_{i,t-1}\\&+\gamma_5\mathrm{FVL3\_PS}_{it}/P_{i,t-1}+\gamma_6\mathrm{NBVPS}_{it}/P_{i,t-1}\\&+\gamma_7\mathrm{FVA1\_PS}_{it}/P_{i,t-1}\bullet\mathrm{INDUSTRY}\\&+\gamma_8\mathrm{FVA2\_PS}_{it}/P_{i,t-1}\bullet\mathrm{INDUSTRY}\\&+\gamma_9\mathrm{FVA3\_PS}_{it}/P_{i,t-1}\bullet\mathrm{INDUSTRY}\\&+\gamma_{10}\mathrm{FVL12\_PS}_{it}/P_{i,t-1}\bullet\mathrm{INDUSTRY}\\&+\gamma_{11}\mathrm{FVL3\_PS}_{it}/P_{i,t-1}\bullet\mathrm{INDUSTRY}+\varepsilon\end{aligned} \tag{5-12}$$

其中，各变量的计算方法如表 5-17 所示。

表 5-17　研究变量一览表

变量	变量含义	变量计算及说明
P	股票价格	采用上市公司 t 年年报公布后第一个交易日的股票价格收盘价，大部分即为报告公布当日的价格，当日没有进行交易的为下一个交易日的价格
RET	个股年度超常报酬	采用上市公司 t 年 5 月到 t+1 年 4 月经过市场调整的以月度计算的个股年度报酬。$\mathrm{RET}_{it}=\prod(1+R_i)-\prod(1+R_m)$。其中，$R_i$ 表示考虑现金红利再投资的月个股回报率，R_m 表示月度市场回报率；i 表示不同公司，t 表示不同时间
FVA_PS	以公允价值计量的层级每股资产	每层级资产总值除以在外发行普通股股数
FVL_PS	以公允价值计量的层级每股负债	每层级负债总值除以在外发行普通股股数
FVL12_PS	每股以第一、第二层级公允价值计量的负债之和	
FVPS	以公允价值进行后续计量的每股净资产	交易性金融资产加衍生金融资产加可供出售金融资产加上市公司中以公允价值模式进行后续计量的投资性房地产减交易性金融负债减衍生金融负债，得出以公允价值后续计量的净资产金额，除以在外发行普通股股数
NBVPS	不以公允价值进行后续计量的每股净资产	“每股净资产”减去每股以公允价值计量的净资产
INDUSTRY	行业虚拟变量	银行业赋值 1，证券、保险等行业赋值 0

（一）描述性统计

表5-18列示了137家样本公司公允价值资产、负债相对于总资产和总负债规模的描述性统计结果。公允价值资产占总资产比重的均值为 14.73%，其中第二层级资产比重最大，占总资产的 8.56%，第一层级资产占总资产的 5.86%；公允价值负债占总负债比重的均值为 0.60%，其中第二层级负债占总负债的比重最大，为 0.41%，高于第三和第一层级。这一结果说明采用相似资产或负债在活跃市场的报价作为公允价值计量基础，在我国已经非常普遍，结合表5-19，可知银行公允价值第二层级资产占银行公允价值资产绝大部分，是整个金融行业第二层级资产占主流的主要原因。

表 5-18　公允价值三个层级计量的资产或负债的比重

变量	观测数	平均	标准差	最小值	最大值
FVA_TA	137	14.73%	11.84%	0.76%	47.32%
FVA1_TA	137	5.86%	8.03%	0.00	31.91%
FVA2_TA	137	8.56%	5.74%	0.00	26.47%
FVA3_TA	137	0.31%	0.80%	0.00	6.32%
FVL_TL	137	0.60%	1.40%	0.00	1.17%
FVL1_TL	137	0.05%	0.17%	0.00	1.17%
FVL2_TL	137	0.41%	1.23%	0.00	10.77%
FVL3_TL	137	0.14%	0.65%	0.00	5.59%

注：TA 和 TL 分别代表的是总资产和总负债。表中各个变量反映的是公允价值计量的资产、负债分别占总资产或总负债的比重

表 5-19　银行上市公司以公允价值计量的资产和负债在层级内的相对分布

变量	观测数	平均	标准差	最小值	最大值
FVA1	86	6.16%	14.33%	0.00	84.29%
FVA2	86	92.03%	14.81%	15.70%	100.00%
FVA3	86	1.82%	47.60%	0.00	25.79%
FVL1	86	5.00%	16.74%	0.00	92.93%
FVL2	86	79.98%	34.10%	0.00	100.00%
FVL3	86	12.66%	28.50%	0.00	98.15%

表 5-19 列示了 86 家银行业上市公司公允价值资产、负债相对规模的描述性统计结果。公允价值资产在三个层级的分布具有差异性，第二层级公允价值资产

平均占总的公允价值资产的 92.03%，远大于第一、第三层级。公允价值负债的分布和资产的分布类似，主要集中在第二层级。表 5-20 列示了 51 家证券行业和保险行业上市公司公允价值资产、负债相对规模的描述性统计结果。公允价值资产在三个层级的分布呈递减型，分别为 54.79%、43.09%、2.12%，而且第一、第二层级资产金额远大于第三层级。公允价值负债的分布也和资产的分布类似，主要集中在第一、第二层级，分别占 44.80%和 55.19%。通过比较表 5-19 和表 5-20 可以发现，银行业和证券、保险业所持有的公允价值资产的分布比重并不一样，这也体现出不同行业对资产的持有和风险的衡量具有差异性。

表 5-20 证券和保险行业上市公司以公允价值计量的资产和负债在层级内的相对分布

变量	观测数	平均	标准差	最小值	最大值
FVA1	51	54.79%	18.80%	26.32%	100.00%
FVA2	51	43.09%	18.12%	0.00	67.84%
FVA3	51	2.12%	4.25%	0.00	27.42%
FVL1	51	44.80%	47.17%	0.00	100.00%
FVL2	51	55.19%	47.16%	0.00	100.00%
FVL3	51	0.003 8%	0.021 0%	0.00	0.11%

表 5-21 列示不同类型的资产在三个层级的分布情况，可以看出可供出售金融资产主要分布在第二层级，占可供出售金融资产总额的 74.03%，其次有 23.90%分布在第一层级，只有占很低比重的分布在第三层级。交易性金融资产和衍生金融资产的分布类似于可供出售金融资产的分布。

表 5-21 不同资产类型的公允价值层级变量分布

资产类型	可供出售金融资产		衍生金融资产		交易性金融资产	
	观测数	平均	观测数	平均	观测数	平均
第一层级	137	23.90%	137	10.37%	137	29.45%
第二层级	137	74.03%	137	63.62%	137	64.12%
第三层级	137	2.07%	137	4.12%	137	3.51%

表 5-22 中为以价格模型为主要变量的简单统计量。从表 5-22 可以看出，在金融行业中，以公允价值进行后续计量的每股净资产大于不以公允价值进行后续计量的每股净资产，且 NBVPS 均值为负，这说明从平均水平来看，以公允价值进行后续计量的每股净资产大于公司总的每股净资产。因此，样本公司执行公允价值层级计量后，对资产负债表和利润表都有较大的影响。

表 5-22　价格模型相关变量的描述性统计

变量	观测数	平均	标准差	最小值	最大值
P	137	12.960 8	9.450 4	2.400 0	49.990 0
FVA1_PS	137	2.271 5	3.866 5	0	18.857 1
FVA2_PS	137	6.970 4	6.725 3	0	34.232 6
FVA3_PS	137	0.234 6	1.106 6	0	11.455 1
FVL12_PS	137	0.225 1	0.423 4	0	2.506 7
FVL3_PS	137	0.064 5	0.293 8	0	2.730 5
FVPS	137	9.247 8	9.124 0	0.231 1	42.528 7
NBVPS	137	−2.601 9	6.552 1	−29.664 4	10.963 5

（二）回归检验

本节运用 Stata 软件进行回归，采用固定效应回归的方法，用价格模型和收益模型对公允价值资产分别进行回归检验。为了消除异常值影响，得到较稳健可靠的实证结果，本节对回归模型中所有的变量均按照 1%的比例进行了 winsorize 处理，同时加入年度和行业虚拟变量，使用固定效应回归对企业进行控制，相当于控制年度和企业两方面。

1. 价格模型

首先本节对模型（5-5）在不考虑行业因素的情况下进行回归，回归结果如表 5-23 所示，然后再加上行业虚拟变量，对模型（5-6）进行回归，回归结果见表 5-24。从表 5-23 和表 5-24 价格模型回归结果来看，以公允价值进行后续计量的每股净资产系数分别为 1.629 6 和 2.088 9，均在 1%的水平上显著相关，说明公允价值计量的每股净资产对股价有显著解释力；不以公允价值进行后续计量的每股净资产系数分别为 1.317 6 和 1.908 8，均小于以公允价值进行后续计量的每股净资产的系数，而且经过 t 检验，1.629 6 显著大于 1.317 6［F（1，128）= 18.17，Prob>F=0.000 0］，说明公允价值价值相关性强于历史成本，支持研究假设 5-5。从表 5-24 的交叉变量还可以看出，相对于证券、保险，银行的公允价值净资产和非公允价值净资产的价值相关性都明显更低，支持研究假设 5-8。

表 5-23　公允价值净资产和非公允价值净资产回归结果

变量	系数	标准差	t	P
FVPS	1.629 6	0.144 8	11.25	0.000***
NBVPS	1.317 6	0.208 1	6.33	0.000***
_CONS	1.340 3	0.948 7	1.41	0.160
可调整的 R^2		0.697 4		
N		137		
F		8		

***表示在 1%的水平上显著

表 5-24　公允价值净资产和非公允价值净资产回归结果（加入行业虚拟变量）

变量	系数	标准差	t	P
FVPS	2.088 9	0.131 0	15.94	0.000***
NBVPS	1.908 8	0.197 3	9.67	0.000***
FVPS•INDUSTRY	−0.815 1	0.113 1	−7.21	0.000
NBVPS•INDUSTRY	−0.797 9	0.209 8	−3.80	0.000
_CONS	1.736 2	0.749 0	2.32	0.022
可调整的 R^2		0.815 1		
N		137		
F		138.82		

***表示在 1%的水平上显著

由于公允价值负债样本数据偏少，将每股以第一、第二层级公允价值计量的负债合并计算，引入变量 FVL12_PS。表 5-25 显示在不考虑行业因素的情况下，根据模型（5-7）对各层次公允价值资产和负债进行回归的结果；表 5-26 显示根据模型（5-8），在加入行业虚拟变量后对各层次公允价值资产和负债进行回归的结果。从表 5-25 价格模型回归结果来看，以公允价值计量的第一层级资产（FVA1_PS）和以公允价值计量的第二层级资产（FVA2_PS）的系数分别为 2.237 3 和 1.456 3，均在 1%的水平下表现出显著相关性，而且经过 t 检验，发现 2.237 3 显著大于 1.456 3［F（1，124）=27.77，Prob>F=0.000 0］，说明第一层级公允价值价值相关性强于第二层级。以公允价值计量的第三层级资产（FVA3_PS）的 P 值为 0.355，其回归系数不显著，表明第三层级公允价值资产不具有价值相关性，支持假设 5-6。以公允价值计量的三个层级负债回归系数均不显著，该回归结果与邓永勤和康丽丽（2015）的报告结果存在差异，主要是因为其实证样本忽略了占比较多的证券业上市公司，忽略了金融行业内子行业的差异，其结果虽然均显著，但并不能代表所有金融行业上市公司。邓永勤和康丽丽（2015）同样采用 2007~2013 年金融行业上市公司为样本，但他们仅获得 115 个样本，其中，银行业 84 个样本，保险业 18 个样本，其他仅 13 个。本节样本共 137 个，包括 86 个银行业样本和 51 个证券保险业样本，与邓永勤和康丽丽（2015）相比，本节证券业上市公司的样本更齐全。

表 5-25　各层次公允价值资产和负债回归结果

变量	系数	标准差	t	P
FVA1_PS	2.237 3	0.170 7	13.10	0.000***
FVA2_PS	1.456 3	0.130 0	11.20	0.000***
FVA3_PS	0.572 9	0.616 4	0.93	0.355
FVL12_PS	−0.950 9	1.010 4	−0.94	0.348
FVL3_PS	−1.613 9	1.893 8	−0.85	0.396

续表

变量	系数	标准差	t	P
NBVPS	1.278 3	0.171 7	7.45	0.000***
_CONS	1.401 0	0.911 1	1.54	0.127
可调整的 R^2		0.782 5		
N		137		
F		74.34		

***表示在 1%的水平上显著

表 5-26 各层次公允价值资产和负债回归结果（加入行业虚拟变量）

变量	系数	标准差	t	P
FVA1_PS	2.416 5	0.277 8	8.70	0.000***
FVA2_PS	1.393 1	0.232 9	5.98	0.000***
FVA3_PS	−0.195 7	0.991 1	−0.20	0.844
FVL12_PS	−3.697 0	2.064 0	−1.79	0.076*
FVL3_PS	−3.356 1	4.233 8	−0.79	0.430
NBVPS	1.235 5	0.178 5	6.92	0.000***
FVA1_PS × INDUSTRY	−1.608 8	0.397 2	−4.05	0.000***
FVA2_PS × INDUSTRY	−0.044 9	0.193 7	−0.23	0.817
FVA3_PS × INDUSTRY	0.996 5	1.172 9	0.85	0.397
FVL12_PS × INDUSTRY	3.424 3	2.243 3	1.53	0.130
FVL3_PS × INDUSTRY	1.454 6	2.973 4	0.49	0.626
_CONS	2.000 4	0.899 8	2.22	0.028
可调整的 R^2		0.825 8		
N		137		
F		51.28		

***、*分别表示在 1%、10%的水平上显著

从表 5-26 的回归结果来看，在加入行业虚拟变量之后，以公允价值计量的第一层级资产（FVA1_PS）和以公允价值计量的第二层级资产（FVA2_PS）的系数分别为 2.416 5 和 1.393 1，均在 1%的水平下表现出显著相关性，而且经过 t 检验，可以发现 2.416 5 显著大于 1.393 1，说明第一层级公允价值价值相关性强于第二层级。以公允价值计量的第三层级资产（FVA3_PS）的 P 为 0.844，其回归系数不显著。以公允价值计量的第一、第二层级负债（FVL12_PS）的系数为−3.697 0，在 10%的水平上表现出了显著相关性，以公允价值计量的第三层级负债（FVL3_PS）的 P 为 0.430，其回归系数不显著，表明第三层级公允价值负债不具有价值相关性。该结果说明，以层级公允价值计量的负债价值的价值相关性，第一、第二层级大于第三层级，部分支持假设 5-7。根据交叉变量回归结果可以进一步发现，表 5-26 中显示的银行业公允价值信息价值相关性显著低于证券保险行业，主要是由公允价值第一层级资产造成的（系数显著为−1.608 8）。

2. 收益模型

根据表 5-27 可以发现，公允价值计量的每股收益和非公允价值计量的每股收益都通过了正向显著性检验，说明它们都对股票报酬具有价值相关性；经过 t 检验，发现两个变量的系数并不存在显著性差异［F（1，118）=1.64，Prob>F=0.202 2］，这与价格模型回归结果并不完全一致，公允价值对股票报酬的解释作用并没有比历史成本更有优势。根据表 5-28，加入行业虚拟变量后，金融行业各个子行业的解释力并不存在显著差异，这与价格模型回归结果也不一致。

表 5-27　公允价值收益和非公允价值收益回归结果

变量	系数	标准差	t	P
FVPS/P_{t-1}	0.157 7	0.051 5	3.07	0.003***
NBVPS/P_{t-1}	0.197 0	0.056 0	3.52	0.001***
_CONS	−0.088 0	0.031 4	−2.80	0.006
可调整的 R^2		0.826 9		
N		127		
F		6.21		

***表示在 1%的水平上显著

表 5-28　公允价值收益和非公允价值收益回归结果（加入行业虚拟变量）

变量	系数	标准差	t	P
FVPS/P_{t-1}	0.289 5	0.120 7	2.40	0.018**
NBVPS/P_{t-1}	0.366 2	0.133 9	2.74	0.007***
FVPS/P_{t-1}×INDUSTRY	−0.076 9	0.065 9	−1.17	0.246
NBVPS/P_{t-1}×INDUSTRY	−0.135 6	0.099 3	−1.36	0.175
_CONS	−0.129 8	0.047 7	−2.72	0.008
可调整的 R^2		0.109 2		
N		127		
F		3.56		

***、**分别表示在 1%、5%的水平上显著

表 5-29 的结果比较出乎意料。可以发现，表 5-27 中公允价值计量的每股收益对股票报酬的显著正相关关系，在表 5-29 中进一步体现为，主要是由第二层级公允价值每股收益产生的，与其他层级计量的资产所产生的收益并不具有价值相关性（要注意包括第一层级）。公允价值负债产生的收益信息也不具有价值相关性。但是，加入行业虚拟变量之后（表 5-30）发现，在三个层级计量的资产和三个层级计量的负债分别所产生的每股收益中，只有第一层级计量的资产产生的每股收益具有显著的价值相关性。

表 5-29 各层次公允价值收益回归结果

变量	系数	标准差	t	P
FVA1_PS/P_{t-1}	0.097 8	0.113 5	0.86	0.390
FVA2_PS/P_{t-1}	0.128 1	0.054 0	2.37	0.019**
FVA3_PS/P_{t-1}	0.248 5	0.211 8	1.17	0.243
FVL12_PS/P_{t-1}	−0.188 0	0.160 0	−1.18	0.242
FVL3_PS/P_{t-1}	−0.266 3	0.174 7	−1.52	0.130
NBVP/P_{t-1}	0.159 9	0.057 4	2.78	0.006***
_CONS	−0.064 9	0.035 8	−1.82	0.072
可调整的 R^2		0.098 1		
N		127		
F		2.07		

***、**分别表示在 1%、5%的水平上显著

表 5-30 各层次公允价值收益回归结果（加入行业虚拟变量）

变量	系数	标准差	t	P
FVA1_PS/P_{t-1}	0.426 5	0.213 8	2.00	0.048**
FVA2_PS/P_{t-1}	0.099 1	0.144 0	0.69	0.492
FVA3_PS/P_{t-1}	−0.375 2	0.290 7	−1.29	0.200
FVL12_PS/P_{t-1}	−0.837 2	1.887 7	−0.44	0.658
FVL3_PS/P_{t-1}	924.322 2	1 774.749 0	0.52	0.604
NBVP/P_{t-1}	0.223 0	0.066 1	3.37	0.001***
FVA1_PS/P • INDUSTRY	−0.302 7	0.244 6	−1.24	0.219
FVA2_PS/P • INDUSTRY	0.097 6	0.133 3	0.73	0.466
FVA3_PS/P • INDUSTRY	0.888 7	0.389 2	2.28	0.024
FVL12_PS/P • INDUSTRY	0.643 5	1.884 5	0.34	0.733
FVL3_PS/P • INDUSTRY	−924.536 7	1 774.752 0	−0.52	0.603
_CONS	−0.117 9	0.041 4	−2.85	0.005
可调整的 R^2		0.144 8		
N		127		
F		1.68		

***、**分别表示在 1%、5%的水平上显著

六、三个层级公允价值与会计信息价值相关性的结论与建议

总体而言，实证研究得出几点结论。第一，公允价值会计信息具有价值相关

性，且公允价值计量的净资产比历史成本计量的净资产对股票价格的解释能力更强，但对股票报酬的解释能力没有显著差异。第二，第一层级计量的公允价值资产比第二层级计量的公允价值资产对股票价格更具有解释能力，第三层级计量的公允价值资产与三个层级计量的公允价值负债对股票价格都不具有解释能力。第三，相对于证券保险行业而言，银行业公允价值计量的净资产，包括三个层级计量的信息，对股票价格的解释能力显著更弱。第四，相对于股票价格，公允价值信息对股票报酬的解释能力更弱，公允价值计量的每股收益与非公允价值计量的每股收益对股票报酬都具有显著解释能力，但是两者之间没有显著差异，证券保险行业和银行业也没有显著差异。第五，不同层级的公允价值每股收益对股票报酬的解释能力不同，总体上，第一层级和第二层级公允价值计量的资产所产生收益的解释能力强于第三层级，第三层级没有显著的解释能力，而第一层级和第二层级的解释能力也很不稳定；三个层级计量的负债所产生的收益均没有显著解释能力。这些研究结论与邓永勤和康丽丽（2015）的结论并不完全一致，是对其研究结论的有益修正和补充。

长期以来，我国一直存在重视表内信息监管，忽视附注等表外信息披露的监管问题。通过以上分析，可以发现，信息披露质量亟待提高。不仅金融行业公允价值信息披露存在问题，金融行业上市公司其他会计信息、其他行业上市公司财务报表附注等表外信息披露也存在不少问题，因此提出以下建议。

（1）准则制定机构应制定信息披露指导框架，以提高包括公允价值层级信息在内的所有附注信息披露的规范性。严格实行会计准则中的公允价值披露要求，保证公允价值信息披露的一致性，然后根据会计准则中提出的披露要求，建立相关的外部监管体系，对其最低标准进行审核，保证不同企业对每个层级估值披露的透明性和可比性，提高公允价值的可靠性，让投资者能够获得更可靠的公允价值信息，降低公允价值对证券市场的不利影响，减少由公允价值计量带来的金融风险。

（2）公允价值计量原则的运用，势必会对公司财务状况、经营成果与会计政策的选择及其变化等方面产生影响。因此不仅应当在外部建立监管体系，还要从公司内部入手，发挥董事会和内部审计的作用。加强会计人员的职业判断能力建设、完善公允价值计量内部控制，规范公允价值的使用和披露，增加公允价值信息的可靠性和相关性。同时，企业应确保财务人员能够及时掌握与公允价值计量非常相关的市场参数变化情况，从而恰当地确定可获取的输入值对公允价值计量整体在公允价值层级中所处层级的影响。这不仅能满足投资者对相关性的要求，还能对管理者了解内部真实的财务情况有很大帮助。

第三节　公允价值会计对金融行业上市公司高管薪酬的影响研究

一、金融行业高管高薪问题普遍存在

金融危机爆发后，金融行业高管天价薪酬的合理性广受关注。Philippon 和 Reshef（2009）研究发现，美国金融业的过度薪酬指数已经超越了1929~1933年大萧条时期的水平，金融行业绩效与高管薪酬相关性很弱。例如，2007 年金融机构利润大幅度下降的同时，华尔街奖金仅仅降低了 2%。王哲兵和韩立岩（2011）研究发现，美国金融机构破产前，CEO 的收入并没有因为公司业绩不佳而有所下降，且高管会通过内部信息，在公司股票价格下跌之前通过行使股票期权等行为获利，这表明美国金融机构激励机制失效。正因为如此，2008 年金融危机爆发后，有学者甚至将金融危机爆发的根本原因归咎于薪酬契约过度使用股权期权等激励手段，诱导金融企业高管过度冒险与逐利行为（Pathan，2009）。虽然 Pathan（2009）有点言过其实，但金融机构极高的薪酬已经引起了民众的不满情绪，欧美各国纷纷颁布金融企业高管限薪令（王哲兵和韩立岩，2011），这也是这些国家对 2009 年的 20 国集团匹兹堡峰会呼吁限制金融行业高管薪酬的回应。

在我国，金融行业高薪同样成为广受关注的问题，导火线是 2008 年 3 月市场曝出平安高管马明哲税前年薪 6 621.1 万元。为了防范金融风险、规范金融企业高管薪酬，我国自 2009 年以来出台了多项政策限制金融机构高管薪酬。2009 年，财政部发布了《财政部关于金融类国有和国有控股企业负责人薪酬管理有关问题的通知》，规范高管薪酬制度。但是，金融行业高管薪酬远高于其他行业的事实并未得到根本性改变。2010 年，我国上市公司金融服务业高管的年度薪酬均值高达 2 582.25 万元，依旧位居所有行业之首，而农林牧渔行业高管薪酬均值仅 240.04 万元（王淑慧和贾婧，2011）。

高管薪酬问题并不在于“薪酬数额之高”，而在于薪酬与公司业绩是否紧密关联（李维安和孙林，2014）。金融企业高管薪酬机制的扭曲及其备受指责的重要原因之一是高管薪酬与业绩敏感性低。王淑慧和贾婧（2011）对我国金融行业上市公司 2007~2009 年高管薪酬进行实证研究，发现高管薪酬与公司绩效间没有明显的相关性，且财务绩效指标对薪酬的影响低于市场绩效的指标，同时，固定薪酬在整体薪酬中仍然占有比较大的比重且相对稳定。邵平等（2008）针对我国金融业上市公司 2000~2005 年的数据进行实证研究，挖掘公司的不同特质对高管薪酬与业绩敏感性关系的影响，发现随着公司规模扩大、负债比率上升、收益波动性增强，金融类上市企业高管薪酬与其业绩之间的敏感性下降。

二、公允价值会计与高管薪酬关系的理论基础和研究假设

设计有效的高管薪酬机制，使经理人目标与股东目标在同一个方向，是降低代理成本的有效机制。由于信息不对称，股东不可能拥有经理活动和投资机会的完全信息，也就不可能基于经理层的努力程度确定薪酬（方军雄，2009）。因此，薪酬与业绩相挂钩成为次优选择（Jensen and Murphy，1990）。现实中，会计基础和市场基础业绩指标在契约设计中的应用得到了学者的普遍关注。会计信息因为噪声小而被中国企业高管薪酬契约大量采用（张金若等，2011）。

西方文献普遍发现上市公司高管薪酬与公司业绩具有显著的正相关关系（Murphy，1985；Lambert and Larcker，1987；Sloan，1993；Core et al.，1999；Leone et al.，2006；Jackson et al.，2008）。我国上市公司于1998年开始披露高管薪酬数据，随即也兴起了该领域的实证研究。但是，早期研究却发现，高管薪酬与公司绩效没有显著关系，相反，高管薪酬更多地由公司规模及所在地区决定（魏刚，2000；李增泉，2000）。方军雄（2009）认为，早期研究未发现高管薪酬与公司绩效的显著正相关关系，可能是因为研究数据仅包括 1998 年的数据，高管薪酬信息披露刚刚开始，披露的不规范可能导致结果偏差，同时，大股东与上市公司在人、财、物三方面关系未理顺也影响了高管薪酬与业绩的关系。相应地，后续的研究则普遍发现高管薪酬与公司绩效具有显著关系（张俊瑞等，2003；杜胜利和翟艳玲，2005；杜兴强和王丽华，2007），同时，制度层面上出台的一些新政策也有助于提高薪酬制度的合理性。例如，国务院国有资产监督管理委员会2003年发布《中央企业负责人经营业绩考核暂行办法》，2004 年发布《中央企业负责人薪酬管理暂行办法》，2006 年又联合财政部下发《国有控股上市公司（境外）实施股权激励试行办法》和《国有控股上市公司（境内）实施股权激励试行办法》。因此，上市公司业绩基础的薪酬制度已经逐步确立并将进一步确立。

但是，高管薪酬具有黏性（Jackson et al.，2008），高管薪酬在业绩上升时的边际增加额超过业绩下降时的边际减少额（方军雄，2009）。降薪可能会影响高管个人声誉和未来职业前景（Jensen and Murphy，1990），导致高管一般不愿意自降薪酬（孙铮和刘浩，2004），而且，高管通常倾向于将业绩上升归因于个人努力，将业绩下降归因于外部环境恶化等以推卸责任（方军雄，2009）。薪酬

黏性具有非常不利的经济后果，它将诱使高管过度冒险行为，从而可能严重损害出资人利益。

那么，伴随着公允价值会计的广泛应用，高管薪酬对公允价值会计产生的收益与损失是否存在不对称反应呢？徐经长和曾雪云（2010）较早关注了该领域的研究，发现A股上市公司对公允价值变动损益“重奖轻罚”，高管薪酬与公允价值变动收益显著正相关，但与公允价值变动损失不存在显著相关关系。张金若等（2011）进一步发现，高管薪酬对直接计入资本公积的归属于可供出售金融资产的公允价值变动同样存在“重奖轻罚”问题，但高管薪酬受计入营业利润的公允价值变动损益影响的程度更大。邹海峰等（2010）关注不同的高管身份的影响，发现公允价值变动损益对董事长货币薪酬没有作用，但对财务总监的货币薪酬产生显著影响。

由于这些文献研究设计过程中未考虑“公允价值变动损益”在会计处理过程中受到“转回”因素的影响，可能错误解释了金融资产公允价值上升或下降对高管薪酬的影响。张金若等（2013b）考虑了该因素后，发现公允价值会计产生的损益信息对高管薪酬总额并没有显著影响。但是，张金若等（2013a）的研究对象锁定为非金融行业上市公司，且未涉及可供出售金融资产产生的未实现损益。

相对而言，金融行业上市公司执行公允价值会计的资产或负债对财务报表的影响显著大于非金融行业上市公司。尽管公允价值波动通常独立于高管的受托管理水平，但是，公允价值会计的利得与损失，在一定程度上仍然可以体现高管的投资决策水平，反映高管的受托管理水平，高管的决策行为仍然可以对盈余产生重要影响，如有关资产的购买时点、规模和处置时点的决策。因此，合理的高管薪酬应该对公允价值会计产生的损益做出恰当反应。

基于此，本节提出如下两个研究假设。

假设 5-9： 金融行业上市公司高管薪酬与公允价值会计产生的损益具有显著正相关关系。

假设 5-10： 金融行业上市公司高管薪酬具有黏性，即公允价值会计产生的收益对高管薪酬的增加幅度显著高于公允价值会计产生的损失对高管薪酬的减少幅度。

三、研究设计与样本选择

（一）研究模型

本节参照 Leone 等（2006）、Livne 等（2011）、方军雄（2009）、徐经长

和曾雪云（2010）、张金若等（2011，2013a）的做法，采用如下两种模型分别检验假设 5-9 和假设 5-10。

1. 高管薪酬与公允价值会计损益敏感性模型

$$\begin{aligned}\text{lnCOMP}=&\beta_0+\beta_1\text{FV-INCOME}+\beta_2\text{HFV-INCOME}+\beta_3\text{ROA}+\beta_4\text{SIZE-NONFV}\\&+\beta_5\text{SIZE-FV}+\beta_6\text{GROWTH}+\beta_7\text{LEV}+\beta_8\text{LSHARE}+\beta_9\text{EXESHARE}\\&+\beta_{10}\text{GOV}+\beta_{11}\text{CROSS-LIST}+\varepsilon\end{aligned}$$

2. 高管薪酬与公允价值会计损益黏性模型

$$\begin{aligned}\text{lnCOMP}=&\beta_0+\beta_1\text{FV-INCOME}+\beta_2\text{DUMMY1}+\beta_3\text{FV-INCOME}\cdot\text{DUMMY1}\\&+\beta_4\text{HFV-INCOME}+\beta_5\text{DUMMY2}+\beta_6\text{HFV-INCOME}\cdot\text{DUMMY2}+\beta_7\text{ROA}\\&+\beta_8\text{SIZE-NONFV}+\beta_9\text{SIZE-FV}+\beta_{10}\text{GROWTH}+\beta_{11}\text{LEV}+\beta_{12}\text{LSHARE}\\&+\beta_{13}\text{EXESHARE}+\beta_{14}\text{GOV}+\beta_{15}\text{CROSS-LIST}+\varepsilon\end{aligned}$$

另外，本节原本拟借鉴上述文献加入董事长与总经理两职合一指标等，但由于金融行业上市公司董事长与总经理普遍分开（根据 CSMAR，在 265 个样本中，仅有 8 个样本属于两职合一），所以未采纳该指标。模型也没有包括 ROA 盈利或亏损的虚拟变量，因为在 265 个样本中，剔除 FV-INCOME 后，仅有 9 个样本公司显示亏损，其余都是盈利企业。

（二）变量设计

lnCOMP：高管薪酬总额自然对数，即采用薪酬排名前三的董事、监事及高级管理人员年度报酬总额的自然对数。本节借鉴方军雄（2009）的做法，采用薪酬排名前三的董事的年度薪酬总额的自然对数进行稳健性检验。

FV-INCOME：公允价值会计产生的损益，根据利润表“公允价值变动损益”加上利润表“投资收益”归属于交易性金融资产（负债）、衍生金融资产（负债）及公允价值变动直接计入当期损益的其他金融资产（负债）的部分，求得公允价值变动损益之和，再除以期末总资产。设置虚拟变量 DUMMY1，如果 FV-INCOME 取值为负，DUMMY1 取值为 1，否则 DUMMY1 取值为 0。

HFV-INCOME：可供出售金融资产公允价值变动产生的损益。其中，2007 年和 2008 年用“资本公积”和利润表“投资收益”属于可供出售金融资产公允价值变动部分之和，除以期末总资产；2009~2013 年用利润表“投资收益”和“其他综合收益”归属于可供出售金融资产公允价值变动部分之和，除以期末总资产。如果 HFV-INCOME 取值为负，DUMMY2 取值为 1，否则 DUMMY2 取值为 0。

ROA：利润表剔除 FV-INCOME 的税前利润，再除以期末总资产。

SIZE-NONFV：公司规模，是剔除执行公允价值会计的资产后，期末总资产的余额，再取自然对数。

SIZE-FV：公司执行公允价值会计的资产（包括交易性金融资产、衍生金融资产、可供出售金融资产、上市公司中以公允价值模式进行后续计量的投资性房地产）期末总额，取自然对数。

GROWTH：公司成长性，以公司年度期末最后一个交易日的市值总额除以公司净资产账面价值衡量。

LEV：资产负债率，以期末负债总额除以期末总资产衡量。

LSHARE：第一大股东持股比例。

EXESHARE：管理层持股比例。

GOV：公司最终控制人性质，属于国有时取值为 1，否则取值为 0。

CROSS-LIST：公司是否为交叉上市的公司，如是取值为 1，否则取值为 0。

（三）样本选择

承接前几章，本章同样选取 2007~2013 年沪深金融行业的上市公司为样本，财务报表、公司治理、高管薪酬数据等主要取自 CSMAR 数据库，部分库中列示不详的财务数据，如其他综合收益的明细项目，从上海证券交易所及深圳证券交易所公布的公司年报中通过人工整理获取，并对样本进行以下整理：①剔除投资收益明细列示不明的样本，保留归属于交易性金融资产、交易性金融负债、衍生金融资产、衍生金融负债、指定以公允价值计量且公允价值变动计入当期损益的其他金融资产和负债以及可供出售金融资产产生的投资收益。②剔除公允价值产生的税前收益为零的样本。③剔除以公允价值计量的每股资产为零的数据。④剔除期末股市市值数据缺失的样本。最终，获取 234 个样本。

四、实证结果

（一）描述性统计分析

表 5-31 为主要变量简单统计量分析结果。

表 5-31　主要变量简单统计量分析

变量	样本数	均值	标准差	最小值	最大值
COMP（前三）	234	9 196 264	1.11×10^{7}	822 000	141 995 000
COMP（董事前三）	234	6 974 503	9 548 614	81 900	119 302 000
COMP（高管前三）	234	8 504 103	1.09×10^{7}	531 000	141 995 000
lnCOMP（前三）	234	15.734 91	0.732 064 9	13.619 5	18.771 3

续表

变量	样本数	均值	标准差	最小值	最大值
FV-INCOME	234	0.003 430 3	0.012 736 7	−0.024 853 8	0.109 848 6
HFV-INCOME	234	0.005 354	0.024 263 7	−0.087 219 2	0.179 004 8
ROA	234	0.028 059 8	0.027 656 7	−0.011 244 7	0.185 608 2
SIZE-NONFV	234	25.978 6	2.552 86	20.637 35	30.494 33
SIZE-FV	234	24.026 17	2.362 914	18.128 9	27.966 33
GROWTH	234	2.798 307	1.893 006	0.666 013 8	12.589 45
LEV	234	0.769 555 4	0.201 658 2	0.046 078 3	0.969 072 7
LSHARE	234	0.297 982 1	0.172 712	0.058 665	0.683 663
EXESHARE	234	0.002 689 1	0.013 019 3	0	0.117 577 4
GOV	234	0.615 384 6	0.487 547 1	0	1
CROSS-LIST	234	0.384 815 4	0.487 547 1	0	1

根据表 5-31 可知以下内容。

（1）金融行业上市公司薪酬排名前三的董事、监事及高级管理人员年度报酬总额均值较高，超过 900 万元，人均超过 300 万元，但行业内差异也非常明显，最低仅有 822 000 元（陕国投 A，2008 年薪酬），最高接近 1.42 亿元（中国平安，2007 年薪酬）。董事会薪酬排名前三的董事薪酬总额、管理层薪酬排名前三的高管薪酬总额，也具有类似特征。

（2）FV-INCOME、HFV-INCOME、ROA 均值都比较低，表明金融行业上市公司总体总资产报酬率都比较低，这可能是因为这些公司的杠杆程度比较高（资产负债率均值接近 77%），同时，执行公允价值会计的资产或负债给金融行业上市公司产生的损益，相对其他资产或负债产生的损益而言较次要，但重要性已经超过非金融行业上市公司。根据这三个业绩指标的标准差、最大值和最小值，可以发现行业内部差异也很大，公允价值会计产生的损益对有些企业的利润总额影响非常大。

（3）根据规模指标，执行公允价值会计的资产在金融行业资产总额中占据非常重要的地位，仅略低于采用其他计量属性的资产。

（4）根据成长性指标 GROWTH（通过市净率计算得到），金融行业上市公司市净率均值接近 2.8，仍处于偏低水平，这与我国 2008~2013 年股票市场整体低迷有关。其中，市净率最低的公司，股票市价甚至仅为净资产账面价值的 2/3。

（5）第一大股东持股比例均值约 30%，但个股差异非常明显，最低的仅约为 5.87%，最高超过 68%，随着我国国有企业混合所有制改革的进一步推进，第一大股东持股比例可能会进一步下降。

（6）管理层持股比例较低，平均仅为 0.27%。2009 年，财政部下发《财政部关于金融类国有和国有控股企业负责人薪酬管理有关问题的通知》，要求相关金融机构“暂时停止实施股权激励和员工持股计划”，而金融行业上市公司大部分是国有和国有控股（GOV 的均值超过 0.61）。因此，管理层持股比例较低，这也说明现金薪酬是高管薪酬的最重要来源。

（7）超过 38%的金融行业上市公司属于交叉上市，这将有助于提升这些公司的治理水平，也将有助于提升行业整体的公司治理水平。

根据表 5-32，主要变量 Pearson 相关系数分析如下所述。

表 5-32　主要变量之间的 Pearson 相关系数分析

变量	lnCOMP	FV-INCOME	HFV-INCOME	ROA	SIZE-NONFV	SIZE-FV
lnCOMP	1.000					
FV-INCOME	−0.168***	1.000				
HFV-INCOME	−0.154**	0.289***	1.000			
ROA	−0.307***	0.048	0.338***	1.000		
SIZE-NONFV	0.331***	−0.233***	−0.226***	−0.517***	1.000	
SIZE-FV	0.392***	−0.188***	−0.177***	−0.533***	0.923***	1.000
GROWTH	−0.280***	0.381***	0.284***	0.403***	−0.560***	−0.582***
LEV	0.325***	−0.110*	−0.160 **	−0.583***	0.813***	0.715***
LSHARE	−0.239***	0.030	0.057	−0.015	0.173***	0.178***
EXESHARE	0.345***	−0.098	0.028	−0.052	0.044	0.091
GOV	−0.315***	0.017	−0.047	−0.003	0.078	0.112*
CROSS-LIST	0.275***	−0.152**	−0.070	−0.174***	0.637***	0.682***

变量	GROWTH	LEV	LSHARE	EXESHARE	GOV	CROSS-LIST
lnCOMP						
FV-INCOME						
HFV-INCOME						
ROA						
SIZE-NONFV						
SIZE-FV						
GROWTH	1.000					
LEV	−0.248***	1.000				
LSHARE	0.002	0.078	1.000			
EXESHARE	0.040	0.079	−0.201***	1.000		
GOV	−0.051	−0.065	0.593***	−0.190**	1.000	
CROSS-LIST	−0.263***	0.374***	0.185***	0.147**	−0.007	1.000

***、**、*分别表示在 1%、5%、10%的水平上显著

（1）排名前三的董事、监事及高级管理人员年度报酬总额的自然对数（lnCOMP）与 FV-INCOME、HFV-INCOME、ROA 三个业绩指标皆显著负相

关，与成长性指标（GROWTH）也显著负相关，但与规模的两个指标（SIZE-NONFV 和 SIZE-FV）都显著正相关，这说明金融行业上市公司薪酬机制总体是无效的，仅重视公司规模，业绩下降薪酬水平不降反升。下面将根据多元回归结果，详细分析具体原因。

（2）高管薪酬指标与资产负债率显著正相关，这可能是因为金融行业上市公司中，银行和保险公司的杠杆率普遍较高，而其薪酬也普遍较高。

（3）高管薪酬与第一大股东持股比例显著负相关，则可能是因为第一大股东持股比例高的金融类上市公司普遍是国有控股金融企业，薪酬受管制程度高，而其他金融企业薪酬市场化程度更高。

（4）与（3）呼应，国有控股企业高管薪酬显著更低。

（5）管理层持股比例与高管薪酬显著正相关，这可能是因为国有控股金融企业受 2009 年财政部文件《财政部关于金融类国有和国有控股企业负责人薪酬管理有关问题的通知》影响，管理层持股现象少，管理层持股的企业更可能是非国有控股，高管薪酬更加市场化，薪酬普遍更高。

（6）交叉上市金融企业，高管薪酬显著更高，这可能是因为交叉上市金融企业的公司治理水平更高，薪酬机制也更加市场化。

（7）解释变量、控制变量间的相关系数分析结果表明，相关系数大部分低于 0.7，但个别系数接近 0.7（SIZE-NONFV、SIZE-FV 与 CROSS-LIST），甚至有个别变量之间（SIZE-NONFV 和 SIZE-FV、SIZE-NONFV 和 LEV、SIZE-FV 和 LEV）的相关系数超过 0.7，因此，多重共线性问题值得关注。

（二）全行业多元回归结果

1. OLS 多元回归结果

表 5-33 列示了普通最小二乘法（ordinary least square，OLS）回归的结果。为了增强回归结果的有效性，对所有连续变量进行 1%的 winsorize 处理，对回归过程进行了 cluster 处理，考虑到 Pearson 相关系数分析中对多重共线性的担忧，首先剔除反映公司规模的变量SIZE-NONFV，仅保留反映执行公允价值会计总资产规模的变量 SIZE-FV，并且计算和汇报变量的 VIF。

表 5-33 OLS 多元回归结果

变量	假设 5-9			假设 5-10		
	回归系数	t	VIF	回归系数	t	VIF
截距	14.000***	8.87		14.084***	9.51	
FV-INCOME	−2.707	−0.56	1.55	−3.084	−0.48	2.04
DUMMY1				−0.127	−1.49	1.56

续表

变量	假设 5-9			假设 5-10		
	回归系数	t	VIF	回归系数	t	VIF
FV-INCOME • DUMMY1				−27.457*	−1.86	1.95
HFV-INCOME	−4.795**	−2.32	1.58	−8.080***	−3.01	2.23
DUMMY2				−0.199**	−2.19	1.54
HFV-INCOME • DUMMY2				10.196	1.24	2.06
ROA	−2.456	−0.93	2.22	−1.980	−0.80	2.27
SIZE-FV	0.107	1.48	6.77	0.106	1.56	6.81
GROWTH	−0.261	−0.51	3.27	−0.028	−0.56	3.52
LEV	−0.213	−0.42	3.67	−0.061	−0.12	4.00
LSHARE	−0.290	−0.48	1.80	−0.304	−0.50	1.91
EXESHARE	11.695***	4.17	1.15	11.293***	3.94	1.24
GOV	−0.406*	−1.67	1.78	−0.431*	−1.82	1.82
CROSS-LIST	−0.345	−0.12	2.55	−0.286	−0.10	2.66
YEAR（控制）						
样本数	234			234		
R^2	0.357 9			0.394 8		
F	17.80			22.91		
VIF 均值	2.83			2.75		

***、**、*分别表示在 1%、5%、10%的水平上显著

根据回归结果可知：①假设 5-9 和假设 5-10 都没有得到完全支持。三种业绩指标中，只有 HFV-INCOME 通过显著性检验，但该系数符号表明可供出售金融资产公允价值产生的损益对高管薪酬具有负向的影响，其余两个业绩指标回归系数也为负号，但没有通过显著性检验，同时，公司规模、成长性指标也与高管薪酬没有显著关系。这种异常的回归结果表明，总体而言金融行业上市公司高管薪酬机制与业绩脱钩。②资产负债率与高管薪酬没有显著关系，说明债务治理机制并未发挥作用，未能限制薪酬水平，或财务杠杆的运用并未给高管薪酬带来积极效果。③国有控制金融企业高管薪酬显著更低，这可能是因为国有控制金融企业高管薪酬受到严格限制。笔者认为，这可能是金融行业上市公司高管薪酬与业绩脱钩的主要原因，下面将继续就此展开分析。④管理层持股与高管薪酬具有显著正相关关系，这可能是因为管理层持股利于缓解委托代理问题，使管理层与股东利益一致化，从而有利于公司业绩的增长，并因此提高了薪酬。笔者认为，原因还有可能是管理层持股的金融公司更有可能是非国有控制公司，非国有控制公司薪酬机制更加市场化，比国有控制公司薪酬显著更高。

2. 稳健性检验的回归结果

稳健性检验中，分别采用董事会薪酬排名前三的董事薪酬总额和管理层薪酬排名前三的管理人员薪酬总额进行回归，如表 5-34 所示（仅汇报主要解释变量回归结果，略去控制变量，结果基本相似）。

表 5-34　OLS 多元回归结果（稳健性检验）

变量	假设 5-9（管理层薪酬）		假设 5-9（董事薪酬）		假设 5-10（管理层薪酬）		假设 5-10（董事薪酬）	
	回归系数	t	回归系数	t	回归系数	t	回归系数	t
截距	13.561***	7.98	12.779***	7.04	13.667***	8.79	12.854***	7.21
FV-INCOME	1.818	0.30	−7.715	−1.12	2.333	0.28	−11.661	−1.35
DUMMY1					−0.155	−1.38	−0.203*	−1.73
FV-INCOME • DUMMY1					−40.244**	−2.02	−11.778	−0.73
HFV-INCOME	−4.725**	−2.55	−2.935	−1.04	−8.186***	−3.10	−7.238*	−1.86
DUMMY2					−0.274***	−2.84	−0.182*	−1.65
HFV-INCOME • DUMMY2					9.264	1.00	11.985	1.37
样本数	2 330		234		233		233	
R^2	0.339 4		0.332 1		0.388 3		0.356 5	
F	27.72		11.47		46.77		11.62	

***、**、*分别表示在 1%、5%、10%的水平上显著

3. 薪酬与业绩背离原因的进一步分析

下面从两个方面进一步分析金融行业上市公司高管薪酬与公司业绩脱钩的情况。

首先，2007~2013 年，我国经济发展正好受到世界金融危机和我国经济结构转型阵痛期的重叠影响，企业营利能力普遍下降，但是，高管薪酬具有黏性（方军雄，2009），高管薪酬水平不一定随之下降，从而导致业绩与薪酬脱钩。为了更直观地观察这些年度金融企业盈利水平和高管薪酬的年度变化特征，表 5-35 列示了盈利指标和薪酬指标（取自然对数）年度均值变化情况。

表 5-35　2007~2013 年高管薪酬与业绩均值

变量	2007 年	2008 年	2009 年	2010 年	2011 年	2012 年	2013 年
lnCOMP（前三）	15.751	15.695	15.706	15.775	15.768	15.662 5	15.780
lnCOMP（董事前三）	15.499	15.336	15.293	15.359	15.358	15.200 7	15.353
lnCOMP（高管前三）	15.521	15.557	15.581	15.661	15.681	15.556 3	15.723
FV-INCOME	0.016 9	−0.002 6	0.004 2	0.001 9	−0.003 3	0.005 5	0.004 4
HFV-INCOME	0.031 9	−0.007 2	0.015 0	0.004 7	−0.005 4	0.004 6	0.002 7
ROA	0.038 3	0.032 2	0.029 9	0.032 1	0.031 6	0.018 6	0.021 2
样本数	24	26	28	34	39	42	41

根据表 5-35 可以发现几个重要指标的变化特征：公允价值盈余指标波动明显，2008 年和 2011 年都是亏损，其余年度盈利，但盈利水平也具有显著差异，2007 年表现最佳，其余年度都明显更低；非公允价值盈余指标波动明显，但总体水平低于 2007 年，特别是 2012 年和 2013 年表现最差，高管薪酬指标趋势表现明显异于业绩指标。其中，薪酬排名前三的董事、监事及高级管理人员年度报酬总额总体呈增长趋势，但是2008年、2011年和2012年都相对前一年有所下降；管理层薪酬几乎稳步上升（2012 年例外）；董事薪酬波动比较明显，不同年份之间涨跌互见。由此可以发现，薪酬与业绩指标的变化特征并不一致。

然后，金融企业高管薪酬管制是薪酬与业绩脱钩的主要原因。2008 年以来，我国上市公司营利能力普遍比 2007 年小，金融行业亦不例外（FV-INCOME 和 HFV-INCOME）。在这种情况下，处于薪酬金字塔顶端的金融行业，薪酬与业绩是否相互匹配受到了各界广泛关注。在此背景下，我国政府出台了一些措施限制金融行业薪酬水平。2009 年 1 月 13 日，财政部发布《财政部关于金融类国有和国有控股企业负责人薪酬管理有关问题的通知》，以规范国有金融公司高管薪酬。通知明确要求，“各国有及国有控股金融企业要根据当前形势，合理控制各级机构负责人薪酬，避免进一步拉大与社会平均收入水平、以及企业内部职工收入水平的差距。要坚决防止脱离国情、当前经济形势、行业发展以及自身实际发放过高薪酬”“各国有及国有控股金融企业根据有关规定暂时停止实施股权激励和员工持股计划。在国家对金融企业股权激励和员工持股政策公布之前，各国有及国有控股金融企业不得实施股权激励或员工持股计划”。2009 年 4 月 7 日，财政部发布《关于国有金融机构 2008 年度高管人员薪酬分配有关问题的通知》，进一步明确高管薪酬的细则。根据该文件，国有金融机构 2008 年高管薪酬不得高于 2007 年薪酬的 90%；如果金融机构 2008 年经营业绩较 2007 年下降，则高管薪酬再额外下调 10%，业绩下降幅度较大的企业，高管薪酬降幅还应该进一步增加；如果国有金融机构 2007 年高管薪酬明显高于同行业平均水平，在执行上述政策的基础上，应该进一步加大薪酬降幅力度。此外，财政部这两份文件都明确规定，非国有或非国有控股金融机构应该参照执行，由此不难理解 2008 年金融行业上市公司高管薪酬的普遍下降。

（三）分行业多元回归结果

金融行业内部各个子行业持有的执行公允价值会计的金融资产和金融负债，具有显著差异。证券公司和保险公司公允价值会计损益与高管薪酬的关系，可能也与其他金融公司具有差异。根据表 5-36 可以发现，公允价值会计的两个业绩指标都与高管薪酬显著负相关，且收益与损失没有显著性差异，但是，公允价值会计的金融资产规模却与高管薪酬具有显著正相关关系；剔除 FV-INCOME 的税前利润 ROA 与高管薪酬显著正相关。采用薪酬的其余两个指标进行稳健性检验的结果如表 5-37 所示，结果也基本相似。

表 5-36　证券和保险样本公司 OLS 多元回归结果

变量	假设 5-9			假设 5-10		
	系数	*t*	VIF	系数	*t*	VIF
截距	12.312***	8.17		12.404***	8.25	
FV-INCOME	−12.917**	−2.01	1.68	−11.356	−1.55	2.24
DUMMY1				−0.008	−0.06	1.59
FV-INCOME • DUMMY1				−8.740	−1.01	2.12
HFV-INCOME	−7.935***	−2.80	1.68	−6.705	−1.53	2.41
DUMMY2				−0.169	−1.48	1.56
HFV-INCOME • DUMMY2				−9.421	−1.43	1.94
ROA	5.317*	1.69	2.05	5.301*	1.73	2.17
SIZE-FV	0.155**	2.15	5.58	0.146*	1.93	5.72
GROWTH	0.029	0.52	3.07	0.025	0.43	3.20
LEV	0.445	0.64	2.94	0.465	0.65	3.44
LSHARE	−0.943	−1.18	1.78	−1.004	−1.22	1.91
EXESHARE	9.430***	3.19	1.18	8.683**	2.77	1.32
GOV	−0.096	−0.51	1.79	−0.075	−0.38	1.90
CROSS-LIST	−0.044	−0.16	2.58	−0.006	−0.02	2.66
YEAR（控制）						
样本数		116			116	
R^2		0.580 8			0.590 3	
F		40.92			210.58	
VIF 均值		2.70			2.69	

***、**、*分别表示在 1%、5%、10%的水平上显著

表 5-37　证券和保险样本公司 OLS 多元回归结果（稳健性检验）

变量	假设 5-9（管理层薪酬）		假设 5-9（董事薪酬）		假设 5-10（管理层薪酬）		假设 5-10（董事薪酬）	
	系数	*t*	系数	*t*	系数	*t*	系数	*t*
截距	11.986***	8.11	10.571***	4.47	−12.094***	8.21	10.679***	4.78
FV-INCOME	−12.823*	−1.93	−7.394	−0.74	−11.461	−1.54	−7.305	−0.59
DUMMY1					−0.013	−0.09	0.039	0.21
FV-INCOME • DUMMY1					−7.839	−0.99	−0.820	−0.05
HFV-INCOME	−8.056***	−3.04	−9.198	−1.50	−6.293	−1.48	−13.274*	−1.86
DUMMY2					−0.161	−1.39	−0.313	−1.41
HFV-INCOME • DUMMY2					−11.908*	−1.87	8.430	0.83
ROA	5.021	1.53	20.797***	3.20	5.109	1.62	20.214***	3.13
SIZE-FV	0.167**	2.44	0.197*	1.78	0.157**	2.17	0.207*	1.94

续表

变量	假设 5-9（管理层薪酬）		假设 5-9（董事薪酬）		假设 5-10（管理层薪酬）		假设 5-10（董事薪酬）	
	系数	t	系数	t	系数	t	系数	t
GROWTH	0.047	0.85	−0.210	−1.63	0.045	0.76	−0.220*	−1.69
LEV	0.290	0.42	1.162	1.11	0.321	0.46	1.023	1.00
LSHARE	−0.928	−1.13	0.031	0.03	−1.012	−1.19	0.215	0.18
EXESHARE	9.844***	3.38	18.089***	3.57	9.001***	2.92	18.685***	3.60
GOV	−0.105	−0.56	−0.295	−0.70	−0.077	−0.39	−0.334	−0.76
CROSS-LIST	−0.015	−0.05	−0.546	−1.41	0.024	0.09	−0.529	−1.39
YEAR（控制）								
样本数	116		116		116		116	
R^2	0.590 4		0.420 8		0.601 4		0.431 9	
F	55.94		18.26		176.74		356.18	

***、**、*分别表示在 1%、5%、1%的水平上显著

因此，与金融行业总体表现相比，证券和保险公司高管薪酬机制更有效，但同样没有正确地反映执行公允价值会计的资产或负债产生的损益。

五、公允价值会计与高管薪酬研究结论

研究表明，金融行业高管薪酬与业绩总体上并不存在显著关系，不论是公允价值资产产生的损益，还是其他损益，都没有影响高管的薪酬。其中，银行业的薪酬与业绩脱钩更明显。本书认为原因有以下两点。其一，金融行业整体畸高薪酬引起监管部门对行业薪酬的管制。由于金融行业“牌照”管制严格，金融行业有严格的进入门槛，提供的产品类型和服务价格也都被高度管制，因此，金融行业利润具有垄断性，同时，金融行业又是一个高度依赖人力资本的行业，在全球普遍为高利润、高薪酬行业。基于这种原因，我国监管机构为了尽可能寻求各行业薪酬的公平性，降低金融行业与其他行业薪酬差距，对国有控股上市公司的薪酬进行严格的管制，其影响可能传递至非国有控股上市公司。其二，研究样本所处期间为 2007~2013 年，该阶段为我国总体经济走势下行阶段，金融行业总体业绩虽然规模骄人，但总资产报酬率下降明显，股市表现低迷也使公允价值会计的金融资产表现欠佳。因此，高管薪酬的黏性同样存在于金融行业上市公司。

建立有效的高管薪酬机制，有利于缓解高管与所有者之间的委托代理问题。监管层应该在追求各行业薪酬水平公平的同时，重视建立与业绩匹配的高管薪酬机制。党的十八届三中全会提出使市场在资源配置中起决定性作用，相应地，我国应不断加强金融行业体制改革，解决政府干预过多和监管不到位并存的问题，建立市场准入规则。因此，随着统一市场准入规则的确立，民间资本的不断进

入，金融创新的不断发展，金融体系的竞争生态已经发生并且将继续发生重要变化。在这种情况下，科学的薪酬机制更加有利于激发管理层与员工的积极性和创造性，使股东利益最大化。2013 年 11 月，十八届三中全会审议通过的《中共中央关于全面深化改革若干重大问题的决定》提出“允许混合所有制经济实行企业员工持股，形成资本所有者和劳动者利益共同体”的重要决定，随后，2014 年 6 月，中国证监会发布《关于上市公司实施员工持股计划试点的指导意见》，2014 年 9 月，财政部拟定《金融企业员工持股股权计划管理办法》。所以说，金融行业薪酬管制模式可能会发生显著变化，从而重新产生与业绩挂钩的薪酬管理制度。

第六章 案例研究

第一节 公允价值会计信息披露的主要规定

本章以证券业、保险业和银行业具有重要影响的中信证券、中国人寿和中国银行三家上市公司为对象，研究其执行公允价值会计的表现。中信证券是我国规模最大、综合实力最强的证券公司；中国人寿保险公司及其子公司构成了我国最大的商业保险集团；中国银行是中国国际化和多元化程度最高的银行。本章将以年度报告财务报表表内信息及表外附注为对象，重点挖掘表外附注文字描述，以窥探公允价值会计信息披露质量，与实证研究结果形成有效互补。

我国财政部2006年发布的《企业会计准则第37号——金融工具列报》①明确规定，企业所披露的金融工具信息，应当有助于财务报告使用者就金融工具对企业财务状况和经营成果影响的重要程度做出合理评价。为了更好地评价案例公司对金融工具的会计信息披露是否达到这个目标，以下摘录了 2006 年的《企业会计准则第37号——金融工具列报》中涉及金融工具信息披露要求的重要条文。

2006 年发布的《企业会计准则第 37 号——金融工具列报》第十五条规定，企业应当披露编制财务报表时对金融工具所采用的重要会计政策、计量基础等信息。具体为可概括为以下几点：①指定为以公允价值计量且其变动计入当期损益的金融资产或金融负债，应该披露的会计政策和计量基础等信息包括三点：指定的依据；指定的金融资产或金融负债的性质；指定后如何消除或明显减少原来由

① 本章研究的会计期间执行 2006 年会计准则，因此下文均引用 2006 年的企业会计准则。

该金融资产或金融负债的计量基础不同所导致的相关利得或损失在确认或计量方面不一致的情况，以及是否符合企业正式书面文件载明的风险管理或投资策略的说明。②指定金融资产为可供出售金融资产的条件。③确定金融资产已发生减值的客观依据以及计算确定金融资产减值损失所使用的具体方法。④金融资产和金融负债的利得和损失的计量基础。⑤金融资产和金融负债终止确认条件。⑥其他与金融工具相关的会计政策。

2006 年发布的《企业会计准则第 37 号——金融工具列报》第十六条规定了企业应当披露金融资产或金融负债的账面价值。结合《企业会计准则第 37 号——金融工具列报》第三十一条和第二十九条规定，需要明确，不仅是表内采用公允价值计量的金融资产和金融负债，表内不采用公允价值计量的金融资产和金融负债，也必须在财务报表附注中按照金融资产和金融负债的类别披露公允价值信息，除非是账面价值与公允价值相差很小的短期金融资产或金融负债，或者是活跃市场中没有报价的权益工具投资，以及与该权益工具挂钩并须通过交付该权益工具结算的衍生工具。需要披露的公允价值信息主要为：①确定公允价值所采用的方法，包括全部或部分直接参考活跃市场中的报价或采用估值技术等；②公允价值是否全部或部分采用估值技术确定，而该估值技术没有以相同金融工具的当前公开交易价格和易于获得的市场数据作为估值假设。这种估值技术对估值假设具有重大敏感性的，披露这一事实及改变估值假设可能产生的影响，同时披露采用这种估值技术确定的公允价值的本期变动额计入当期损益的数额。金融资产和金融负债的公允价值应当以总额为基础披露（在资产负债表中金融资产和金融负债按净额列示的除外），且披露方式应当有利于财务报告使用者比较金融资产和金融负债的公允价值和账面价值。

关于金融资产减值的规定如下。2006 年发布的《企业会计准则第 37 号——金融工具列报》第二十三条规定，企业应当披露每类金融资产减值损失的详细信息，包括前后两期可比的金融资产减值准备期初余额、本期计提数、本期转回数、期末余额之间的调节信息等。第三十七条规定，企业应当按照类别披露已逾期或发生减值的金融资产的下列信息：①资产负债表日已逾期但未减值的金融资产的期限分析。②资产负债表日单项确定为已发生减值的金融资产信息，以及判断该金融资产发生减值所考虑的因素。③企业持有的、与各类金融资产对应的担保物和其他信用增级对应的资产及其公允价值。相关公允价值确实难以估计的，应当予以说明。

第二节　2007~2013年公允价值会计对中信证券影响的案例分析

一、中信证券公司基本情况介绍①

中信证券的前身是中信证券有限责任公司，该公司成立于1995年10月25日，注册地为北京市，注册资本为3亿元，主要股东是中信集团，其直接持股比例为95%。中国中信集团有限公司（原中国国际信托投资公司）是在邓小平同志的支持下，由荣毅仁同志于1979年创办的。2002年中国国际信托投资公司进行体制改革，更名为中国中信集团公司，成为国家授权投资机构。2011年中国中信集团公司整体改制为国有独资公司，更名为中国中信集团有限公司（以下简称中信集团），并发起设立了中国中信股份有限公司（以下简称中信股份）。2014年8月，中信集团将中信股份100%股权注入香港上市公司中信泰富，实现了境外整体上市。

1999年12月29日，中信证券有限责任公司完成增资扩股工作，改制为中信证券股份有限公司，注册资本增至208 150万元，中信集团的直接持股比例降至37.85%。2000年4月6日，经中国证监会和国家工商行政管理总局批准，公司注册地变更至深圳市。2002年12月，公司首次公开发行A股40 000万股，发行价格为4.50元/股，于2003年1月6日在上海证券交易所上市交易。2005年8月15日，公司完成股权分置改革。2008年8月15日，发起人限售股份全部上市流通。2011年9~10月，公司首次公开发行H股。

截至2018年7月，根据中国证监会核发的经营证券业务许可证，该公司经营范围包括：证券经纪（限山东省、河南省、浙江省天台县、浙江省苍南县以外区域）；证券投资咨询；与证券交易、证券投资活动有关的财务顾问；证券承销与保荐；证券自营；证券资产管理；融资融券；证券投资基金代销；为期货公司提供中间介绍业务；代销金融产品；股票期权做市。中信证券是我国证券公司的排头兵。2017年，该公司各项主营业务排名居中国证券行业前列，传统中介业务保持和巩固了市场领先地位。截至2017年，在证券公司年度分类评审中，该公司累计八次获得目前中国证券行业高级别A类AA级。

① 中信证券基本情况介绍主要根据中信证券年度报告、中信证券官方网站、中信集团官方网站整理。

二、公允价值会计对中信证券财务报表的影响

（一）金融资产和金融负债公允价值会计对中信证券财务报表的总体影响

根据表6-1可以发现，除了2007年，中信证券交易性金融资产和可供出售金融资产合计占总资产比重每年都超过了 25%，2010 年起甚至超过了 30%，因此，公允价值会计对该公司财务报表的影响至关重要。交易性金融资产的绝对规模和比重自 2007 年起显著上升，可供出售金融资产的绝对规模和比重在各年间波动明显，其中，2013 年和 2014 年相对比值显著低于 2008~2012 年；衍生金融资产或衍生金融负债、交易性金融负债的重要性显著较低，但 2013 年和 2014 年的交易性金融负债规模增长异常。

表 6-1 中信证券公允价值会计的金融资产和负债对资产负债表的影响

年份	交易性金融资产/万元	衍生金融资产/万元	可供出售金融资产净额/万元	资产总计/万元	交易性金融负债/万元	衍生金融负债/万元	负债合计/万元
2007	277 209	0	1 290 577	18 965 388	186 656	0	13 563 046
2008	600 484	0	3 409 920	13 688 827	0	288	7 936 196
2009	1 188 716	0	4 292 326	20 680 744	0	623	14 199 306
2010	1 425 615	73 254	3 718 752	15 317 767	0	43 457	8 232 996
2011	1 904 935	107 763	2 889 766	14 828 038	628.25	112 770	6 129 018
2012	3 880 761	42 319	2 919 175	16 850 755	1 878	63 627	8 182 326
2013	6 989 802	649 137	2 535 118	27 135 425	1 928 311	132 616	18 195 215
2014	12 618 529	728 163	4 883 601	47 962 645	3 106 497	533 909	37 849 497

年份	所有者权益合计/万元	交易性金融资产占资产比重	可供出售金融资产占资产比重	衍生金融资产占资产比重	衍生金融负债占负债比重	交易性金融负债占负债比重
2007	5 402 343	1.46%	6.80%	0.00	0.00	1.38%
2008	5 752 631	4.39%	24.91%	0.00	0.00	0.00
2009	6 481 438	5.75%	20.76%	0.00	0.00	0.00
2010	7 084 772	9.31%	24.28%	0.48%	0.53%	0.00
2011	8 699 020	12.85%	19.49%	0.73%	1.84%	0.01%
2012	8 668 430	23.03%	17.32%	0.25%	0.78%	0.02%
2013	8 940 210	25.76%	9.34%	2.39%	0.73%	10.60%
2014	10 113 149	26.31%	10.18%	1.52%	1.41%	8.21%

根据表 6-2~表 6-6，可以发现以下几点重要信息。

表 6-2　可供出售金融资产对利润表的影响

年份	持有可供出售金融资产等期间取得的投资收益/万元	处置可供出售金融资产等取得的投资收益/万元	可供出售金融资产减值损失/万元	可供出售金融资产产生的其他综合收益（税前）/万元	利润表投资收益/万元
2007	—	438 521.65	0	—	757 563.61
2008	99 550.10	153 058.21	71 357.04	−59 855.10	645 083.58
2009	82 078.32	172 026.57	−29 863.65	126 967.06	347 891.61
2010	126 220.70	266 061.05	−1 146.99	206 961.98	1 095 979.07
2011	67 051.00	52 719.65	151 783.62	−181 662.27	1 556 336.01
2012	79 031.09	56 900.43	3 392.14	19 136.48	366 341.16
2013	78 329.45	134 088.73	34 991.71	−50 552.01	603 588.71
2014	169 926.16	189 925.62	56 603.08	285 488.34	1 031 126.02

年份	利润表营业利润/万元	税前利润总额/万元	总资产报酬率（税前）	对税前利润贡献	减值损失对税前利润的影响
2007	1 986 293.48	1 990 417.28	10.49%	22.03%	0.00
2008	954 329.99	956 137.68	6.98%	18.96%	−7.46%
2009	1 326 038.25	1 330 199.18	6.43%	21.35%	2.25%
2010	1 626 918.04	1 631 994.07	10.65%	24.11%	0.07%
2011	1 501 123.98	1 503 100.34	10.14%	−2.13%	−10.10%
2012	543 069.29	548 726.91	3.26%	24.15%	−0.62%
2013	685 962.32	684 609.12	2.52%	25.92%	−5.11%
2014	1 318 027.90	1 542 194.67	3.22%	19.66%	−3.67%

表 6-3　交易性金融资产对利润表的影响

年份	持有交易性金融资产期间取得的投资收益/万元	处置交易性金融资产取得的投资收益/万元	交易性金融资产公允价值变动损益/万元	利润表公允价值变动损益/万元
2007	—	168 264.01	14 945.56	335 115.41
2008	14 122.86	30 246.04	−13 680.28	−334 138.09
2009	39 116.39	38 465.57	5 488.84	5 153.77
2010	54 224.72	35 079.03	13 274.55	56 509.97
2011	52 951.40	−176 073.34	−34 126.32	−75 500.13
2012	81 297.09	−42 267.02	143 018.62	41 677.37
2013	220 261.49	44 192.85	−137 197.35	−56 537.40
2014	363 844.85	660 101.51	57 496.54	52 248.12

年份	利润表投资收益/万元	利润表营业利润/万元	税前利润总额/万元	交易性金融资产对税前利润贡献比
2007	757 563.61	1 986 293.48	1 990 417.28	9.20%
2008	645 083.58	954 329.99	956 137.68	3.21%
2009	347 891.61	1 326 038.25	1 330 199.18	6.24%

续表

年份	利润表投资收益/万元	利润表营业利润/万元	税前利润总额/万元	交易性金融资产对税前利润贡献比
2010	1 095 979.07	1 626 918.04	1 631 994.07	6.29%
2011	1 556 336.01	1 501 123.98	1 503 100.34	−10.46%
2012	366 341.16	543 069.29	548 726.91	33.18%
2013	603 588.71	685 962.32	684 609.12	18.59%
2014	1 031 126.02	1 318 027.90	1 542 194.67	70.12%

表 6-4 交易性金融负债对利润表的影响

年份	持有交易性金融负债期间取得的投资收益/万元	处置交易性金融负债取得的投资收益/万元	交易性金融负债公允价值变动损益/万元	利润表公允价值变动损益/万元	利润表投资收益/万元	利润表营业利润/万元	税前利润总额/万元	对税前利润贡献比例
2007	0.00	111 226.54	320 169.86	335 115.41	757 563.61	1 986 293.48	1 990 417.28	21.67%
2008	0.00	345 266.16	−320 169.86	−334 138.09	645 083.58	954 329.99	956 137.68	2.62%
2009	0.00	0.00	0.00	5 153.77	347 891.61	1 326 038.25	1 330 199.18	0.00
2010	0.00	0.00	0.00	56 509.97	1 095 979.07	1 626 918.04	1 631 994.07	0.00
2011	0.00	0.00	489.97	−75 500.13	1 556 336.01	1 501 123.98	1 503 100.34	0.03%
2012	0.00	0.00	−565.80	41 677.37	366 341.16	543 069.29	548 726.91	−0.10%
2013	−2 521.94	434.99	710.89	−56 537.40	603 588.71	685 962.32	684 609.12	−0.20%
2014	−31 426.66	2 150.37	−9 067.98	52 248.12	1 031 126.02	1 318 027.90	1 542 194.67	−2.49%

表 6-5 其他执行公允价值会计的金融资产对利润表的影响

年份	衍生金融工具公允价值变动损益/万元	处置衍生金融工具的投资收益/万元	其他/万元	利润表公允价值变动损益/万元	利润表投资收益/万元	利润表营业利润/万元	税前利润总额/万元	对税前利润的贡献
2007	0.00	0.00	0.00	335 115.41	757 563.61	1 986 293.48	1 990 417.28	0.00
2008	−287.95	619.01	619.01	−334 138.09	645 083.58	954 329.99	956 137.68	0.10%
2009	−335.07	0.00	−813.47	5 153.77	347 891.61	1 326 038.25	1 330 199.18	−0.09%
2010	43 235.41	0.00	29 814.62	56 509.97	1 095 979.07	1 626 918.04	1 631 994.07	4.48%
2011	−41 863.77	0.00	204 327.93	−75 500.13	1 556 336.01	1 501 123.98	1 503 100.34	10.81%
2012	−100 775.45	0.00	119 453.62	41 677.37	366 341.16	543 069.29	548 726.91	3.40%
2013	79 949.06	31 600.25	11 101.47	−56 537.40	603 588.71	685 962.32	684 609.12	17.92%
2014	−51 364.93	−553 223.18	−18.08	52 248.12	1 031 126.02	1 318 027.90	1 542 194.67	−39.20%

表 6-6 中信证券公允价值会计的金融资产或负债对资产负债表和损益表影响匹配性分析

年份	交易性金融资产占资产比重	交易性金融资产对税前利润贡献比例	可供出售金融资产占资产比重	可供出售金融资产对税前利润贡献	可供出售金融资产减值损失对税前利润的影响	可供出售金融资产的税前其他综合收益占税前利润比重
2007	1.46%	9.20%	6.80%	22.03%	0.00	0.00
2008	4.39%	3.21%	24.91%	18.96%	−7.46%	−6.26%
2009	5.75%	6.24%	20.76%	21.35%	2.25%	9.54%
2010	9.31%	6.29%	24.28%	24.11%	0.07%	12.68%
2011	12.85%	−10.46%	19.49%	−2.13%	−10.10%	−12.09%
2012	23.03%	33.18%	17.32%	24.15%	−0.62%	3.49%
2013	25.76%	18.59%	9.34%	25.92%	−5.11%	−7.38%
2014	26.31%	70.12%	10.18%	19.66%	−3.67%	18.51%

年份	衍生金融资产占资产比重	其他执行公允价值会计的金融资产对税前利润的贡献	交易性金融负债占负债比重	交易性金融负债对税前利润贡献比例	衍生金融负债占负债比重	总资产报酬率（税前利润/总资产）
2007	0.00	0.00	1.38%	21.67%	0.00	10.49%
2008	0.00	0.10%	0.00	2.62%	0.00	6.98%
2009	0.00	−0.09%	0.00	0.00	0.00	6.43%
2010	0.48%	4.48%	0.00	0.00	0.53%	10.65%
2011	0.73%	10.81%	0.01	0.03%	1.84%	10.14%
2012	0.25%	3.40%	0.02%	−0.10%	0.78%	3.26%
2013	2.39%	17.92%	10.60%	−0.20%	0.73%	2.52%
2014	1.52%	−39.20%	8.21%	−2.49%	1.41%	3.22%

（1）可供出售金融资产、交易性金融资产对公司利润影响也比较显著，但是，各个年度之间波动幅度较大，反映了证券公司经营业绩受证券市场波动影响的基本事实。其中，可供出售金融资产对税前利润贡献一般在 18%~26%（2011 年除外）；交易性金融资产对税前利润贡献幅度波动范围更大，在 3.21%~70.12%（2011 年除外），且 2012 年后交易性金融资产对业绩贡献幅度显著提高，这与公司交易性金融资产占总资产比重自 2012 年起显著增加是相对应的。

根据表 6-5 和 6-6，尽管衍生金融资产和衍生金融负债占总资产和总负债的比重都比较低，但是，在有些年份，也给中信证券的业绩造成了重要影响，其中，对 2014 年业绩产生了约 39%的负面影响，对 2011 年和 2013 年业绩贡献也比较明显，体现了衍生工具的高风险和高收益的特点。同时，也需要注意，交易性金融负债在 2007 年对业绩产生的影响超过了 21%，与交易性金融负债仅为公司负债 1.38%的比重很不匹配。查阅公司 2007 年和 2008 年报表附注可以发现，2007 年交易性金融负债产生了超过 21%的业绩贡献，是公司 2007 年的一项金融工具（创设权证）所产生的，该工具使 2007 年公司税前公允价值变动收益增加了约 32 亿元，但是，2008 年，公司注销该交易性金融负债，产生了−32 亿元的业绩影响。在此之后连续多年公司几乎不再产生交易性金融负债，2013 年和 2014 年尽管承担了较多交易性金融负债，但其对损益的影响已经比较轻微。这说明公司更加注意对交易性金融负债的管理。

（3）2007~2014 年，我国资本市场总体波动幅度比较大，A 股上证指数在 2008 年、2010 年、2011 年、2013 年下降明显，以 2008 年、2011 年最为明显。相应地，可供出售金融资产减值损失对中信证券业绩负面影响程度，在 2008 年、2011 年和 2013 年也最明显。

可供出售金融资产所产生的其他综合收益，在 2008 年、2011 年和 2013 年，都出现了未实现损失，其中，2011 年和 2013 年的损失规模甚至超过了可供出售金融资产的资产减值损失。而且，这三个年度，中信证券 ROA 都较前一年表现差，公司可能有动机操纵可供出售金融资产公允价值下降的会计处理方法，如果将这三个年度的其他综合收益计入资产减值损失，则公司的 ROA 将下降更加明显。

（二）金融资产和金融负债三个层级公允价值会计对中信证券财务报表的影响

表 6-7~表 6-11 主要分析以具有代表性的中信证券为例的各类以公允价值计量的金融工具每一年在不同层级的分布情况，可以发现：①中信证券所持有的交易性金融资产主要分布在第一层级和第二层级（第二层级主要是债券投资和基金投资），这和交易性金融资产的短期性有关。由于交易性金融资产是企业为了近期出售而持有的资产，资产的交易活跃度应该比较高，那么其可观察的输入值应该比其他金融工具更容易获得。②衍生金融工具主要分布在第二层级。③可供出售金融资产的分布比交易性金融资产均匀，但也主要集中在第一和第二层级。可见，中信证券第一层级和第二层级所持有的金融工具主要是交易性金融资产。④交易性金融负债和衍生金融负债的规模比较小，衍生金融负债基本集中于第二层级，说明其计价缺乏直接的活跃市场。⑤第三层级所持有的主要是可供出售金融工具，逐年上升的趋势明显。结合表 6-12，相应地，第三层级对损益的影响程度也在增强。但是，总体上第三层级对损益表的影响并不重要。

表 6-7　中信证券交易性金融资产三个层级分布比例

年份	金额/元	第一层级	第二层级	第三层级
2009	15 689 782 704	50.96%	49.04%	0.00
2010	13 855 854 583	57.70%	42.05%	0.24%
2011	19 049 354 309	62.37%	35.89%	1.74%
2012	38 807 609 143	59.81%	39.71%	0.48%
2013	69 898 019 217	39.76%	59.34%	0.91%
2014	126 185 287 786	53.79%	44.80%	1.41%

表 6-8　中信证券衍生金融资产三个层级分布比例

年份	金额/元	第一层级	第二层级	第三层级
2010	732 536 706	0.00	100.00%	0.00
2011	1 077 628 289	0.30%	99.70%	0.00
2012	423 191 955	0.32%	99.68%	0.00
2013	6 491 367 636	0.23%	99.77%	0.00
2014	7 281 625 994	0.38%	99.62%	0.00

表 6-9　中信证券可供出售金融资产三个层级分布比例

年份	金额/元	第一层级	第二层级	第三层级
2009	43 338 578 108	37.89%	57.89%	4.22%
2010	37 591 364 620	59.18%	35.58%	5.24%
2011	30 479 538 677	59.61%	37.81%	2.58%
2012	29 191 745 237	33.35%	53.59%	13.06%
2013	25 351 175 094	29.86%	57.41%	12.73%
2014	48 836 009 433			

注：财务报表附注中，仅解释了38 636 259 759.90元的可供出售金融资产的三个层级公允价值分布，而表内可供出售金融资产总值达到48 836 009 433.03元，因此，本表没有提供每个层级公允价值计量的可供出售金融资产占总额的比重，以避免三个比例加总不等于 100%。三个层级分别是 5 955 785 352.43 元、26 982 372 034.81元、5 698 102 372.66 元。

表 6-10　中信证券交易性金融负债三个层级分布比例

年份	金额/元	第一层级	第二层级	第三层级
2011	6 282 507	100.00%	0.00	0.00
2012	18 778 329	100.00%	0.00	0.00
2013	19 283 110 036	5.06%	94.82%	0.12%
2014	31 064 971 511	3.35%	96.58%	0.07%

注：由于 2009 年和 2010 年数据为零，本表仅列示交易性金融负债 2011~2014 年三个层级分布

表 6-11　中信证券衍生金融负债三个层级分布比例

年份	金额/元	第一层级	第二层级	第三层级
2009	6 230 205.75	9.52%	90.48%	0.00
2010	434 574 716.75	0.09%	99.01%	0.00
2011	1 127 702 082.37	0.00	100.00%	0.00
2012	636 272 129.18	0.77%	99.23%	0.00
2013	1 326 161 064.03	1.00%	99.00%	0.00
2014	5 339 085 013.32	0.09%	99.01%	0.00

表 6-12　第三层级金融工具对当年损益的影响

年份	已实现/元	未实现/元	合计/元	年度净利润/元	贡献比重
2010	54 459 189.08	0.00	54 459 189.08	12 136 051 143.58	0.40%
2011	42 561 240.47	6 143 400.85	48 704 641.32	12 604 488 861.89	0.39%
2012	314 709 457.76	148 242 605.71	462 952 063.47	4 306 803 017.94	10.75%
2013	48 219 030.75	112 380 513.81	160 599 544.56	5 308 046 875.48	3.03%
2014	299 250 553.78	119 079 267.63	418 329 821.41	11 861 499 220.93	3.53%

由于 2009 年未披露，表 6-12 仅列示 2010~2014 年第三层级公允价值计量的金融工具对当年损益的影响。

（三）中信证券非以公允价值计量的金融资产和金融负债的公允价值信息

自 2007 年起（统计至 2014 年），中信证券财务报表附注都会披露表内非以公允价值计量的金融资产和金融负债的公允价值是否与账面价值具有显著差异的说明，这些项目主要包括货币资金、结算备付金、拆出资金、融出资金、买入返售金融资产、应收利息、存出保证金、其他金融资产、短期借款、应付短期融资券、拆入资金卖出回购金融资产款、代理买卖证券款、代理承销证券款、应付利息、其他金融负债[①]。但是，除了 2013 年和 2014 年的应付债券账面价值与公允价值的差额比较重要，其余的差异都不明显。中信证券相应地在财务报表附注中披露了应付债券的账面价值和公允价值，根据其披露的信息，通过简单测算，假定应付债券采用公允价值计量，将对公司税前利润产生比较重要的影响，具体见表 6-13。

① 其中，2007 年不包括代理买卖证券款、代理承销证券款、应付利息，尽管财务报表内包括了这三个负债项目的信息；2013 年和 2014 年新增项目融出资金、应付短期融资券，这是因为我国当年开始了融资融券业务。

表 6-13　中信证券 2013 年和 2014 年的应付债券账面价值与公允价值的差额

年份	应付债券账面价值/元	应付债券公允价值/元	年度利润总额/元	账面价值与公允价值差异对利润总额影响
2013	26 177 107 880.67	25 201 105 771.75	6 846 091 166.57	利润增加 14.26%
2014	43 167 362 935.99	44 279 149 554.25	15 421 946 666.05	利润下降 7.21%

（四）中信证券董事、监事及高管变更与薪酬情况

实证研究表明公司董事、监事及高管的变更行为会影响公司盈余管理（Dechow et al.，1995；Reitenga and Teamey，2003；Choi et al.，2012；杜兴强和周泽将，2010；林永坚等，2013；李增福和曾晓清，2014）。查阅公司历年年度报告可以发现，中信证券 2007~2014 年董事长一直没有变化，但公司在 2009~2014 年每年都发生一些比较重要的董事、监事、高管成员变更，其中，2010 年 2 月 10 月总会计师工作变更，分管财务的高管于 2010 年 9 月 30 日由内部聘任接任。通过单个案例研究并不能对高管的变更与公司会计政策的变化建立因果联系，但是，可以确实观察到，中信证券自 2011 年起，交易性金融资产的比例显著上升、可供出售金融资产的比例显著下降，相应地，根据表 6-6 可知，交易性金融资产对公司利润的贡献也显著增强（2011 年除外，当年证券市场表现不佳，中信证券的交易性金融资产和可供出售金融资产总体上对净利润和综合收益产生负面影响）。

相关文献普遍认为，有效的高管薪酬机制应该是高管薪酬与公司业绩具有显著正相关关系。但是，根据表 6-14 可知，董事、监事及高管薪酬的增长幅度与业绩增长幅度并不匹配。2008 年业绩比 2007 年显著下降约 50%，薪酬下降幅度并未达到 50%；2011 年业绩相对 2010 年略有下降，但是薪酬却大幅度增长；随后，尽管有些年度业绩还不如 2008 年，但薪酬水平却远高于 2008 年。其中，2013 年业绩仅略高于 2012 年，但董事、监事及高管前三名薪酬总额和董事前三名薪酬总额这两个指标的增长也非常明显。

表 6-14　中信证券高管薪酬 2007~2014 年数据

年份	税前利润总额/万元	董事、监事及高管前三名薪酬总额/万元	董事前三名薪酬总额/万元	高管前三名薪酬总额/万元	董事会持股数量/股	监事会持股数量/股	高管持股数量/股
2007	1 990 417.28	960	489	951	2 038 591	236 695	3 696 619
2008	956 137.68	582	389.33	574	4 021 061	473 390	7 337 117
2009	1 330 199.18	699.18	422.07	690.87	4 021 061	473 390	6 240 996
2010	1 631 994.07	974.38	561.65	944.76	6 027 092	2 319 648	10 124 331
2011	1 503 100.34	2 528.63	2 225.33	2 528.63	6 510 377	2 319 648	6 707 355
2012	548 726.91	1 716.42	1 620.77	1 716.42	7 760 252	2 319 648	8 882 558

续表

年份	税前利润总额/万元	董事、监事及高管前三名薪酬总额/万元	董事前三名薪酬总额/万元	高管前三名薪酬总额/万元	董事会持股数量/股	监事会持股数量/股	高管持股数量/股
2013	684 609.12	2 379.55	2 159.31	1 840.59	4 382 910	2 319 648	5 893 781
2014	1 542 194.67	2 452.12	2 442.89	1 641.33	4 382 910	1 932 648	3 845 418

第三节 中国人寿案例研究

一、中国人寿基本情况介绍

中国人寿[①]，于 2003 年 6 月 30 日在中国北京注册成立，注册资本为 28 264 705 000 元，并于 2003 年 12 月 17 日、18 日及 2007 年 1 月 9 日分别在纽约、香港和上海三地上市。公司的控股股东是中国人寿保险（集团）公司，截至 2014 年底，持有公司 68.37%的股份，属于国有法人绝对控股公司。中国人寿是中国最大的人寿保险公司，拥有由保险营销员、团险销售人员及专业和兼业代理机构组成的中国最广泛的分销网络，是中国最大的机构投资者之一，并通过控股的中国人寿资产管理有限公司成为中国最大的保险资产管理者，同时也控股中国人寿养老保险股份有限公司。该公司提供个人人寿保险、团体人寿保险、意外险和健康险等产品与服务，是中国领先的个人和团体人寿保险与年金产品、意外险和健康险供应商。截至 2014 年 12 月 31 日，公司拥有约 1.97 亿份有效的长期个人和团体人寿保险单、年金合同及长期健康险保单，同时也提供个人、团体意外险和短期健康险保单和服务。截至 2014 年底，中国人寿资产总计 22 465.67 亿元，同比增长 13.9%，实现年营业收入 4 457.73 亿元，同比增长 5.2%，归属于母公司股东的净利润为 322.11 亿元，同比增长 30.1%。

二、公允价值会计对中国人寿财务报表的影响

（一）金融资产和金融负债公允价值会计对财务报表的总体影响

根据表 6-15~表 6-19 可以发现以下几点重要信息。

① 中国人寿基本情况介绍根据中国人寿 2014 年年报摘录和整理。

表 6-15　中国人寿交易性金融资产、可供出售金融资产对资产负债表的影响

年份	交易性金融资产/万元	可供出售金融资产净额/万元	资产总计/万元	交易性金融负债/万元	负债合计/万元
2007	2 511 000	41 751 300	89 460 400	0	72 351 500
2008	1 409 900	42 463 400	99 016 400	0	85 428 300
2009	910 200	51 749 900	122 625 700	0	101 348 100
2010	969 300	54 812 100	141 057 900	0	120 010 400
2011	2 364 000	56 294 800	158 390 700	0	139 051 900
2012	3 401 800	50 641 600	189 891 600	0	167 581 500
2013	3 415 900	49 152 700	197 294 100	0	175 035 600
2014	5 304 100	60 753 100	224 656 700	1 089 000	195 923 600

年份	所有者权益合计/万元	交易性金融资产占资产比重	可供出售金融资产占资产比重	交易性金融负债占负债比重
2007	17 108 900	2.81%	46.67%	0.00
2008	13 588 100	1.42%	42.89%	0.00
2009	21 277 600	0.74%	42.20%	0.00
2010	21 047 500	0.69%	38.86%	0.00
2011	19 338 800	1.49%	35.54%	0.00
2012	22 310 100	1.79%	26.67%	0.00
2013	22 258 500	1.73%	24.91%	0.00
2014	28 733 100	2.36%	27.04%	0.56%

表 6-16　可供出售金融资产对利润表的影响

年份	可供出售金融资产等取得的投资收益/万元	可供出售金融资产减值损失/万元	可供出售金融资产产生的其他综合收益（税前）/万元	投资收益/万元	营业利润/万元
2007	4 356 800.00	340 300.00	6 439 400.00	9 137 700.00	3 481 900.00
2008	3 039 400.00	1 372 100.00	−6 162 200.00	5 333 900.00	790 500.00
2009	4 008 200.00	215 000.00	3 947 000.00	6 280 700.00	4 186 200.00
2010	3 770 500.00	169 400.00	−1 366 600.00	6 828 000.00	4 101 100.00
2011	2 351 900.00	1 291 300.00	−4 557 600.00	6 482 300.00	2 054 600.00
2012	2 515 900.00	3 104 300.00	886 400.00	8 000 600.00	1 095 500.00
2013	2 919 200.00	380 300.00	−2 513 500.00	9 591 100.00	2 890 300.00
2014	3 129 800.00	114 900.00	7 029 600.00	10 779 300.00	4 025 300.00

年份	税前利润总额/万元	总资产报酬率（税前）	可供出售金融资产对税前利润贡献	减值损失的贡献
2007	3 479 400.00	3.89%	115.44%	9.78%
2008	785 900.00	0.79%	212.15%	174.59%
2009	4 174 500.00	3.40%	90.87%	5.15%

续表

年份	税前利润总额/万元	总资产报酬率（税前）	可供出售金融资产对税前利润贡献	减值损失的贡献
2010	4 100 800.00	2.91%	87.81%	4.13%
2011	2 051 300.00	1.30%	51.70%	62.95%
2012	1 096 800.00	0.58%	−53.65%	283.03%
2013	2 945 100.00	1.49%	86.21%	12.91%
2014	4 040 200.00	1.80%	74.62%	2.84%

表 6-17 交易性金融资产对利润表的影响

年份	交易性金融资产取得的投资收益/万元	交易性金融资产公允价值变动损益/万元	公允价值变动损益/万元	投资收益/万元	营业利润/万元	税前利润总额/万元	交易性金融资产对税前利润贡献比例
2007	3 087 300.00	−638 800.00	−638 800.00	9 137 700.00	3 481 900.00	3 479 400.00	70.37%
2008	202 100.00	−813 600.00	−831 600.00	5 333 900.00	790 500.00	785 900.00	−77.81%
2009	15 400.00	163 600.00	163 600.00	6 280 700.00	4 186 200.00	4 174 500.00	4.29%
2010	22 900.00	16 800.00	16 800.00	6 828 000.00	4 101 100.00	4 100 800.00	0.97%
2011	66 600.00	16 500.00	16 500.00	6 482 300.00	2 054 600.00	2 051 300.00	4.05%
2012	113 200.00	12 800.00	12 800.00	8 000 600.00	1 095 500.00	1 096 800.00	11.49%
2013	200 800.00	−23 700.00	−23 700.00	9 591 100.00	2 890 300.00	2 945 100.00	6.01%
2014	385 600.00	492 900.00	374 300.00	10 779 300.00	4 025 300.00	4 040 200.00	21.74%

表 6-18 交易性金融负债对利润表的影响

年份	交易性金融负债公允价值变动损益/万元	公允价值变动损益/万元	投资收益/万元	营业利润/万元	税前利润总额/万元	交易性金融负债对税前利润贡献比例
2007	0	−638 800.00	9 137 700.00	3 481 900.00	3 479 400.00	0.000
2008	0	−831 600.00	5 333 900.00	790 500.00	785 900.00	0.000
2009	0	163 600.00	6 280 700.00	4 186 200.00	4 174 500.00	0.000
2010	0	16 800.00	6 828 000.00	4 101 100.00	4 100 800.00	0.000
2011	0	16 500.00	6 482 300.00	2 054 600.00	2 051 300.00	0.000
2012	0	12 800.00	8 000 600.00	1 095 500.00	1 096 800.00	0.000
2013	0	−23 700.00	9 591 100.00	2 890 300.00	2 945 100.00	0.000
2014	−118 600.00	374 300.00	10 779 300.00	4 025 300.00	4 040 200.00	−2.935%

表 6-19　中国人寿公允价值会计的金融资产或负债对资产负债表和损益表影响匹配性分析

年份	交易性金融资产占资产比重	交易性金融资产对税前利润贡献比例	可供出售金融资产占资产比重	可供出售金融资产对税前利润贡献	可供出售金融资产减值损失对税前利润的影响
2007	2.81%	70.37%	46.67%	115.44%	9.78%
2008	1.42%	−77.81%	42.89%	212.15%	174.59%
2009	0.74%	4.29%	42.20%	90.87%	5.15%
2010	0.69%	0.97%	38.86%	87.81%	4.13%
2011	1.49%	4.05%	35.54%	51.70%	62.95%
2012	1.79%	11.49%	26.67%	−53.65%	283.03%
2013	1.73%	6.01%	24.91%	86.21%	12.91%
2014	2.36%	21.74%	27.04%	74.62%	2.84%

年份	可供出售金融资产产生的其他综合收益占税前利润比重	交易性金融负债占负债比重	交易性金融负债对税前利润贡献比例	总资产报酬率（税前利润/总资产）
2007	185.07%	0.00	0.000	3.89%
2008	−784.09%	0.00	0.000	0.79%
2009	94.55%	0.00	0.000	3.40%
2010	−33.33%	0.00	0.000	2.91%
2011	−222.18%	0.00	0.000	1.30%
2012	80.82%	0.00	0.000	0.58%
2013	−85.35%	0.00	0.000	1.49%
2014	173.99%	0.56%	2.935%	1.80%

第一，从资产负债表看，2007~2014 年，中国人寿严重倾向于将金融资产划分为可供出售金融资产，但可供出售金融资产持有规模总体呈下降趋势。

第二，从业绩贡献看，相对于交易性金融资产和可供出售金融资产占总资产的比重，它们产生的损益对利润的影响比重明显更高。其中，可供出售金融资产对公司利润的影响至关重要，如果剔除这部分损益，公司 2007~2008 年将出现亏损，其余年份损益也将大幅度降低（2012 年除外）；交易性金融资产对公司利润的影响也比较重要，特别是 2007 年、2008 年、2014 年；总体上，与一单位可供出售金融资产相比，一单位交易性金融资产对损益的影响更大。

第三，计入其他综合收益的未实现损益的影响不容忽视。如果将归属于可供出售金融资产计入其他综合收益的未实现损益与税前利润、资产减值损失进行比较，可以发现 2008 年、2010 年、2011 年、2013 年产生的计入其他综合收益的未实现损失都超过资产减值损失；2008 年和 2011 年，计入其他综合收益的未实现损失已经超过了税前利润，即如果没有其他因素影响其他综合收益，公司当年综合收益将出现亏损；2013 年，如果没有其他因素影响其他综合收益，公司当年综合收益也只能产生微利。

第四，与中信证券不同，中国人寿未持有任何衍生金融资产和衍生金融负债，仅在2014年承担部分交易性金融负债，产生的损益对利润表影响也比较小。

（二）金融资产和金融负债三个层级公允价值会计对财务报表的不同影响

根据表6-20~表6-23可得以下几点：①中国人寿交易性金融资产、可供出售金融资产的组成部分中，股权投资大部分能够通过活跃市场获取第一层级公允价值；债权投资总体上主要依赖第二层级公允价值计量，尤其是会被划分为可供出售金融资产的债权型投资，这说明我国债券市场仍然缺乏活跃的交易市场，债券市场仍然欠发达。②第三层级金融资产或金融负债对公司利润或综合收益的影响都比较小，说明第三层级金融资产或金融负债尚未对中国人寿整体财务状况和营利能力波动产生重要影响，其风险可控。

表6-20 中国人寿交易性金融资产三个层级分布比例

年份	金额/（$\times10^6$元）	第一层级股权	第一层级债权	第二层级股权	第二层级债权	第三层级股权	第三层级债权
2009	9 102	29.71%	28.87%	0.42%	41.34%	0.00	0.00
2010	9 693	23.00%	52.96%	0.00	24.05%	0.00	0.00
2011	23 640	10.36%	36.62%	0.00	53.03%	0.00	0.00
2012	34 018	22.94%	38.57%	0.10%	38.14%	0.25%	0.00
2013	34 159	10.01%	27.27%	0.00	62.72%	0.00	0.00
2014	53 041	42.83%	35.43%	1.10%	19.62%	1.02%	0.00

表6-21 中国人寿可供出售金融资产三个层级分布比例

年份	金额/（$\times10^6$元）	第一层级股权	第一层级债权	第二层级股权	第二层级债权	第三层级股权	第三层级债权
2009	517 499	33.31%	8.18%	0.59%	57.63%	0.24%	0.06%
2010	548 121	34.59%	7.14%	0.49%	57.47%	0.25%	0.05%
2011	562 948	31.08%	5.41%	0.35%	62.66%	0.43%	0.05%
2012	506 416	29.79%	5.57%	0.45%	63.40%	0.72%	0.06%
2013	491 527	27.28%	6.92%	0.79%	62.19%	2.76%	0.06%
2014	607 531	24.99%	4.19%	3.86%	60.80%	3.56%	0.08%

表6-22 中国人寿交易性金融负债三个层级分布比例

年份	金额/万元	第一层级	第二层级	第三层级
2014	1 089 000	100.00%	0	0

表 6-23　第三层级金融工具对当年损益的影响

年份	计入净利润/10^6元	计入其他综合收益的影响/（$\times10^6$元）	净利润/（$\times10^6$元）	对净利润贡献比重
2009	18	124	33 036	0.05%
2010	0	1	33 811	0.00
2011	0	−8	18 491	0.00
2012	−157	77	11 272	−1.39%
2013	−144	577	25 008	−0.58%
2014	69	2 126	32 514	0.21%

（三）中国人寿非以公允价值计量的金融资产和金融负债的公允价值信息

与中信证券集中披露说明非以公允价值计量的金融资产和金融负债的公允价值信息的做法不同，中国人寿在财务报表附注中采用集中与分散相结合的做法披露这类信息。其中，对 2007~2014 年公允价值与账面价值近似一致的金融工具，公司财务报表附注统一进行说明，这些项目主要包括定期存款（不包括结构性存款）、保户质押贷款、债权计划资金、买入返售金融资产和卖出回购金融资产款。然后，将公允价值与账面价值具有差异的非以公允价值计量的金融资产和金融负债的公允价值信息分别在这些项目的附注中予以描述，具体披露结构性存款、保户储金及投资款、持有至到期投资、应付债券等项目的账面价值和公允价值。根据披露的信息进行测算可知，公允价值与账面价值的差异一般占该项目账面价值的绝对比重并不重要，但可能对利润总额产生显著影响。其中，2013 年持有至到期投资的公允价值与账面价值（摊余成本计量）差异最明显，账面价值 5 025.17 亿元、公允价值 4 644.77 亿元，如果采用公允价值计量，公允价值下降的损失将导致利润总额减少 380.4 亿元，当年利润总额仅为 294.51 亿元，但当年公司并未对持有至到期投资计提任何减值准备。

（四）中国人寿董事、监事及高管变更与薪酬情况

同样，通过查阅公司历年年度报告，观察公司董事、监事及高管是否发生变化，发现中国人寿 2007~2014 年经常发生一些比较重要的董事、监事、高管成员变更，包括 2012 年董事长和监事长变更、2014 年总裁变更。但是，中国人寿交易性金融资产和可供出售金融资产的划分并未发生显著变化，尽管各个年份之间持有的这两类资产的总体规模由于证券市场表现优劣而有所变化，但可供出售金融资产的规模一直远高于交易性金融资产，也就是说，与中信证券可能存在高管变更影响金融资产会计处理的情况相比，中国人寿可能并不存在这类问题（表 6-24）。

表 6-24　中国人寿高管薪酬 2007~2014 年数据

年份	税前利润总额/万元	董事、监事及高管前三名薪酬总额/万元	董事前三名薪酬总额/万元	高管前三名薪酬总额/万元	董事会持股数量/股	监事会持股数量/股	高管持股数量/股
2007	3 479 400.00	990.00	387.00	975.00	2 000[1)]	0	0
2008	785 900.00	763.00	479.00	746.00	2 000[1)]	0	0
2009	4 174 500.00	479.00	264.00	471.00	0	0	0
2010	4 100 800.00	563.79	330.96	553.18	0	0	0
2011	2 051 300.00	578.10	181.06	534.47	0	0	0
2012	1 096 800.00	237.51	211.86	218.99	0	0	0
2013	2 945 100.00	279.48	233.97	225.65	0	0	0
2014	4 040 200.00	298.51	200.19	243.91	0	0	0

1）董事会持股数量 2 000 是独立董事魏伟峰持有的 2 000 股 H 股股票

结合中国人寿和中信证券的高管薪酬可以发现中国人寿董事、监事、高管的薪酬与业绩的关联性更强，且业绩下降通常伴随着薪酬下降（2010 年和 2011 年例外），特别是 2012 年以来，中国人寿薪酬显著下降，且业绩上涨速度明显超过薪酬上涨幅度，中国人寿董事、监事、高管的薪酬显著低于中信证券，且并不持有股票。

第四节　中国银行案例研究

一、中国银行基本情况介绍

中国银行是中国国际化和多元化程度最高的银行，1929 年，中国银行设立伦敦经理处，这是中国金融机构设立的第一家海外分支机构。此后，中国银行相继在东京、新加坡、纽约等世界各大金融中心开设分支机构。截至 2017 年末，中国银行在中国及 53 个国家和地区为客户提供金融服务。中国银行主要经营商业银行业务，包括公司金融业务、个人金融业务和金融市场业务。此外，其通过全资子公司中银国际控股有限公司开展投资银行业务，通过全资子公司中银集团保险有限公司及中银保险有限公司经营保险业务，通过全资子公司中银集团投资有限公司经营直接投资和投资管理业务，通过控股中银基金管理有限公司经营基金管理业务，通过控股中银航空租赁私人飞机有限公司经营飞机租赁业务。

经孙中山先生批准，中国银行于 1912 年 2 月正式成立。从成立至 1949 年，中国银行先后行使中央银行、国际汇兑银行和国际贸易专业银行职能，在民族金融业中长期处于领先地位，并在国际金融界占有一席之地。1949 年后，中国银行长期作为国家外汇外贸专业银行，统一经营管理国家外汇，开展国际贸易结算、侨汇和其他非贸易外汇业务。改革开放后，中国银行成为国家利用外资的主要渠道。1994年，中国银行改为国有独资商业银行。2004年8月，中国银行股份有限公司挂牌成立。2006 年 6 月和 7 月，中国银行先后在香港联合交易所和上海证券交易所成功挂牌上市，成为国内首家 A+H 发行上市的商业银行。截至 2016 年，中国银行再次入选全球系统重要性银行，成为新兴市场经济体中唯一连续 6 年入选的金融机构。

二、公允价值会计对中国银行财务报表的影响

（一）中国银行金融资产和金融负债公允价值会计对财务报表的总体影响

根据表 6-25~表 6-29，与中国人寿和中信证券比较，发现中国银行持有的公允价值计量的金融资产和金融负债的相对规模更小，且呈逐年下降趋势，但是品种更齐全，每年都持有交易性金融资产、可供出售金融资产、衍生金融资产、衍生金融负债和交易性金融负债。与中国人寿一样，中国银行持有的可供出售金融资产的规模也一直高于交易性金融资产。从损益角度看，中国银行应主要关注可供出售金融资产和衍生金融工具对损益的影响，其他三个项目对损益的贡献一直都比较小。具体而言，2007 年和 2008 年，可供出售金融资产的糟糕业绩对损益造成了较大的负面影响；衍生金融工具虽然在总资产或总负债中的份额极小，却对中国银行的业绩造成了显著影响，特别是 2007 年、2008 年和 2011 年。

表 6-25　中国银行交易性金融资产、可供出售金融资产对资产负债表的影响

年份	交易性金融资产/（$\times10^6$元）	衍生金融资产/（$\times10^6$元）	可供出售金融资产净额/（$\times10^6$元）	资产总计/（$\times10^6$元）	交易性金融负债/（$\times10^6$元）	衍生金融负债/（$\times10^6$元）	负债合计/（$\times10^6$元）
2007	124 665	45 839	682 995	5 995 553	86 655	27 262	5 540 560
2008	87 814	76 124	752 602	6 955 694	67 549	59 482	6 461 793
2009	61 897	28 514	622 307	8 751 943	44 234	23 223	8 206 549
2010	81 237	39 974	656 738	10 459 865	215 874	35 711	9 783 715
2011	73 807	42 757	553 318	11 830 066	2 106	35 473	11 074 172
2012	71 590	40 188	686 400	12 680 615	14 061	32 457	11 819 073
2013	75 200	40 823	701 196	13 874 299	7 681	36 212	12 912 822
2014	104 528	47 967	750 685	15 251 382	13 000	40 734	14 067 954

续表

年份	所有者权益合计/（×10^6元）	交易性金融资产比重	可供出售金融资产比重	衍生金融资产比重	衍生金融负债比重	交易性金融负债比重
2007	454 993	2.08%	11.39%	0.76%	0.49%	1.56%
2008	493 901	1.26%	10.82%	1.09%	0.92%	1.05%
2009	545 394	0.71%	7.11%	0.33%	0.28%	0.54%
2010	676 150	0.78%	6.28%	0.38%	0.37%	2.21%
2011	755 894	0.62%	4.68%	0.36%	0.32%	0.02%
2012	861 542	0.56%	5.41%	0.32%	0.27%	0.12%
2013	961 477	0.54%	5.05%	0.29%	0.28%	0.06%
2014	1 183 428	0.69%	4.92%	0.31%	0.29%	0.09%

表 6-26 中国银行可供出售金融资产对利润表的影响

年份	可供出售金融资产等取得的投资收益/（×10^6元）	可供出售金融资产减值损失/（×10^6元）	可供出售金融资产产生的其他综合收益（税前）/（×10^6元）	投资收益/（×10^6元）	营业利润/（×10^6元）	税前利润总额/（×10^6元）	总资产报酬率（税前利润/总资产）	可供出售金融资产对税前利润贡献	减值损失对税前利润的贡献
2007	−3 078	10 457	0	9 575	88 207	89 955	1.50%	−15.05%	11.62%
2008	2 200	23 162	170	34 438	86 153	86 251	1.24%	−24.30%	26.85%
2009	1 616	−271	667	21 357	110 558	111 097	1.27%	1.70%	−0.24%
2010	3 769	−2 416	4 660	9 277	142 163	142 145	1.36%	4.35%	−1.70%
2011	3 679	−64	2 642	18 980	168 539	168 644	1.43%	2.22%	−0.04%
2012	2 459	157	7 123	14 719	187 305	187 380	1.48%	1.23%	0.08%
2013	1 067	265	−10 037	2 490	685 962.32	212 777	1.53%	0.38%	0.12%
2014	2 288	577	12 334	3 658	1 318 027.90	231 478	1.52%	0.74%	0.25%

表 6-27 中国银行交易性金融工具对利润表的影响

年份	以公允价值计量且其变动计入当期损益的金融工具取得的投资收益/（×10^6元）	交易性金融工具取得的投资收益/（×10^6元）	交易性金融工具公允价值变动损益/（×10^6元）	以公允价值计量且其变动计入当期损益的金融工具公允价值变动损益/（×10^6元）	公允价值变动损益/（×10^6元）
2007	−2 674	2 949	411	−126	9 386
2008	666	−1 307	−1 319	476	−529
2009	−772	450	99	366	−9 24 4
2010	344	−346	111	559	1 317
2011	−221	−619	−117	309	4 367
2012	233	713	−16	895	1 953

续表

年份	以公允价值计量且其变动计入当期损益的金融工具取得的投资收益/（×10⁶元）	交易性金融工具取得的投资收益/（×10⁶元）	交易性金融工具公允价值变动损益/（×10⁶元）	以公允价值计量且其变动计入当期损益的金融工具公允价值变动损益/（×10⁶元）	公允价值变动损益/（×10⁶元）
2013	71	−13	129	−1 161	2 025
2014	−1 127	1 617	3 531	−3 250	2 684

年份	投资收益/（×10⁶元）	营业利润/（×10⁶元）	税前利润总额/（×10⁶元）	交易性金融工具对税前利润贡献比例
2007	9 575	88 207	89 955	0.62%
2008	34 438	86 153	86 251	−1.72%
2009	21 357	110 558	111 097	0.13%
2010	9 277	142 163	142 145	0.47%
2011	18 980	168 539	168 644	−0.38%
2012	14 719	187 305	187 380	0.97%
2013	2 490	685 962	212 777	−0.46%
2014	3 658	1 318 028	231 478	0.33%

注：中国银行年报附注未单独披露交易性金融负债和衍生金融负债的损益信息，但是，披露交易性金融负债的信息时，通常会提醒银行的信用风险没有发生重大变化，因此指定以公允价值计量且其变动计入当期损益的金融负债也未发生任何重大的由自身信用风险变化导致的损益。因此，我们推测，本表摘录的中国银行财务报表附注中披露的交易性金融工具的损益信息，主要属于交易性金融资产（包括以公允价值计量且其变动计入当期损益的其他金融资产）；前四列损益项目合计，即以公允价值计量且其变动计入当期损益的金融工具取得的投资收益、交易性金融工具取得的投资收益、交易性金融工具公允价值变动损益、以公允价值计量且其变动计入当期损益的金融工具公允价值变动损益的合计

表 6-28　衍生金融工具对利润表的影响

年份	衍生金融工具公允价值变动损益/（×10⁶元）	衍生金融工具的投资收益/（×10⁶元）	公允价值变动损益/（×10⁶元）	投资收益/（×10⁶元）	营业利润/（×10⁶元）	税前利润总额/（×10⁶元）	衍生金融工具对税前利润的贡献
2007	7 031	10 697	9 386	9 575	88 207	89 955	19.71%
2008	270	32 083	−529	34 438	86 153	86 251	37.51%
2009	−11 642	19 307	−9 244	21 357	110 558	111 097	6.90%
2010	−1 002	4 540	1 317	9 277	142 163	142 145	2.49%
2011	2 311	15 307	4 367	18 980	168 539	168 644	10.45%
2012	68	10 133	1 953	14 719	187 305	187 380	5.44%
2013	2 395	−151	2 025	2 490	685 962	212 777	1.05%
2014	1 857	−1 143	2 684	3 658	1 318 028	231 478	0.31%

注：中国银行财务报表附注披露的衍生金融工具损益信息，并未明确区分归属于衍生金融资产或衍生金融负债

表 6-29 中国银行公允价值会计的金融资产或负债对资产负债表和损益表影响匹配性分析

年份	交易性金融资产占资产比重	交易性金融负债占负债比重	交易性金融工具对税前利润贡献比例	可供出售金融资产占资产比重	可供出售金融资产对税前利润贡献	可供出售金融资产减值损失对税前利润的影响
2007	2.08%	1.56%	0.62%	11.39%	−15.05%	11.62%
2008	1.26%	1.05%	−1.72%	10.82%	−24.30%	26.85%
2009	0.71%	0.54%	0.13%	7.11%	1.70%	−0.24%
2010	0.78%	2.21%	0.47%	6.28%	4.35%	−1.70%
2011	0.62%	0.02%	−0.38%	4.68%	2.22%	−0.04%
2012	0.56%	0.12%	0.97%	5.41%	1.23%	0.08%
2013	0.54%	0.06%	−0.46%	5.05%	0.38%	0.12%
2014	0.69%	0.09%	0.33%	4.92%	0.74%	0.25%

年份	可供出售金融资产产生的其他综合收益（税前）占税前利润比重	衍生金融资产占资产比重	衍生金融负债占负债比重	衍生金融工具对税前利润的贡献	总资产报酬率（税前利润/总资产）
2007	0.00	0.76%	0.49%	19.71%	1.50%
2008	0.20%	1.09%	0.92%	37.51%	1.24%
2009	0.60%	0.33%	0.28%	6.90%	1.27%
2010	3.28%	0.38%	0.37%	2.49%	1.36%
2011	1.57%	0.36%	0.32%	10.45%	1.43%
2012	3.80%	0.32%	0.27%	5.44%	1.48%
2013	−4.72%	0.29%	0.28%	1.05%	1.53%
2014	5.33%	0.31%	0.29%	0.31%	1.52%

（二）三个层级公允价值对财务报表的影响

根据中国银行财务报表附注，其 2007 年和 2008 年没有披露三个层级公允价值的具体应用范围，但自 2009 年起，详细披露了这些信息①。第一层级公允价值，主要是集团持有的在交易所交易的证券、部分政府债券和若干场内交易的衍生合约（2013~2014 年新增）；第二层级公允价值，主要是大多数场外交易的衍生合约、从价格提供商获取价格的债券、交易贷款和发行的结构性存款；第三层级公允价值，主要是有重大不可观察因素的股权和债权投资工具，包括集团持有的某些低流动性债券（主要为资产支持债券）、未上市股权（私募股权）、场外结构性衍生合约、未上市基金及部分投资性房地产，管理层从交易对手处询价

① 笔者同时查阅了其他上市银行财务报表附注相关信息，相比较而言，中国银行对公允价值层级的披露更详细和规范，对公允价值每一层级具体应用对象的披露，很多银行并未提及或模棱两可。

或使用估值技术确定公允价值，估值技术包括现金流折现法、资产净值法和市场比较法等。

根据表 6-30~表 6-35 可以发现，与中国人寿和中信证券的情况有所不同，包括交易性金融资产在内，中国银行金融工具公允价值计量主要是第二层级，这可能是因为银行的交易性金融工具几乎不包括证券和保险公司所能持有的股票投资，缺乏活跃的交易市场定价支持，第三层级公允价值计量的金融工具对资产负债表和损益表的影响都比较小。

表 6-30　交易性金融资产三个层级分布比例

年份	金额/（$\times10^6$元）	第一层级	第二层级	第三层级	备注
2009	61 897	15.48%	84.33%	0.19%	详细区分为债券、基金及其他、贷款、权益工具；第二层级以债券为主
2010	81 237	10.37%	89.25%	0.38%	
2011	73 807	6.49%	93.37%	0.15%	
2012	71 590	3.37%	96.26%	0.37%	
2013	75 200	10.66%	88.94%	0.40%	
2014	104 528	17.51%	81.67%	0.81%	

表 6-31　衍生金融资产三个层级分布比例

年份	金额/（$\times10^6$元）	第一层级	第二层级	第三层级
2009	28 514	42.67%	56.83%	0.50%
2010	39 974	41.61%	58.38%	0.01%
2011	42 757	35.59%	64.41%	0.00
2012	40 188	36.08%	63.92%	0.00
2013	40 823	27.37%	72.63%	0.00
2014	47 967	24.93%	75.07%	0.00

表 6-32　可供出售金融资产三个层级分布比例

年份	金额/（$\times10^6$元）	第一层级	第二层级	第三层级	备注
2009	622 307	10.79%	86.76%	2.45%	分为债券、基金及其他、权益工具；第二层级以债券为主
2010	658 738	10.94%	85.07%	3.98%	
2011	553 318	18.96%	76.18%	4.86%	
2012	686 400	19.43%	76.51%	4.06%	
2013	701 196	8.77%	86.73%	4.50%	
2014	750 685	5.56%	90.50%	3.94%	

表 6-33 交易性金融负债三个层级分布比例

年份	金额/（×10^{6}元）	第一层级	第二层级	第三层级
2009	44 234	0.00	100.00%	0.00
2010	21 492	0.00	100.00%	0.00
2011	2 106	0.00	100.00%	0.00
2012	14 061	0.00	100.00%	0.00
2013	7 681	0.00	100.00%	0.00
2014	13 000	0.00	100.00%	0.00

表 6-34 衍生金融负债三个层级分布比例

年份	金额/（×10^{6}元）	第一层级	第二层级	第三层级
2009	23 223	35.59%	62.50%	1.91%
2010	35 711	35.08%	64.92%	0.00
2011	35 473	31.30%	68.70%	0.00
2012	32 457	33.58%	66.42%	0.00
2013	36 212	21.12%	78.88%	0.00
2014	40 734	20.11%	79.89%	0.00

表 6-35 第三层级金融工具对当年损益的影响

年份	已实现/（×10^{6}元）	未实现/（×10^{6}元）	合计/（×10^{6}元）	年度净利润/（×10^{6}元）	贡献比重
2013	41	246	287	163 741	0.175%
2014	768	−389	379	177 198	0.214%

由于之前年份未披露，表6-35仅列示了2013~2014年第三层级公允价值计量的金融工具对损益的影响。

（三）表内历史成本、表外披露公允价值的金融资产和金融负债情况

根据中国银行报表附注，资产负债表中非以公允价值计量的金融资产和金融负债主要包括存放中央银行款项、存放同业款项、拆出资金、买入返售金融资产、发放贷款和垫款、持有至到期投资、应收款项类投资、向中央银行借款、同业及其他金融机构存放款项、拆入资金、卖出回购金融资产款、以摊余成本计量的吸收存款及应付债券。但是，中国银行并未全部披露这些项目的公允价值信息，主要披露公允价值与账面价值不相近的金融资产和金融负债，包括持有至到期投资、应收款项类投资、应付债券。根据披露的数据可知，这些项目的公允价值和账面价值实际上没有重大差异，公允价值和账面价值差额占账面价值的比重均不超过 6%，绝大部分低于 4%。2013 年起，中国银行在财务报表附注中同时

披露了这三个项目的三个层级公允价值信息，与表内采用公允价值计量的金融资产和金融负债相似，这些非公允价值计量的金融资产和金融负债的公允价值信息也主要集中在第二层级。

（四）中国银行董事、监事及高管变更与薪酬情况

尽管中国银行董事、监事和高管在2007~2014年发生了一些重要变更，但可能是由于公允价值计量的金融资产和金融负债对资产负债表以及损益表的影响都不是很大，笔者没有观察到董事、监事和高管的变更对这些资产和负债的会计处理产生影响的现象，同样，由于银行业受到较严格的薪酬管制，董事、监事和高管薪酬与银行利润绝对额的增加或总资产报酬率的阶段性增长和下降，都没有明显的关系，相反，薪酬在2007年和2008年的高点基础上，2009年经历显著下降，随后逐渐稳定但总体小幅下降（表6-36）。

表6-36　中国银行2007~2014年董事、监事、高管薪酬

年份	总资产报酬率	董事、监事、高管前三名薪酬/元	董事前三名薪酬/元	高管前三名薪酬/元
2007	1.50%	15 643 000.00	4 973 000.00	15 643 000.00
2008	1.24%	17 779 000.00	4 532 000.00	17 779 000.00
2009	1.27%	9 559 000.00	2 237 000.00	9 559 000.00
2010	1.36%	9 844 700.00	2 822 100.00	9 759 900.00
2011	1.43%	8 150 600.00	2 970 100.00	8 059 500.00
2012	1.48%	8 272 100.00	3 088 800.00	8 182 100.00
2013	1.53%	7 871 500.00	3 100 200.00	7 871 500.00
2014	1.52%	8 022 200.00	3 353 400.00	7 917 400.00

第五节　案例研究总结

通过分析中信证券、中国人寿和中国银行三家上市公司2007~2014年的财务报表附注，发现这些公司在公允价值会计政策的选择和执行方面存在着一些共同问题，这将不可避免地影响到会计信息的质量，特别是可比性、完整性和可理解性等。这些问题之所以会存在，部分是因为企业理解或执行企业会计准则存在不足，部分是因为企业会计准则自身的规定有待改进。

一、交易性金融资产和可供出售金融资产处置成本结转办法不清晰

类似于存货，同一种金融工具可能也存在多次买进和多次卖出，多次买进时购买成本不一定相同。但是，与《企业会计准则第 1 号—— 存货》规定存货发出存在先进先出法、个别计价法、加权平均法等多种计价方法不同，《企业会计准则第 22 号——金融工具确认和计量》并未明确企业出售金融资产的成本结转办法，这可能会影响财务报表阅读者对金融工具处置损益的正确理解。

查阅中信证券年报发现，售出的交易性金融资产，2007~2012 年年报附注表明以加权平均法结转成本，2013~2014 年年报附注仅简单说明“售出时，确认投资收益”；售出的可供出售金融资产，2008~2012 年年报附注明确采用加权平均法结转成本，但 2007 年度、2013 年度、2014 年度都没有关于成本结转办法的说明。据此，信息使用者将难以判断中信证券的处理办法在不同会计年度是否始终保持一致，这将有损会计信息的可比性或可理解性。

相对于中信证券，中国人寿和中国银行的披露更简单。这两家公司财务报表附注都表示金融资产终止确认时，其账面价值与收到的对价以及原通过其他综合收益直接计入所有者权益的公允价值累计变动之和的差额，计入当期利润表。

笔者认为，《企业会计准则第22号——金融工具确认和计量》仍然应该借鉴《企业会计准则第 1 号—— 存货》，对出售金融资产的成本结转办法予以明确，这有利于增强会计信息的可理解性，也有助于增强不同企业和同一企业不同会计期间的会计信息的可比性，具体原因如下。

以通过上海证券交易所或深圳证券交易所购买股票或债券为例，多次购买同一种金融工具，证券交易平台通常会自动计算金融工具持有数量的持有成本。但是，该成本可能不是个别计价法、先进先出法或加权平均法取得的成本。例如，会计主体 t 天买入 100 手 A 股票作为交易性金融资产，每股成本 10 元；t+1 天 10 点半，每股 10.5 元售出 50 手；t+1 天 11 点，以成本 10.6 元/股买入 100 手；t+1 天，股票收盘价 11 元；t+2 天，11.5 元售出 50 手，当天收盘价 12 元。如果不考虑交易成本，t+1 天，该投资的损益应该包括出售 50 手产生的已经实现的投资收益 2 500 元、持有 150 手产生的未实现公允价值变动收益 9 000 元，剩余 150 手股票每股加权平均成本应该是 10.4 元；但是，股票交易平台通常会记录持有 150 手股票，市值 165 000 元，成本价 153 500 元，每股成本价 10.23 元，账面收益 11 500 元。t+2 天出售的 50 手股票，在先进先出法下产生的已实现投资收益为 7 500 元，剩余的 100 手股票的未实现收益为 14 000 元；加权平均法产生的已实现的投

资收益为 5 500 元，剩余的 100 手股票的未实现收益为 16 000 元。但是，$t+2$ 天收盘时，股票交易平台通常会记录持有 100 手股票，市值 120 000 元，成本价 96 000 元，每股成本价 9.6 元，账面收益 24 000 元。

显然，投资企业采用的计算方法不同，会对已实现损益和未实现损益的分配产生显著影响。

二、可供出售金融资产减值准备会计政策的一致性问题

（一）原则导向或规则导向会计政策的应用缺乏一致性

我国 2006 年发布的《企业会计准则第 22 号—— 金融工具确认和计量》对包括可供出售金融资产在内的需要考虑计提资产减值损失的金融资产，规定了金融资产是否发生减值的判断依据，这些判断条件属于原则性规定①。例如，第四十一条第八款中的“权益工具投资的公允价值发生严重或非暂时性下跌”表明投资人可能无法收回投资成本，需要计提减值准备。显然，企业对何种情况满足“严重或非暂时性下跌”具有一定的裁量权。在这种情况下，不同会计期间企业裁量权的尺度可能并不一致。

根据对中信证券 2007~2014 年年报附注的分析，关于可供出售金融资产减值准备计提的规定，可以概括为两种情况：一是，2007 年、2009 年、2010 年、2011 年延续了会计准则的原则性规定，与企业会计准则没有本质差异；二是，2008 年、2012 年、2013 年和 2014 年除了采纳企业会计准则的原则性规定外，还增加规定了可供出售金融资产发生减值准备的规则性判断依据，即提供了明确界限，但是，这些年份界限规定并不完全一致，规则性条件的约束力也不完全一致。2008 年规定“如果单项可供出售金融资产的公允价值出现较大幅度下降，超过其持有成本的 50%，预期这种下降趋势属于非暂时性的，且在整个持有期间得不到根本改变时，也可以认定该可供出售金融资产已发生减值，应计提减值准备，确认减值损失”；2012 年，该表述改为“如果单项可供出售金融资产的公允价值跌幅超过成本的 30%，或者持续下跌时间达一年以上，则认定该可供出售金融资产已发生减值，应计提减值准备，确认减值损失”。可以发现，2012 年与 2008 年相比至少有以下四点不同：①公允价值下跌幅度由 2008 年的 50%调整为 2012 年的 30%；②2008 年要求同时满足“下跌幅度”和“下跌整个持有期间得不到根本改变”，2012 年则调整为满足“下跌幅度”或“持续下跌时间”两个条件之一；③2008 年的“整个持有期间”调整为 2012 年的“持续下跌时间达一

① 本书第四章第四节对此也进行了详细说明。

年以上”；④条款执行约束力由 2008 年的“可以认定”改为 2012 年的“则认定”，条款由选择性执行改为强制执行。相对于2012年而言，2013年和2014年报表附注的表述又发生了变化，关于公允价值跌幅程度的规定重新调整为“跌幅超过成本的50%”。

中国人寿2007~2008年可供出售金融资产的减值准备会计处理政策的表述与企业会计准则规定的一致，仅有原则性规定。此后，公司关于可供出售金融资产减值准备的判断依据的规定发生了一些变化，在原则性规定的基础上逐渐增加规则性判断依据。2009~2010 年，出现了股权型金融资产是否存在减值的原则性规定，即基于但不限于下列几项因素进行判断：①公允价值下降的幅度或持续的时间；②发行机构的财务状况和近期发展前景。2011 年，公司进一步将上述判断原则拓展至所有金融资产，不再局限于股权型金融资产。但是，对公允价值下降的幅度多大或持续的时间多长便足以导致金融资产减值，2009~2011 年年报都没有给予明确说明。2012~2014 年，公司增加了可供出售权益投资是否减值的规则性判断依据，规定“本集团于资产负债表日对各项可供出售权益工具投资单独进行检查，若该权益工具投资于资产负债表日的公允价值低于其初始投资成本超过50%，或低于其初始投资成本持续时间超过一年（含一年），或持续 6 个月低于其初始投资成本超过 20%，则表明其发生减值”。

中国银行 2007~2011 年对权益工具的减值（显然，权益工具可能属于可供出售金融资产）采用了企业会计准则的原则性规定；2012~2014 年年报针对权益工具的减值条件同时规定了规则性条款，规定“权益工具投资的公允价值发生严重或暂时性下跌，如权益工具投资于资产负债表日的公允价值低于其初始投资成本超过 50%（含 50%）或低于其初始投资成本持续时间超过一年（含一年），已持续 6 个月（或以上）低于其初始投资成本超过 20%（含 20%）或短期内（1 个月内）下降幅度超过 30%也表明其发生减值”；2007~2011 年，年报会计政策并不包括这类规则性条款。

研究发现，整个金融行业可供出售金融资产减值会计政策的规定都存在类似问题，表 6-37~表 6-39 分别列示了证券业、保险业和银行业三个重要子行业可供出售金融资产减值会计政策的执行情况。

表 6-37 证券行业上市公司可供出售金融资产减值准备会计政策

公司简称	重要性（各年可供出售金融资产占总资产比重）								减值准备政策		
	2007 年	2008 年	2009 年	2010 年	2011 年	2012 年	2013 年	2014 年	原则规定	原则+规则	规则一致性
申万宏源	3.46%	3.49%	4.90%	8.00%	10.57%	16.94%	5.41%	6.32%	2007~2011 年	2012~2014 年	一致
东北证券	1.61%	0.34%	6.60%	2.25%	2.04%	17.69%	13.64%	9.21%	2007~2011 年	2012~2014 年	2013~2014 年比 2012 年更易减值

续表

公司简称	重要性（各年可供出售金融资产占总资产比重）								减值准备政策		
	2007 年	2008 年	2009 年	2010 年	2011 年	2012 年	2013 年	2014 年	原则规定	原则+规则	规则一致性
国元证券	0.98%	1.14%	2.25%	14.51%	16.01%	23.23%	28.40%	28.19%	2007~2010 年	2011~2014 年	2012~2014 年比 2011 年更难减值
国海证券					2.50%	6.40%	2.31%	4.71%	2011 年	2012~2014 年	一致
广发证券				6.58%	13.97%	13.58%	17.39%	14.33%	2010~2011 年	2012~2014 年	一致
长江证券	7.36%	1.19%	2.49%	12.54%	21.23%	12.58%	13.85%	5.09%	2007 年、2009~2011 年	2008 年、2012~2014 年	2013~2014 年比 2012 年更易减值
山西证券				1.01%	6.20%	10.81%	14.11%	8.97%	2010~2011 年	2012~2014 年	一致
西部证券						2.38%	4.31%	6.91%		2012~2014 年	一致
国信证券								6.52%		2014 年	
中信证券	6.80%	24.91%	20.76%	24.28%	19.49%	17.32%	9.34%	10.18%	2007 年、2009~2011 年	2008 年、2012~2014 年	2013~2014 年比 2012 年更难减值
国金证券	28.93%	1.27%	1.65%	0.34%	0.00	0.10%	13.84%	4.37%	2007~2012 年	2013~2014 年	一致
西南证券			7.78%	5.78%	4.73%	1.55%	8.51%	12.45%	2009~2011 年	2012~2014 年	一致
海通证券	2.90%	1.51%	5.19%	5.23%	7.27%	6.42%	4.17%	3.60%	2007~2011 年	2012~2014 年	一致
兴业证券				3.76%	3.52%	4.89%	4.65%	5.95%	2011~2014 年	2010 年	
招商证券			4.17%	6.90%	10.55%	6.39%	7.68%	7.69%	2009 年	2010~2014 年	一致
太平洋证券			0.03%	0.00	0.00	2.46%	0.49%	2.10%	2009~2011 年	2012~2014 年	一致
东吴证券					13.65%	14.40%	11.91%	10.38%	2011 年	2012~2014 年	2013~2014 年比 2012 年更易减值
华泰证券				4.57%	2.72%	10.35%	6.34%	3.41%	2010 年、2011 年、2014 年	2012 年、2013 年	一致
光大证券			1.08%	7.13%	19.37%	13.30%	6.50%	4.95%	2013~2014 年	2009~2012 年	一致
方正证券					6.78%	15.35%	11.40%	28.02%	2011 年	2012~2014 年	2014 年比 2012~2013 年更易减值

注：申万宏源 2007~2013 年数据为宏源证券，宏源证券与申银万国于 2014 年合并，合并后成立“申万宏源”

表 6-38 保险行业上市公司可供出售金融资产减值准备会计政策

公司简称	重要性（各年可供出售金融资产占总资产比重）								减值准备政策		
	2007年	2008年	2009年	2010年	2011年	2012年	2013年	2014年	原则规定	原则+规则	规则一致性
中国平安	27.40%	29.99%	25.80%	20.70%	13.40%	10.40%	6.87%	8.77%	2007~2011年	2012~2014年	一致
新华保险					18.84%	17.08%	22.60%	27.26%	2007~2011年	2012~2014年	一致
中国太保	39.41%	30.08%	29.83%	25.17%	20.61%	19.93%	24.25%	20.19%	2007~2011年	2012~2014年	一致
中国人寿	46.67%	42.89%	42.20%	38.86%	35.54%	26.67%	24.91%	27.04%	2007~2011年	2012~2014年	一致

表 6-39 上市银行可供出售金融资产减值准备会计政策

公司简称	重要性（各年可供出售金融资产占总资产比重）								减值准备政策		
	2007年	2008年	2009年	2010年	2011年	2012年	2013年	2014年	原则规定	原则+规则	规则一致性
平安银行	5.1%	10.3%	6.3%	4.3%	6.2%	5.6%	0.02%	0.07%	2007~2011年	2012~2014年	2013年比2012年更易减值
宁波银行	0.79%	0.11%	1.1%	1.6%	10.2%	15.3%	19.3%	21.7%	2007~2014年		
浦发银行	9.7%	4.4%	5.5%	4.8%	5.5%	4.8%	4.4%	5.3%	2007~2011年	2012~2014年	一致
华夏银行	1.3%	2.5%	1.4%	1.4%	2.3%	4.0%	3.9%	3.4%	2007~2011年、2013~2014年	2012年	
中国民生银行	6.6%	5.1%	3.4%	1.9%	2.9%	3.6%	3.5%	4.0%	2007~2014年		
招商银行	10.8%	13.1%	11.8%	11.3%	9.8%	8.4%	7.2%	5.9%	2007~2014年		
南京银行	11.2%	11.2%	7.8%	6.9%	8.6%	8.1%	10.4%	9.7%	2007~2012年	2013~2014年	一致
兴业银行	5.1%	7.6%	8.3%	8.0%	6.1%	5.9%	7.2%	9.3%	2007~2012年	2013~2014年	一致
北京银行	23.4%	19.4%	11.9%	10.7%	9.0%	8.5%	7.2%	7.2%	2007~2014年		
中国农业银行				6.5%	5.6%	5.7%	5.4%	5.8%	2010~2013年	2014年	
交通银行	6.9%	5.3%	4.0%	4.1%	4.0%	3.9%	3.7%	3.4%	2007~2012年	2013~2014年	一致
中国工商银行	6.1%	5.5%	8.1%	6.7%	5.4%	5.2%	5.3%	5.8%	2007~2011年	2012~2014年	一致
中国光大银行				5.2%	3.1%	4.0%	4.6%	5.1%	2010~2014年		
中国建设银行	6.5%	7.3%	6.8%	6.4%	5.5%	5.05%	4.9%	5.5%	2007~2014年		
中国银行	11.4%	10.8%	7.1%	6.3%	4.7%	5.4%	5.1%	4.9%	2007~2011年	2012~2014年	一致
中信银行	4.3%	7.2%	5.3%	6.6%	4.9%	6.6%	4.9%	5.1%	2007~2014年		

第一，可供出售金融资产减值准备计提的会计政策，行业内公司行为一致化趋势明显，普遍是早些年采用原则导向，随后增加规则导向，尤其是证券公司和

保险公司表现更突出。但是，兴业证券、光大证券和华泰证券的做法在行业内比较独特。兴业证券和光大证券都是先采用“原则+规则”规定，随后转为纯粹“原则”规定；华泰证券则在2010年、2011年和2014年采用“原则”规定，2012年和2013年增加“规则”规定。

第二，从金融行业内部来看，银行业、证券业和保险业的表现略有差异。首先，保险公司只有4家，都是从2012年开始增加规则导向的金融资产减值政策，且同一家公司不同年份的规则条款保持一致。其次，证券公司的一致性略低，大部分证券公司2011年或2012年开始增加规则导向规定，部分公司从2009年、2010年、2011年或2013年开始增加规则导向规定，甚至有部分证券公司（长江证券和中信证券）在2008年尝试了增加规则导向后又立即在后续年度停止规则规定。不同证券公司关于规则导向的规定不尽相同，同一证券公司不同年份规则导向的规定也存在一些差异。最后，银行的行业一致性最差，有7家银行截至2014年都只采用原则导向减值会计政策，其他银行开始规则导向规定的时间也不一致，开始时间有2012年、2013年、2014年三类。其中，华夏银行仅在2012年尝试了规则导向，其他年份仅采用原则导向。

第三，由于缺乏会计准则强制性要求，规则的界定存在随意性，尤其是证券公司表现比较混乱。首先，相同的公司，不同年份的规定存在差异。例如，东北证券、国元证券、长江证券、中信证券、东吴证券、方正证券这几家证券公司关于规则的界定，不同年份并不完全一致。其次，不同公司之间，界限的确定也缺乏可比性。例如，中国平安、中国太保、新华保险都将权益工具投资的公允价值持续一年低于购置成本界定为非暂时性下跌，将公允价值低于购置成本50%及以上界定为严重下跌，但是，中国人寿却将“公允价值持续6个月低于其初始投资成本20%”界定为发生金融资产减值。

（二）会计政策、会计估计变更的披露未执行到位

尽管金融行业上市公司对可供出售金融资产减值准备计提办法的规定发生了多次变化，但是，查阅财务报表附注可知，没有一家公司在2007~2014年对会计政策、会计估计变更进行充分说明，尽管这些上市公司可能意识到其属于会计政策、会计估计变更的范畴。根据中信证券2009年1月10日发布的临时公告，中信证券股份有限公司第三届董事会第三十三次会议一致审议通过了《关于修改公司会计政策的议案》，对公司现行会计政策中可供出售金融资产减值准备的计提政策进行补充，对公允价值跌幅超过持仓成本50%的单项可供出售金融资产计提减值准备。据此，2008年共计提可供出售金融资产减值准备7.14亿元，而2007年该数据为零。但是，该公司随后多次修订可供出售金融资产减值准备计提政

策，却没有通过财务报表附注对变更原因、变更影响进行任何说明，也未对不能解释变更原因和影响的情况进行任何说明。

对可供出售金融资产减值准备会计的变更，如果未披露变更理由、变更的影响等，会计信息使用者难以判断变更的合理性，难以分析变更的影响，这样会降低会计信息的可理解性，也容易促使企业通过操控可供出售金融资产减值准备会计处理来操控业绩。

（三）三个层级会计信息披露缺乏统一标准

2006 年发布的《企业会计准则第 37 号——金融工具列报》只是简单提及企业应该披露确定公允价值所采用的方法，包括全部或部分直接参考活跃市场中的报价或采用估值技术等，直到 2014 年发布《企业会计准则第 39 号——公允价值计量》才对公允价值的披露进行了详细规范，这导致中信证券、中国银行、中国人寿三家公司披露三个层级公允价值信息的起始时间、详略程度均存在一些差异。首先，从披露时间看，三家公司都从 2009 年开始披露金融工具三个层级公允价值应用情况。但是，披露第三层级金融工具对当年损益影响的开始时间却存在差异，中国银行 2013 年才开始披露相关信息，中信证券 2010 年开始披露相关信息，中国人寿 2009 年开始披露相关信息。然后，从披露的详略程度看，总体上中国银行和中国人寿对三个层级信息的披露比中信证券更详细。中国银行对比较重要的交易性金融资产和可供出售金融资产都详细区分了各个组成部分的层级信息；中国人寿也根据交易性金融资产和可供出售金融资产的两个重要组成部分（股权和债权）分别披露三个层级公允价值的分布金额。但是，中信证券并未具体披露这两种金融资产的组成部分的公允价值层级分布信息。根据中信证券年报，中信证券交易性金融资产和可供出售金融资产的组成来源并不单一，其包括债券、权益工具和其他项目。关于第三层级金融资产或金融负债对公司利润或综合收益影响的信息披露，三家公司信息披露的标准并不统一。中国银行和中信证券都区分已实现利润和未实现利润，以分别披露第三层级金融工具对当年损益的影响，但并未披露对其他综合收益的影响，尽管两家公司都持有划分为第三层级公允价值计量的可供出售金融资产；中国人寿分别披露了第三层级金融工具对净利润和其他综合收益的影响。

（四）非以公允价值计量的金融资产和金融负债的公允价值信息披露不合规

根据 2006 年发布的《企业会计准则第 37 号——金融工具列报》第三十一条和二十九条，非以公允价值计量的金融资产和金融负债，也需要披露公允价值信息，除非是账面价值与公允价值相差很小的短期金融资产或金融负债，或者是活跃市场中没有报价的权益工具投资，以及与该权益工具挂钩并须通过交付该权益工具结算的衍生工具。2006 年发布的《企业会计准则第 37 号——金融工具列报》第二十九条规定，非以公允价值计量的金融资产和金融负债披露的公允价值信息内容与公允价值计量的金融资产和金融负债是一致的。其中，有两点需要特别注意：一是确定公允价值所采用的方法，包括全部或部分直接参考活跃市场中的报价或采用估值技术；二是估值技术对估值假设具有重大敏感性的，应当披露这一事实及改变估值假设可能产生的影响，同时披露采用这种估值技术确定的公允价值的本期变动额计入当期损益的数额。

根据本章前四节的分析可以发现，三家公司的披露并不完全符合要求。除中国银行 2013 年起开始披露非以公允价值计量的金融资产和金融负债的三个层级公允价值信息外，中国银行 2012 年及以前，以及中国人寿和中信证券都没有区分层级信息披露这些金融资产和金融负债的公允价值信息，而只简单披露其账面价值和公允价值信息。虽然，由于这些公司没有披露公允价值取值是否需要估值技术，难以判断估值技术对公允价值本期变动额的影响，但是，从中信证券和中国人寿披露的信息推测，非以公允价值计量的金融工具如果采用公允价值计量，可能对公司利润表产生重要影响。特别是中国人寿 2013 年的持有至到期投资，如果采用公允价值计量将使公司净利润变为亏损，尽管如此，公司当年财务报表附注对此没有进行任何直接提醒，也未计提任何减值准备，说明公司持有至到期投资的减值会计处理是有瑕疵的。

第七章　研究结论、政策建议、研究局限性与未来展望

第一节　研 究 结 论

本书研究了我国金融行业上市公司强制执行公允价值会计的表现及后果，研究过程中，重点研究了以下几个方面的内容。

（1）在回顾国内外研究文献的基础上，重点分析我国公允价值会计执行的制度背景。

（2）利用 CSMAR 数据库和手工收集整理财务报表附注信息披露内容获取 2007~2013 年金融行业上市公司财务报表有关数据，采用实证研究方法，研究执行公允价值会计对金融行业上市公司盈余波动和盈余管理的影响，以及对商业银行收益波动和资本监管的影响，并检验原则导向与规则导向可供出售金融资产减值会计政策对可供出售金融资产减值会计信息质量的影响（该问题的研究选取 2007~2014 年数据，对比金融和非金融上市公司的表现），从而比较全面地考察公允价值会计的执行对财务报表表内信息质量的影响，分析公允价值会计的执行是否对利润波动产生不利影响。

（3）利用 CSMAR 数据库和手工收集整理财务报表附注信息披露内容获取 2007~2013 年金融行业上市公司财务报表、股票交易、高管薪酬等数据，采用实证研究方法，考察执行公允价值会计的金融资产和金融负债的公允价值信息对股票价格与股票报酬的影响，并分别考察三个不同层级公允价值信息对股票价格与股票报酬的差异性影响，同时实证分析公允价值会计信息对高管薪酬的影响以考察高管薪酬机制的有效性。

（4）分别从证券业、保险业和银行业三个子行业选取一家具有代表性的公

司作为案例研究对象，分析公允价值会计的执行对这些公司财务报表财务状况和经营成果的影响，考察这些公司公允价值会计信息附注披露是否符合相关规定，从而有助于从确认、计量与披露层面全面完整地考察金融行业上市公司执行公允价值会计的表现。

本书的主要研究结论从区分公允价值会计执行的制度背景、公允价值会计的执行表现、公允价值会计执行的后果三个方面对主要研究结论进行阐述，并在此基础上提出政策建议。

一、金融行业上市公司公允价值会计执行的制度环境已经显著改善

在我国，公允价值会计经历了激进、保守、适度稳健三个阶段的发展，与制度环境具有密切关系。高质量的会计准则，需要由良好的公司治理、健全的资本市场、完善的法律法规、匹配的监管水平和有效的独立审计等构筑的土壤，这样才能产生高质量的会计信息。1999 年，我国激进引入公允价值会计所产生的一系列利润操控行为表明当时的制度环境的不成熟，远不足以支撑公允价值会计的有效执行。因此，关于2006年的会计准则体系，尽管财政部在引入公允价值的过程中坚持要求稳健地运用公允价值会计，仍然引发了各界的担忧。笔者认为，总体来说，我国 2007 年以来的制度环境已经比 1999 年显著改善，金融行业上市公司所处的制度环境比非金融行业上市公司更优越，能够为公允价值会计的有效执行提供比较好的土壤。第一，我国资本市场的发展已经发生重大变化，尽管仍然是新兴经济体的资本市场，但我国资本市场上市公司市值已经在全球市值排名。第二，证券监管水平也得到显著提升，这为金融行业上市公司执行公允价值会计的主要报表项目——交易性金融资产和可供出售金融资产，提供了一个交易活跃的市场，为可靠的公允价值计量提供了较好的保障。第三，金融行业主要的公司多数实现了公开上市，且不少公司实现了境内境外交叉上市，公司治理机制日渐健全，更多的公司接受国际四大审计。研究表明，金融类上市公司的公司治理指数在所有上市公司的行业中持续多年排名第一。交叉上市意味着要受到成熟市场更加严格的监管和更高水平的会计师事务所的审计，这有助于上市公司提供更高质量的财务报表。例如，AH 上市公司内地和香港财务报告几乎不存在，这说明我国企业会计准则与IFRS的实质性趋同，不仅实现了准则质量的显著提升，准则的执行在这类上市公司当中也是高质量的。

二、公允价值会计执行总体表现瑕不掩瑜

总体上，没有明显证据表明公允价值会计的表内信息受到操控，但表外信息披露质量有待提高。

金融行业执行公允价值会计的金融工具，主要通过交易性金融资产、可供出售金融资产、衍生金融资产、交易性金融负债和衍生金融负债这几个报表项目在财务报表的表内反映，金融行业中这几个项目对资产或负债的贡献都显著高于非金融行业上市公司。但是，总体而言，研究金融行业上市公司执行公允价值会计表现的重点是交易性金融资产和可供出售金融资产，它们持有的交易性金融负债的相对规模不重要，金融危机爆发后信用等级恶化对执行公允价值会计的交易性金融负债所产生的会计后果就在国际上引发了关注，在我国现阶段尚无需对此担忧。衍生金融工具的持有者主要是银行，它们持有的相对规模也非常有限，远低于交易性金融资产和可供出售金融资产，但由于衍生金融工具高风险、高收益特点，衍生金融工具对相关公司利润表的影响比重远超对资产负债表的影响比重，其中可能对利润表产生的影响更大，需要相关公司和监管部门予以重视。

基于以上几点，本书首先研究了企业管理当局是否操控交易性金融资产和可供出售金融资产的分类、金融资产出售时机，进而进行盈余管理。关于分类问题，以往的研究通常忽视了对限售因素的考量，本书手工收集财务报表附注获取限售股信息，在大样本数据基础上，经过研究发现以下三点结论：①金融行业上市公司可供出售金融资产的规模显著超过交易性金融资产。②交易性金融资产和可供出售金融资产的划分具有明显的行业特征，银行业、证券业和保险业的差异很明显。银行没有持有限售股金融资产，且交易性金融资产规模远低于可供出售金融资产；证券公司持有的交易性金融资产规模是可供出售金融资产的两倍，证券公司持有的限售股金融资产的相对规模也比较小；保险公司持有的可供出售金融资产的规模远超过（13 倍强）交易性金融资产，且保险公司也未持有限售股股票；其他类金融公司持有的可供出售金融资产也超过了交易性金融资产，接近其两倍。③在控制了银行业、证券业和保险业的子行业因素后，尚无证据表明企业管理当局操控了金融资产的分类。

由于多数金融行业上市公司财务报表附注并未区分交易性金融资产和可供出售金融资产持有期间产生的投资收益及处置产生的投资收益，本书并未研究企业是否操控了金融资产出售时机以操控盈余。但是，本书研究了另一个易于被用于盈余管理的会计处理，即可供出售金融资产减值会计处理。本书发现，相当一部分上市公司（应注意并非所有上市公司）在会计准则原则导向规定的基础上，在财务报表附注增加了可供出售金融资产诱发减值的规则性条款，但同一上市公司不同时期、不同上市公司相同时期是否提供规则条款和规则标准的一致性与否都

存在明显问题，且公司未通过会计政策或会计估计变更解释规则条款的变化及影响。上市公司持有的可供出售金融资产的规模越大，越有可能披露规则导向的减值政策，从而缩小上市公司管理层减值会计的自由裁量权，遏制以可供出售金融资产减值为手段进行利润平滑的盈余管理，换言之，相对于只提供原则导向减值政策的上市公司而言，同时提供规则导向政策的上市公司更有可能出具高质量的财务报告。

除了可供出售金融资产减值在信息披露方面存在以上问题，金融行业上市公司公允价值会计在信息披露方面还存在其他一些问题，这些问题会对报表阅读者理解财务报表产生不良影响。第一，交易性金融资产和可供出售金融资产处置的成本结转办法的说明不清晰，影响信息使用者对该资产已实现损益和未实现损益的区分。第二，三个层级会计信息披露缺乏统一标准。上市公司年报披露三个层级公允价值会计信息的开始时间不一致，资产负债以大类披露或根据组成部分披露信息的做法不一致，第三层级金融资产或金融负债对损益影响的信息披露内容详略不一致。部分原因是2006年发布的《企业会计准则第37号—— 金融工具列报》对公允价值信息披露缺乏详细规范。2014 年发布的《企业会计准则第 39号—— 公允价值计量》强化了对公允价值信息披露的规范，其执行情况有待进一步观察，未来在修订金融工具会计准则时，应该结合该准则进行更具有针对性的说明。第三，非以公允价值计量的金融资产和金融负债的公允价值信息披露不符合规定。《企业会计准则第 37 号—— 金融工具列报》对包括非以公允价值计量的金融资产和金融负债在内的所有金融资产和金融负债，都规定了相同要求的公允价值信息披露，除非是账面价值与公允价值相差很小的短期金融资产或金融负债，或者是活跃市场中没有报价的权益工具投资，以及与该权益工具挂钩并须通过交付该权益工具结算的衍生工具。但是，该要求并未得到公司的严格执行，这可能直接导致报表信息使用者无法准确评估表内非以公允价值计量的金融资产或金融负债对损益的潜在影响，也难以准确评估这种金融资产的减值会计处理的合理性。

三、公允价值会计无明显不利执行后果

就金融行业上市公司执行公允价值会计的表现，本书重点关注公允价值会计是否扩大盈余波动、公允价值会计对银行资本充足率的影响、公允价值会计信息对股票市场的影响、公允价值会计信息是否正确引入薪酬机制等方面。

1. 公允价值会计对盈余波动的影响极其有限

尽管国内外都有文献研究公允价值会计是否相对于历史成本加剧了会计主体

的盈余波动，但本书认为，由于 2006 年之前的旧会计准则并非严格意义上的历史成本，旧会计准则与新会计准则财务报表列报项目在名称和列报范围等方面存在明显差异，且新会计准则财务报表附注没有对这种差异进行充分的披露，利用上市公司披露的财务报表及其附注信息对公允价值会计和历史成本会计的盈余信息的波动性是否存在系统性差异进行精确的比较并不具备可行性。为了比较准确地分析公允价值会计是否加剧了盈余波动，本书改进了国内文献的研究设计，经过研究发现：①总体上，在当前的会计处理下，相对于历史成本会计，公允价值会计的引入并未造成金融行业上市公司净利润规模显著变化或净利润波动的显著增强。②但是，将可供出售金融资产公允价值上涨或下降都纳入利润表后，公允价值会计确实引起了综合收益更严重的波动。③金融行业内部表现差异显著，金融行业上市公司执行公允价值会计对综合收益波动的影响显著强于历史成本，这仅体现在证券保险公司，银行信托等其他金融企业执行公允价值会计对盈余及盈余波动（不论是净利润或综合收益）的影响都比较微弱。金融行业内部表现差异是由它们持有的执行公允价值会计的金融工具组成来源的显著差异造成的，对于基本未持有股票投资的银行而言，证券和保险公司持有更多的这类投资产品。

由于上述原因，本书的研究结果并不能说明相对于 2006 年前的会计准则，2006 年后引入公允价值会计增强了会计盈余波动，因此，本书没有继续研究公允价值会计盈余波动对股票市场的影响。如果无法研究引入公允价值会计的会计准则提供的会计信息是否造成了市场的增量反映，不如直接研究公允价值会计产生的会计信息是否具有市场反映，因为后一种研究虽然不能分析现有准则是否更有效，但足以分析现行会计准则是否有效。

2. 公允价值会计对银行资本充足率监管指标影响计算方法的科学性有待提高

银行持有的执行公允价值会计的金融资产绝大部分是可供出售金融资产，其次为交易性金融资产和衍生金融资产，持有的执行公允价值会计的金融负债的规模都很小。总体上，银行持有的执行公允价值会计的金融工具对总资产的影响不到 8%，对盈余的贡献更微弱，在税前利润中的比重不超过 1%，说明资产规模与营利能力极度不匹配。但是，银行持有的执行公允价值会计的金融工具对净资产的影响非常大，超过了净资产账面价值近 22%，因此，科学地度量这些金融工具对资本监管指标的影响是非常重要的。由此，中国银监会在 2007 年 11 月专门发布《中国银监会关于银行业金融机构执行〈企业会计准则〉后计算资本充足率有关问题的通知》，按照资本监管的审慎性和稳定性原则，对资本充足率计算公式涉及的部分会计数据进行调整，以保持监管资本弥补损失和抵御风险的性质不变，保证资本充足率能够准确反映银行抵御风险的水平，调整的会计数据主要是执行公允价值会计的金融工具所产生的未实现利得与损失。根据《中国银监会关于银行业金融机构执行〈企业会计准则〉后计算资本充足率有关问题的通知》的规定可将调整内容归结为两点，即不同类型金融工具区别对待、公允价值变动未实现利得与损失区别对待。但是，资本充足率计算对这两种区别对待的处理，仍然有不科学之处。

第一，对交易性金融工具和可供出售金融工具公允价值变动进行差异性处理，差异性处理的规定办法缺乏理论基础。例如，交易性金融工具的公允价值变动产生的未实现累计额为净利得，全部不计入核心资本，但全部计入附属资本；可供出售金融资产的股权类和债券类资产的公允价值变动产生的未实现累计额为净利得的，全部不计入核心资本，但不超过净利得 50%（含 50%）的部分可以计入附属资本。可以发现，两者金融资产公允价值变动产生的未实现累积净利得计入附属资本的比重是不相同的。但是，金融工具归属的财务报表列报项目差异，并不代表金融工具的市场风险、信用风险一定具有差异。划分为交易性金融工具的每一种金融工具，其市场风险和信用风险也不一定完全一致；划分为可供出售金融工具的每一种金融工具，其市场风险和信用风险也不一定完全一致。因此，不应该根据报表项目名称差异对公允价值变动进行差异性处理，而应该根据金融工具的市场风险、信用风险等的差异对公允价值变动进行差异性处理。

第二，根据中国银保监会的相关规定，公允价值变动产生的未实现累积额为净利得或净损失时，处理办法也不一样。以交易性金融资产为例，公允价值变动未实现累积额为净利得的，该净利得在考虑税收影响后从核心资本中扣除，计入附属资本。公允价值变动未实现部分累积为净损失的，不作调整，全部计入核心资本的减项。显然，其并未明确说明“公允价值变动产生的未实现累积额”的取值需要考虑公允价值变动损益会计处理转回的特征，如果不考虑公允价值变动损益转回的会计处理要求而直接从利润表“公允价值变动收益”取值，则可能错误解释未实现利得或损失，混淆已实现和未实现利得或损失就会导致资本监管指标的调整计算方法不科学。

第三，资本充足率计算公式中，分母对执行公允价值会计的报表项目的处理的现行规定也有瑕疵，信息披露不充分。资本充足率计算公式分母的确定需要考虑相关资产或负债的信用风险、市场风险和操作风险。资本充足率监管指标的分母需要根据各种具体资产的信用风险、市场风险的差别赋予不同的权重，但由于信用风险和市场风险涉及的报表项目的分类方法与会计准则具有显著差异，增加了财务报表阅读者理解会计监管与金融监管差异的难度，同时也必将影响报表的信息价值。

3. 权益市场对公允价值会计信息进行了一定程度但非充分的反映

本书表明，执行公允价值会计的每股净资产对股票价格和股票报酬都具有显著影响，说明资产负债表表内的公允价值信息具有价值相关性。在考虑了公允价值变动损益转回会计处理特征对研究设计的影响后，利润表公允价值变动损益信息对股票价格和股票报酬也具有显著影响，但利润表可供出售金融资产公允价值变动信息却几乎不具有显著影响。金融行业上市公司可供出售金融资产的规模比交易性金融资产的更大这一实际情况，说明我国证券市场仍然不能充分捕捉公允价值信息，存在“功能锁定”问题。这一结果表明，可供出售金融资产即使纳入其他综合收益，资本市场对其仍然缺乏足够的重视，这可能与我国长期以来偏重净利润的结果有关。同时，金融行业公允价值会计信息的价值相关性是否强于历史成本，也具有不稳定性。其中，公允价值信息对股票价格的解释能力超过历史成本信息，但是公允价值计量的每股收益与非公允价值计量的每股收益对股票报酬的解释能力没有发现存在显著差异。相比较而言，证券市场对非金融行业的公允价值会计信息的反映更加不充分，资产负债表的公允价值净资产信息和利润表公允价值变动损益信息都对股票报酬和报酬价格无显著影响。

本书进一步研究了三个层级公允价值信息在权益市场的不同表现。三个层级的公允价值资产对股票价格的解释能力从第一层级逐级降低，第三层级已经不具有解释能力。第三层级之所以不具有解释能力，虽难以排除可靠性因素，但更可能是因为上市公司持有的第三层级公允价值资产的规模非常小，且相当一部分金融行业上市公司没有持有这类资产。相较而言，三个层级公允价值计量的每股收益对股票报酬的影响的研究结果更不稳定。金融行业上市公司全样本的研究结果意外发现公允价值计量的每股收益对股票报酬的显著正相关关系是由第二层级公允价值每股收益产生的，第一层级和第三层级都没有解释能力。但是，研究模型进一步考察证券业、保险业和银行业的差异后发现，只有第一层级公允价值计量的资产产生的每股收益具有显著的价值相关性。

4. 公允价值会计产生的财务信息对金融类上市公司高管薪酬未产生应有影响

金融行业高管高薪及行业限薪是各界普遍关注的议题。但是，有效的薪酬制度并不在于“薪酬数额之高”，而在于薪酬与公司业绩是否紧密关联（李维安和孙林，2014）。本书采用 2007~2013 年样本数据进行研究发现，总体而言，金融行业上市公司高管薪酬与业绩脱钩，利润表公允价值会计产生的损益总和（“公允价值变动收益”与归属于交易性金融工具、衍生金融工具及公允价值变动直接计入当期损益的其他金融工具的“投资收益”之和）与高管薪酬不具有显著正相关关系，并且，可供出售金融资产产生的损益（包括已实现和未实现损益）与高管薪酬具有显著负相关关系。与金融行业总体表现相比，证券保险公司高管薪酬机制更有效，执行公允价值会计的金融资产规模与高管薪酬具有显著正相关关系，但是它们产生的利得和损失均未对薪酬产生正确的影响。本书认为薪酬与业绩脱钩的原因主要有两点：第一，2007~2013 年金融行业上市公司业绩不稳定且总体呈现下降趋势，而高管薪酬具有黏性（方军雄，2009），高管没有动力主动大幅度下调薪酬，这说明高管权力没有得到有效约束。第二，金融企业高管薪酬管制是主要原因。金融危机爆发之后，我国财政部出台了一些规范金融类国有金融机构高管薪酬的文件，对高管薪酬及股权激励进行了严格管制。

同时，本书在个案研究中也分析了高管薪酬，同样没有发现高管薪酬与业绩产生有效的联系。

第二节　政 策 建 议

一、会计准则建设层面

（一）完善《企业会计准则第 22 号—— 金融工具确认和计量》《企业会计准则第 37 号—— 金融工具列报》等相关企业会计准则

财政部 2017 年发布了修订后的《企业会计准则第 22 号—— 金融工具确认和计量》等四项金融工具会计准则，对 2006 年以来的金融工具会计准则进行了全面更新，也进行了一些重要的修改。但是，修订后的会计准则，也非尽善尽美。本书对此提出以下政策建议，为这些会计准则的后续完善提供参考。

1. 明确金融工具存量的成本计算依据和处置的成本结转办法

《企业会计准则第 1 号——存货》对存货发出的成本结转办法规定了个别计价法、先进先出法、加权平均法三种方法，这也决定了存量存货的成本计算结果。笔者建议，由于企业对同一种金融工具可能频繁地买卖，甚至同一天内进行多次“*T*+0”交易，企业应该明确金融工具存量的成本计算依据和处置的成本结转办法。对于公允价值计量的金融工具，不同结转办法将影响金融工具已实现利得或损失与未实现利得或损失的分配，成本计算依据不同，期末存量金融工具所确认的“公允价值变动损益”、会计期间内处置金融工具所确认的“投资收益”将受到影响，尽管未实现利得或损失与已实现利得或损失的合计总额不会发生变化；对于摊余成本计量的金融工具，不同结转办法将影响各个会计期间内处置的金融工具投资收益的确认金额及期末金融工具存量的账面价值，尽管在全部会计期间内投资收益的总额是相同的。

2. 需要对会计主体如何执行原则导向会计准则提出披露要求

普遍认为，IASB 根据原则导向制定 IFRS。由于我国采取了与 IFRS 持续趋同的会计准则改革发展路线图，我国具体的企业会计准则也明显体现了原则导向，如《企业会计准则第 22 号——金融工具确认和计量》关于企业触发可供出售金融资产减值的条件都是原则导向的。但是，长期以来，关于我国应该根据原则导向还是规则导向制定会计准则，学术界大多通过规范研究的演绎法分析优劣，鲜有直接的经验证据。尽管本书采用的经验证据表明同时披露规则导向可供出售金融资产减值政策的金融上市公司，提供了更高质量的财务报告，但是，并不能以此判断我国到底是应该继续采用原则导向还是应该改用规则导向的准则制定模式。

但是，鉴于企业披露规则导向可供出售金融资产减值所产生的积极效果，以及披露过程中各家上市公司所存在的一系列不规范问题，笔者建议，不应仅在中国证监会层面，还应该在具体会计准则层面，强制要求企业在财务报表附注中详细披露如何执行原则导向为主的会计准则。同时，嵌入会计政策、会计估计变更的准则要求，对执行规则的变化进行相应的充分披露，如果这种变化产生了重要影响，注册会计师有必要以适当方式提醒报表阅读者。以可供出售金融资产减值为例，会计准则规定“权益工具投资的公允价值发生严重或非暂时性下跌”是发生减值的判断依据，那么，会计主体具体执行时应该在财务报表附注中明确披露它们对“严重或非暂时性下跌”是如何界定的、界定的依据是什么、不同会计期间是否保持了一致性、发生变更的原因及影响（或不能估计影响的原因）。只有这样，会计信息使用者才能真正理解报告主体可供出售金融资产减值的会计信息，从而为决策提供信息支撑。

3. 完善可供出售金融资产部分核算范围的会计计量问题的规范

根据《企业会计准则第 22 号——金融工具确认和计量》，可供出售金融资产执行公允价值会计，但是，随着 2014 年财政部修订《企业会计准则第 2 号——长期股权投资》会计准则，该规定的执行正受到挑战。修订后的长期股权投资会计准则规定，投资企业持有的对被投资单位不具有控制、共同控制和重大影响，并且在活跃市场中没有报价、公允价值不能可靠计量的权益性投资，按照《企业会计准则第 22 号——金融工具确认和计量》进行会计核算，而不再按照长期股权投资成本法核算。在我国，这类权益性投资通常是企业发行的普通股股票，优先股股票虽然已经存在但仍然不普遍。根据 2006 年的《企业会计准则第 22 号——

金融工具确认和计量》会计准则，企业持有的这类权益性投资，由于通常没有确定的到期日，只能划分为交易性金融资产或可供出售金融资产（通常情况下，由于企业准备长期持有这类投资，应该划分为可供出售金融资产），而不可能划分为贷款与应收款或持有至到期投资。但是，这类权益性投资缺乏可靠计量的公允价值，事实上难以执行《企业会计准则第 22 号—— 金融工具确认和计量》，会计准则对可供出售金融资产必须采用公允价值会计的规定，导致很多上市公司财务报表附注不得不将可供出售金融资产区分为公允价值计量和账面价值计量。根据 2017 年发布的《企业会计准则第 22 号—— 金融工具确认和计量》，这类权益性投资通常也不能划分为摊余成本计量的金融资产，而只能划分为公允价值计量的两类金融资产之一，因为这类权益性投资通常没有本金和利息的提法。

笔者认为，鉴于这类权益性投资不能可靠获取公允价值，如果将其划分为可供出售金融资产，则资产负债表可供出售金融资产列报的金额将是公允价值计量和历史成本计量混合的产物，这必将影响会计信息的可比性。会计信息可比性要求企业对相同的交易或事项采用相同的会计处理。因此，本书提出以下两个修改方案：第一，维持2014年以前的《企业会计准则第2号——长期股权投资》会计准则的处理办法，继续按照长期股权投资成本法进行会计核算；第二，修订《企业会计准则第 22 号——金融工具确认和计量》，明确对这类权益性投资豁免公允价值，并将其归为单独一类，与交易性金融资产、可供出售金融资产并列，不再归入其中。

（二）加快对财务报表表外信息披露会计准则的建设，规范信息披露规则制定权

本书的研究结论指出金融行业上市公司财务报表附注关于金融工具公允价值会计的信息披露存在诸多不完善的地方，包括准则规范的不完善，也包括准则执行的不完善，还包括注册会计师的不尽责。究其缘由，很重要的是，长期以来，信息披露规范的建设滞后于确认与计量会计准则的建设。

上市公司长达几百页的财务报告除了三张报表外，基本上是表外披露信息（占美松和徐雪慧，2011）。表外信息是表内信息的有益且必要的补充，缺乏表外信息，表内信息的价值也将难以体现。尽管FASB在1978年发布的第一号概念公告被称为“企业财务报告的目标”，但是，随后发布的几个概念公告都将“财务报告”缩小为“财务报表”，仅关注财务报表要素、信息质量特征、确认与计量，并未涉及财务报表表外信息披露的概念公告。在具体会计准则方面，FASB同样侧重于确认与计量的研究，对信息披露缺乏足够重视。有学者认为，这与20世纪30年代美国SEC并未明确下放信息披露规则制定权有关。近年来，FASB

和IASB联合开展了改进财务会计概念框架的研究项目，并于2010年发布了第八号概念公告——《通用目的的财务报告目标与有用的财务信息的质量特征》对财务报告目标和信息质量特征进行了一些修订。这份公告除了基本沿用 1978 年关于财务报告应该提供的信息内容的表述外①，有两点需要特别重视：其一，公告强调是财务报告的目标，而非仅局限于财务报表；其二，信息质量特征的要求，"可靠性"改为"如实反映"，如实反映具体包括完整性、中立性和无偏差（free from error）三方面要求。2012 年，FASB 独立发布《披露框架》（*Disclosure Framework*）的讨论稿，专门讨论信息披露的规范性问题。

我国会计准则制定机构长期以来缺乏对财务报表表外信息披露规范的关注。客观上，这可能与 FASB 长期以来忽视表外信息披露的规范有关。尽管我国现阶段会计准则国际趋同策略是以 IASB 的 IFRS 为对象，但是，IASB 早期的发展深受美国影响，信息披露会计准则的建设也明显滞后于确认和计量准则，近年来虽然与 FASB 联合开发"联合概念公告"项目，该项目包括了对信息披露的研究，但是联合概念公告尚未取得最终成果。近几年来，我国会计准则的修订基本是沿着 IASB 的脚印，因此，我国也尚未通过《企业会计准则——基本准则》及专门的一套具体准则对信息披露进行规范。

所以，笔者建议，应该在《企业会计准则——基本准则》及专门的具体会计准则层面对信息披露进行规范；在满足重要性前提下进入财务报表表外披露的信息，应该遵循与表内确认计量信息基本相同的质量要求②，如实反映的标准可以略微降低，对上市公司报告的公允价值三个层级、可供出售金融资产减值会计政策等在内的信息披露的现状进行检查。

在我国，与信息披露规范建设相关的另一个问题是规则的制定权问题。《中华人民共和国会计法》（以下简称《会计法》）第八条明确提出："国家实行统一的会计制度"；附则第五十条释义国家统一的会计制度"是指国务院财政部门根据本法制定的关于会计核算、会计监督、会计机构和会计人员以及会计工作管理的制

---

① 财务会计概念框架第一号《企业财务报告的目标》从六个方面提出了财务报告目标：第一，应该提供对现在和潜在的投资者、债权人和其他使用者做出合理的投资、信贷和类似决策有用的信息，这些信息对那些相当了解经营和经济活动并愿意相当勤奋地研究这些信息的人们而言，应该是全面的；第二，应该提供有助于现在和潜在的投资者、债权人和其他信息使用者评估股利、利息及销售、偿付、到期汇券或贷款等方面实得收入和预期现金收入的金额、时间分布和不确定性的信息；第三，应该提供关于企业的经济资源，对这些经济资源的要求权以及使这些经济资源及其要求权发生变动的交易、事项和情况的影响的信息；第四，应该提供关于企业如何获得并使用现金的信息，关于企业举债和偿债的信息，关于资本交易的信息，关于可能影响企业变现能力或偿债能力的信息；第五，应该提供关于企业管理当局履行受托管理企业经济资源情况的信息；第六，应该提供对企业经理层和董事们在按照业主利益进行决策时有用的信息。

② 除了金融工具的信息披露问题，上市公司的其他报表附注也经常不能对表内信息给予充分解释。例如，很多上市公司其他应收款和其他应付款的附注信息仅解释了表内确认金额的极小比例，不足以使会计信息使用者充分理解表内信息。

度”。根据该法，财政部是我国会计制度的制定机构。长期以来，财政部事实上也履行了会计准则和会计制度的制定权。但与此同时，中国证监会、中国银保监会等政府部门也经常针对信息披露制定面向特定对象的规章制度，这些规章制度与财政部的会计准则和会计制度并不完全一致，也不属于《会计法》所规定的统一会计制度的范畴。例如，中国证监会针对上市公司制定的《公开发行证券的公司信息披露规范问答第 1 号—— 非经常性损益》中，对非经常性损益的界定与财政部会计准则的利润表任何一个项目都存在着比较大的差异。规则制定权与规则执行的监督权可以进行分离，但是，规则制定权必须统一，否则责任认定将异常困难。

二、证券与银行监管层面

（一）从监管层面加强对综合收益信息的重视，谨慎对待金融资产重分类会计处理

本书研究结论提到的“功能锁定”问题，即股票价格和股票报酬都不能对企业持有的规模更大的可供出售金融资产的未实现利得或损失做出反映，存在“捡了芝麻丢了西瓜”的问题，这说明报表信息使用者并未充分认识到其他综合收益的信息价值。这可能与我国综合收益引入利润表的时间较短，监管机构未同步将综合收益纳入审核公司发行股票，债券申请时需要考虑的因素有关。我国资本市场并不成熟，“政策市”的提法说明监管政策对资本市场产生了极大影响。如果中国证监会对上市公司业绩的监管没有与会计准则的发展完善同步，那么，会计准则引入综合收益的作用将会大打折扣。同样，债务契约、薪酬契约如果没有加强对综合收益信息的利用，综合收益的作用也将大打折扣。

财政部 2017 年发布的《企业会计准则第 22 号—— 金融工具确认和计量》选择了三分类法对金融资产和金融负债进行分类。其中，规定企业应当根据其管理金融资产的业务模式和金融资产的合同现金流量特征，将金融资产划分为三类，并允许这三类金融资产之间进行重分类，规定“企业改变其管理金融资产的业务模式时，应当按照本准则的规定对所有受影响的相关金融资产进行重分类”。根据重分类的相关规定，重分类日之前金融资产已经确认的利得、损失或利息不能进行追溯调整；但是，重分类日之后公允价值变动产生的未实现利得或损失及对净利润和其他综合收益的影响方式，将会发生根本性改变。

在这种情况下，上市公司有动机与机会，按照对净利润的最佳影响方式选择金融资产分类结果，以操控公允价值变动产生的未实现利得或损失的会计处理方式。因此，笔者建议，应该从监管和信息使用者教育着手，提高对其他综合收益信息

和综合收益信息的利用。否则，在当前利润至上的信息使用模式下，上市公司没有足够的操控金融工具分类和公允价值变动未实现利得或损失会计处理的空间。

（二）提高银行资本金监管指标计算的科学性，健全金融监管与会计监管差异的信息披露制度

由于金融监管与会计监管目标不一致，两者的分离有其合理之处，可以避免外界对财务会计信息价值的不合理期待。资本充足率监管指标由银行根据中国银保监会有关规定提供，而不是根据财政部会计准则提供，这是会计监管与金融监管相分离的重要体现。但是，即使相分离，金融监管在计算某些指标时仍然需要利用财务会计信息，财务会计目标也从未否认监管当局是会计信息用户。因此，金融监管应该正确利用财务会计信息，而财务会计也应该为金融监管正确利用财务会计信息提供帮助。为此，笔者提出以下几点建议：①财务会计准则应该要求，对执行公允价值会计的资产或负债，根据资产负债表列报项目（如果列报项目的某组成部分比较重要，还应该单独披露该组成部分），明确披露不同资产或负债本期期初公允价值累积的未实现利得或损失，本期公允价值上涨或下跌形成的未实现利得或损失，本期由于处置所产生的未实现利得或损失转入“投资收益”的金额，只有这样，金融监管需要计算的资本充足率指标，才能正确利用公允价值变动产生的未实现利得或损失数据。②对执行公允价值会计的资产或负债，计算资本充足率时，不应根据这些资产或负债的报表列报项目差异决定公允价值变动产生的未实现利得或损失的调整办法，而应根据金融监管，结合金融工具的信用风险、市场风险和操作风险的差异进行不同的调整，这样才能真正发挥资本充足率反映银行抵御风险的能力。③为了增强银行上市公司年度报告披露的市场风险、信用风险和操作风险的可理解性，金融监管有关规定可以通过增加信息披露的要求，合理缩小其与会计监管的差异，如市场风险涉及的交易账户和银行账户、金融监管文件可以明确要求银行披露交易账户和银行账户分别涉及财务报表哪些报表项目，要求银行在财务报表附注中披露交易账户、银行账户与财务报表项目在范围上的异同点，增加银行财务报表附注信息的可理解性。建议③的实现也将有利于建议②的执行。

三、其他建议

（一）加强注册会计师审计过程中对财务报表附注的关注，提高审计质量

可能是因为现行企业会计准则缺乏专门规范信息披露的会计准则，《企业会

计准则第 37 号——金融工具列报》对企业如何执行原则导向的可供出售金融资产减值政策也没有披露要求，注册会计师并未充分关注上市公司自愿披露的可供出售金融资产减值的规则导向的会计政策存在一系列问题（如同一个企业不同会计期间的规则不同且没有披露差异原因和影响、不同企业相同期间采用不同的规则），本书经过研究没有发现这些金融类上市公司的任何一家会计师事务所在审计报告中以任何形式提醒报表阅读者注意有关信息，也没有发现因为企业缺乏对可供出售金融资产减值的规则变更情况的披露而影响注册会计师出具的审计报告的意见类型。

因此，建议通过独立审计准则规范财务报表附注的审计要求。监管部门对注册会计师执业质量进行监管时也需要重视注册会计师是否履行充分和必要的程序，来审计被审计单位的财务报表附注。

（二）构建分析金融工具影响的财务比率指标

尽管财务比率分析及其所属的财务报表分析都有一定的局限性，但它们仍然被广泛用于对企业营利能力、偿债能力、运营效率、成长性的分析，并且，对营利能力、偿债能力、运营效率和成长性这四个板块的分析，都已经发展出一些受到普遍认可的、比较成熟的财务比率，这些财务比率通常基于财务报表数据通过计算获取。杜邦分析体系是综合运用这些财务比率的经典体系。尽管有不少学者对传统的杜邦分析体系进行了一些改进，如结合经济价值增加值对指标进行一定程度的重构，区分经营性净资产和金融性净资产对指标进行一定程度的重构，但基本上都是围绕杜邦分析展开的。

杜邦分析方法产生于工业经济时代，最早由美国杜邦公司采用并因此得名。现行会计准则下，金融行业上市公司财务报表与非金融行业上市公司财务报表具有两个显著差异，即持有大量金融工具且受公允价值会计影响更明显。根据本书的研究内容和研究结果，笔者建议在杜邦分析体系基础上，对持有这类金融工具的公司的财务比率分析提供新的分析指标，以评估企业持有的金融工具的营利能力和运用效率。

第一，在资产和负债结构分析方面，增加执行公允价值会计的金融资产占总资产比重、执行公允价值会计的金融负债占总负债比重、非执行公允价值会计的金融资产占总资产比重、非执行公允价值会计的金融负债占总负债比重四个指标。这些指标，实际上将资产划分为执行公允价值会计的金融资产、非执行公允价值会计的金融资产及非金融资产。负债也相应划分为执行公允价值会计的金融负债、非执行公允价值会计的金融负债及非金融负债。如果存在三个层级计量的公允价值，还可以在执行公允价值会计的金融资产或金融负债内部，根据公允价值层级分别进行结构性分析。根据这些指标，可以明确金融行业上市公司公允价值会计的金融资产或金融负债对财务状况的重要性，考察公允价值会计的金融资产或金融负债的计量金额的可靠性，从而评估公允价值波动对这类公司财务状况的影响程度。

第二，结合利润表信息和金融工具持有期限长短，区分已实现损益与未实现损益，分析执行公允价值会计的金融资产和金融负债对损益表的影响。设计财务指标首先要计算分析已实现损益和未实现损益分别对净利润和综合收益的贡献、已实现损益和未实现损益分别占执行公允价值会计的金融资产及净资产的比重。然后，区分交易性金融资产和可供出售金融资产，对上述指标分别进行计算。计算这些财务指标，需要根据利润表“公允价值变动收益”、“投资收益”、财务报表附注提供的资产减值损失明细信息、资产减值准备本期变动信息、其他综合收益明细信息、企业明细账簿金融工具持有期限、金融工具处置时“公允价值变动损益”会计科目“转回”的明细信息。由此可以考察上市公司在投资对象选择、持有期限长短、处置时机把握等方面的能力。

第三，根据企业现金流量表、企业明细账簿、现金流量表附注，分析执行公允价值会计的金融工具的现金创造能力，并区分投资收益和投资处置产生的现金流量。

第四，利用上述财务指标，除了考察执行公允价值会计的金融工具对资产负债表、损益表和现金流量表的影响外，还需要特别注意比较执行公允价值会计的金融工具对损益和现金流的贡献比例是否与这些金融工具对总资产、净资产的贡献比例相匹配，据此分析执行公允价值会计的金融工具是否比其他资产拥有更强的营利能力和现金流创造能力，从而评估企业资产布局的合理性。

第五，必要情况下，需要单独分析衍生金融资产或衍生金融负债对财务报表的影响。我国衍生工具市场仍然欠发达，上市公司持有的衍生工具总体规模仍然比较小，这容易使报表信息使用者将分析的重点聚焦于规模更大的非衍生金融工具。但是，通过中信证券和中国银行的案例可以发现，由于衍生工具高风险、高收益的特征，尽管衍生工具占总资产或总负债的比重相当有限，但可能对利润总额产生显著影响。因此，持有衍生工具的上市公司，其财务报表分析都不能忽视衍生工具，应特别注意考察未来价格波动对公司风险承受能力的影响。

（三）建立与会计业绩有效联系的高管薪酬机制

根据本书结论，金融行业上市公司普遍存在高管薪酬与公司的执行公允价值会计的金融工具产生业绩脱钩的现象。尽管金融工具公允价值波动通常不是持有该金融工具的企业管理层通过履行受托管理责任能够影响的，但与其他行业不同，金融行业持有金融工具的绝对规模和相对规模都显著更高，金融工具产生的业绩仍然受企业管理层需要做出的诸如选择金融工具对象、持有规模、持有期限、出售时间点等重要决策的影响。因此，为了更好地激励管理当局履行受托管理责任，降低所有者和经营者的委托代理问题，有效的薪酬管理机制通常要求建立高管薪酬与会计业绩的有效联系。金融危机爆发后，我国针对国有金融企业高管的限薪令可能是导致高管薪酬与会计业绩脱钩的重要原因。但是，薪酬管制的存在与高管腐败发生的概率正相关（陈信元等，2009），薪酬管制导致了在职消费和腐败的滋生（刘银国等，2009），由此导致“薪酬管制—在职消费—过度在职消费—高管腐败—损害公司业绩”的结果（吴春雷和马林梅，2011）。如果高管晋升通道不畅通，高管薪酬又会与会计业绩脱钩，显然这更容易导致高管经营管理的不作为或过度消费。高管薪酬与业绩脱钩的另一个原因是薪酬“黏性”，“黏性”的存在本身也说明了高管在薪酬设定方面的权力没有得到有效的约束。

因此，结合金融行业特点和本书结论，为了完善高管薪酬机制，建议采取以下措施：①高管薪酬与会计业绩挂钩，并注意会计业绩不同组成部分的差异。高管履行受托责任的表现对业绩影响越大，薪酬与业绩相关度应该越强。②高管长短期薪酬相结合。为避免高管为了短期薪酬而操控短期会计业绩，有必要建立长短期相结合的薪酬体制。2013 年 11 月，十八届三中全会审议通过的《中共中央关于全面深化改革若干重大问题的决定》，提出“允许混合所有制经济实行企业员工持股，形成资本所有者和劳动者利益共同体”的重要决定。此后，2014 年 6 月，中国证监会发布《关于上市公司实施员工持股计划试点的指导意见》；2014 年 9 月，财政部拟定《金融企业员工持股股权计划管理办法》。显然，员工持股计划是实现高管长短期薪酬相结合的重要手段之一。③除了薪酬与业绩相挂钩，鉴于金融行业上市公司对国家金融稳定的重要性，金融行业上市公司的重要风险指标也应该纳入薪酬制度的设计中，如银行业的资本充足率、不良贷款率等也应该成为影响薪酬的重要指标。④为了约束高管权力对薪酬设定的影响，除了完善公司治理机制外，笔者强烈建议应该完善薪酬信息披露。目前，上市公司根据有关信息披露规则，如实披露董事、监事和高管的薪酬总额，但是，上市公司并未披露这些薪酬总额的确定依据。笔者建议，上市公司应该披露高管薪酬的决定程序、高管薪酬总额的计算方法、高管薪酬异常变动的原因。

第三节　研究局限性与未来展望

一、研究局限性

由于研究者水平有限、研究数据不可获取，本书仍然存在一些局限性。

（1）对课题申报书的具体研究内容进行了小范围调整。

遵循课题申报书内容，本书主要包括如下内容：①回顾了国际会计准则理事会、FASB 与我国财政部金融工具和公允价值会计准则的发展历史和现状，并对公允价值会计的实证研究结果进行了比较全面的文献综述，在此基础上引申出本书的研究主题。②详细分析我国资本市场发展、公司治理、证券监管等制度背景的动态变化，分析金融行业上市公司在股份制改革、公司治理、交叉上市等方面的现状，据此，分析我国相关制度背景能否有效支撑金融行业上市公司较好地执行公允价值会计。③利用人工收集数据和 CSMAR，对金融行业上市公司执行公允价值会计的表现和经济后果进行实证研究，包括执行公允价值会计的金融工具对盈余波动、盈余管理、金融资产分类，公允价值及三个层级公允价值的价值相关性，公允价值与高管薪酬关系等问题进行研究。④从证券业、银行业和保险业中分别选取一家上市公司进行案例研究，对公允价值会计信息披露质量进行详细分析，寻找准则层面和执行层面的问题。

相对于申报书而言，本书对以下几方面的研究进行了调整：①补充研究了上市公司（包括金融行业和非金融行业[①]）选择可供出售金融资产原则导向或规则导向减值会计政策的影响因素，原则导向或规则导向对减值准备计提操控的影响。②不局限于申报书计划研究的公允价值三个层级信息披露内容，增加了可供出售金融资产减值会计政策原则导向或规则导向的信息披露、交易性金融资产和可供出售金融资产成本结转会计政策信息披露、非以公允价值计量的金融工具的公允价值信息披露等方面的研究，进而提出了一些有针对性的政策建议。③由于上市银行没有披露执行公允价值会计的金融工具对资本充足率等银行监管指标的具体影响数据，所以没有开展课题申报书拟定的资本充足率稳定性的实证研究，但是进行了一些替代性研究。首先，分析了上市银行执行公允价值会计的金融工具对资产、净资产和利润的影响，据此初步判断它们对资本金充足率的影响程度；然后，对中国银保监会有关文件规定的资本金监管指标的计算过程运用公允价值会计信息的科学性进行分析，据此提出完善银行资本金监管指标计算办法和信息披露制度的政策建议。④没有开展研究课题申报书拟议的公允价值会计影响银行授信决策的实证研究的主要原因是：第一，大数据分析发现银行持有的执行公允价值会计的金融工具对银行总资产和净利润的影响，在金融行业上市公司中，比保险公司和证券公司明显更低；第二，银行放贷资金最主要的来源是储户存款，而储户存款资金与执行公允价值会计的金融资产投资资金来源是分开的；第三，银行是否授信，主要根据借款方的需求、信用、财务状况、产权性质、行

① 由于金融行业上市公司可供出售金融资产减值的样本比较少，本书通过人工收集持有可供出售金融资产不低于总资产 1%的非金融行业上市公司财务报表附注相关信息进行实证检验。

业政策、国家信贷政策等综合评判。⑤没有开展公允价值会计对股票流动性、股价同步性等影响的实证研究，主要是因为在课题申报之后国内学者陆续在这些方面发表了相同的高质量的研究论文。谢成博等（2012）发现公允价值计量与股价同步性具有显著正相关关系；胡奕明和刘奕均（2012）研究发现公允价值会计产生的损益信息（包括公允价值变动收益和投资收益）与股市波动存在正相关关系；徐浩峰（2013）进一步发现，公允价值计量导致证券流动性和市场流动性趋同，存在传染效应，加速市场危机期间证券的流动性枯竭效应，该结论不会因是金融行业上市公司还是非金融行业上市公司而改变；黄静如和黄世忠（2013）从资产负债表视角，通过模拟正常商业周期和极端商业周期下完全公允价值和混合计量属性两种计量模式对银行资产负债表波动的不同影响进行比较，分析公允价值会计顺周期效应，研究得出公允价值会计并非必然导致顺周期效应的结论；梅波（2014）则通过实证数据检验公允价值顺周期效应的存在，认为市场非理性效应加剧了顺周期效应；方瑞琪（2015）也发现公允价值计量模式的运用会导致顺周期效应，并由此影响企业投资效率，公允价值变动程度与投资效率显著正相关或负相关依赖于公允价值变动损益为正数或负数。

（2）由于数据的局限性，本书未能在以下方面进行更深入的研究。

第一，尽管实证研究了公允价值会计对盈余波动影响与历史成本会计是否存在显著差异，但只能依据已经执行了公允价值会计的利润表模拟历史成本的盈余，模拟的盈余可能与历史成本会计产生的真实盈余存在偏误，这可能会影响研究结论的可靠性。第二，尽管实证研究了上市公司是否操控交易性金融资产和可供出售金融资产的分类来进行盈余管理，但因为上市公司并未区分披露这些资产持有期间产生的投资收益和处置产生的投资收益，所以没有就上市公司是否操控这些金融资产的出售时机以进行盈余管理展开研究。第三，尽管实证研究了上市公司自愿披露规则导向的可供出售金融资产减值会计政策的影响因素以及对盈余平滑行为的影响，但仍然没有办法找到合适的数据进行实证研究比较强制性的原则导向和强制性的规则导向对会计信息质量是否存在显著性差异。第四，尽管实证研究了公允价值会计产生损益信息对高管薪酬的影响，但由于上市公司并未披露三个层级公允价值会计分别产生的损益信息，并未区分不同层级公允价值会计产生的损益是否对高管薪酬产生差异性影响，故不能评价这类损益信息的可靠性差异是否影响薪酬。

二、未来展望

根据本书结论和研究局限性，笔者认为，未来至少可以在以下三个方面继续展开研究。

（1）金融行业上市公司和金融行业非上市公司执行公允价值会计的比较研究。

全面地研究整个金融行业执行公允价值会计的表现及后果，更加有助于评估公允价值会计对金融稳定性的影响。未来如果可能获取相关的研究数据，将开辟金融行业非上市公司公允价值会计研究的蓝海。

（2）非执行公允价值会计的金融工具所披露的公允价值信息的信息含量研究。

根据《企业会计准则第 37 号—— 金融工具列报》，财务报表表内即使不是采用公允价值会计的金融工具，也需要在财务报表附注披露公允价值信息，除非公允价值与账面价值不存在重要差异。但是，该规定并未得到本书中样本公司的一致执行，这可以从这些公司财务报表附注披露的信息及披露质量得到验证，同时，根据这些公司财务报表附注已经披露的信息可以发现，非执行公允价值会计的金融工具的公允价值与账面价值存在重要差异的样本非常少，不满足展开实证研究分析信息含量的条件。未来，随着上市公司执行准则的质量进一步提高，将样本范围拓展至所有上市公司，该议题研究的可行性将显著提升。该议题具有重要意义，将为公允价值会计是否应该推广至所有金融工具提供经验证据支撑，甚至对公允价值会计继续扩大在非金融工具的应用范围的研究也具有启发意义，这对致力于推广公允价值会计的 IASB 和 FASB 都具有重要意义。

（3）非活跃市场条件下，第二层级和第三层级公允价值计量形成的损益信息的信息价值。

根据现行会计准则，执行公允价值会计的金融工具，当其所处市场由活跃市场变为非活跃市场时，这些金融工具仍然需要执行公允价值会计。但是，一般认为，非活跃市场公允价值会计信息的可靠性更低。未来，如果能够获取足够的第二层级和第三层级公允价值计量的金融工具的损益信息，将有助于展开该议题的实证研究。该议题的研究也具有重要的现实意义。近年来，发生债券违约的上市公司逐渐增加，相当部分违约的债券市场价格属于非活跃市场价格，这种价格能否如实体现这些债券的真实价值将直接关系到债券投资者的利益保护，借助该议题的研究，也可引导人们进一步关注第二层级和第三层级公允价值会计计量的可靠性问题。

参 考 文 献

白默，刘志远. 2011. 公允价值计量层级与信息的决策相关性——基于中国上市公司的经验证据[J]. 经济与管理研究，（11）：101-106.

步丹璐，张晨宇. 2012. 产权性质、风险业绩和薪酬粘性[J]. 中国会计评论，（3）：325-346.

财政部会计司. 2010-05-28. 我国上市公司2009年执行企业会计准则情况分析报告——基于企业会计准则实施的经济效果[EB/OL]. http://kjs.mof.gov.cn/zhengwuxinxi/gongzuodongtai/201005/t20100528_320239.html.

财政部会计司. 2011. 我国上市公司2010年执行企业会计准则情况分析报告[EB/OL]. http://kjs.mof.gov.cn/zhengwuxinxi/diaochayanjiu/201109/P020110929329530761168.pdf.

曹廷求，刘海明. 2014. 股权分置改革的中期检验：透析内在机理[J]. 改革，（7）：137-149.

陈美华. 2006. 公允价值计量基础研究[M]. 北京：中国财政经济出版社.

陈小悦. 2002. 关于衍生金融工具的会计问题研究[M]. 大连：东北财经大学出版社.

陈信元，陈冬华，万华林，等. 2009. 地区差异、薪酬管制与高管腐败[J]. 管理世界，（11）：130-143.

陈兆松. 2008. 我国证券公司股权结构与公司治理效率研究[D]. 西南财经大学博士学位论文.

程小可，龚秀丽. 2008. 新企业会计准则下盈余结构的价值相关性——来自沪市A股的经验证据[J]. 上海立信会计学院学报，（4）：36-46.

代冰彬，陆正飞，张然. 2007. 资产减值：稳健性还是盈余管理[J]. 会计研究，（12）：35-42.

邓永勤，康丽丽. 2015. 中国金融业公允价值层次信息价值相关性的经验证据[J]. 会计研究，（4）：3-10，95.

杜胜利，翟艳玲. 2005. 总经理年度报酬决定因素的实证分析——以我国上市公司为例[J]. 管理世界，（8）：114-120.

杜兴强，章永奎，等. 2005. 财务会计理论[M]. 厦门：厦门大学出版社.

杜兴强，王丽华. 2007. 高层管理当局薪酬与上市公司业绩的相关性实证研究[J]. 会计研究，（1）：58-65.

杜兴强，周泽将. 2010. 高管变更、继任来源与盈余管理[J]. 当代经济科学，（1）：23-33.

方军雄. 2009. 我国上市公司高管的薪酬存在粘性吗？[J]. 经济研究，（3）：110-124.

方瑞琪. 2015. 公允价值、非理性心理与企业投资效率[J]. 东北财经大学学报，（1）：89-96.
高国华，潘英丽. 2011. 资本监管、公司治理结构与银行风险行为[J]. 软科学，（8）：49-53，60.
葛家澍. 2001. 关于我国会计制度和会计准则的制定问题[J]. 会计研究，（1）：4-8.
葛家澍. 2005. 西方财务会计理论问题探索（一）——西方规范财务会计理论的发展及实证会计理论的基本框架（上）[J]. 财会通讯（综合），（1）：6-9.
葛家澍. 2009. 关于公允价值会计的研究——面向财务会计的本质特征[J]. 会计研究，（5）：6-13.
葛家澍，陈箭深. 1995. 略论金融工具创新及其对财务会计的影响[J]. 会计研究，（8）：1-8.
葛家澍，杜兴强. 2009. 财务会计理论：演进、继承与可能的研究问题[J]. 会计研究，（12）：14-31.
葛家澍，杜兴强，等. 2005. 会计理论[M]. 上海：复旦大学出版社.
葛家澍，林志军. 2011. 现代西方会计理论[M]. 第3版. 厦门：厦门大学出版社.
顾鸣润，田存志. 2012. IPO后业绩变脸与真实盈余管理分析[J]. 统计与决策，（1）：164-167.
顾鸣润，杨继伟，余怒涛. 2012. 产权性质、公司治理与真实盈余管理[J]. 中国会计评论，10（3）：255-274.
国际会计准则理事会. 2004a. 国际会计准则2002——第38号《无形资产》[M]. 财政部会计准则委员会译. 北京：中国财政经济出版社.
国际会计准则理事会. 2004b. 国际会计准则2002——第40号《投资性房地产》[M]. 财政部会计准则委员会译. 北京：中国财政经济出版社.
国际会计准则理事会. 2012. 国际财务报告准则2012版（电子版）——第13号《公允价值计量》[Z].
国际会计准则理事会. 2014. 国际财务报告准则2014版（电子版）——IFRS第9号《金融工具》[Z].
国务院. 2008-04-23. 证券公司监督管理条例[EB/OL]. http://www.gov.cn/zhengce/2008-04/24/content_2602506.htm.
洪剑峭，娄贺统. 2004. 会计准则导向和会计监管的一个经济博弈分析[J]. 会计研究，（1）：28-32.
洪剑峭，薛皓. 2009. 股权制衡如何影响经营性应计的可靠性——关联交易视角[J]. 管理世界，（1）：153-161.
洪亮. 2007. 公允价值计量问题研究：SFAS 157的见解与借鉴[D]. 厦门大学硕士学位论文.
胡奕明，刘奕均. 2012. 公允价值会计与市场波动[J]. 会计研究，（6）：12-18.
黄光，吕江林. 2012. 我国商业银行资本充足率监管的有效性研究[J]. 江西社会科学，（11）：65-69.
黄静如，黄世忠. 2013. 资产负债表视角下的公允价值会计顺周期效应研究[J]. 会计研究，

（4）：3-11.

黄霖华，曲晓辉，张瑞丽. 2015. 论公允价值变动信息的价值相关性——来自 A 股上市公司可供出售金融资产的经验证据[J]. 厦门大学学报（哲学社会科学版），（1）：99-109.

黄世忠. 2007. 公允价值的十大认识误区[J]. 中国总会计师，（5）：14.

黄世忠. 2009. 公允价值会计的顺周期效应及其应对策略[J]. 会计研究，（11）：23-29.

黄世忠. 2010. 后危机时代公允价值会计的改革与重塑[J]. 会计研究，（6）：13-19.

金成隆，陈美惠，曾小青. 2015. 资本市场会计研究：理论框架与实证证据[M]. 大连：东北财经大学出版社.

金春来，曹慰婷. 2011. 公允价值会计信息的价值相关性实证检验[J]. 财会月刊，（1）：7-10.

类承曜. 2007. 银行监管理论——一个文献综述[J]. 管理世界，（6）：137-151.

李荣林. 2009. 金融工具会计[J]. 上海立信会计学院学报，（2）：22-26.

李维安，曹廷求. 2004. 对治理者的治理：金融机构公司治理问题透视[J]. 东北财经大学学报，（1）：47-50.

李维安，孙林. 2014. 高管薪酬与公司业绩：2009~2012 年 A 股上市公司检验[J]. 改革，（5）：139-147.

李维安，陈小洪，袁庆宏. 2013. 中国公司治理：转型与完善之路[M]. 北京：机械工业出版社.

李增福，郑友环. 2010. 避税动因的盈余管理方式比较——基于应计项目操控和真实活动操控的研究[J]. 财经研究，36（6）：80-89.

李增福，曾晓清. 2014. 高管离职、继任与企业的盈余操纵——基于应计项目操控和真实活动操控的研究[J]. 经济科学，（3）：97-113.

李增泉. 2000. 激励机制与企业绩效——一项基于上市公司的实证研究[J]. 会计研究，（1）：24-30.

梁世栋. 2009. 商业银行风险计量理论与实务——《巴塞尔新资本协议》核心技术[M]. 北京：中国金融出版社.

廖理，沈洪波，郦金梁. 2008. 股权分置改革与上市公司治理的实证研究[J]. 中国工业经济，（5）：99-108.

林斌，黄婷晖，杨德明. 2004. 会计准则的定位：一项调查的分析性研究[J]. 会计研究，（3）：27-34.

林永坚，王志强，李茂良. 2013. 高管变更与盈余管理——基于应计项目操控与真实活动操控的实证研究[J]. 南开管理评论，（1）：4-14.

刘宝莹. 2014. 公允价值分层计量的经济后果研究[D]. 吉林大学博士学位论文.

刘斌，杨晋渝，孙蓉. 2013. 公允价值会计影响盈余预测能力吗？[J]. 财经问题研究，（4）：99-105.

刘峰，雷科罗，黄青云. 2006. 会计准则的变迁：从原则导向到规则导向[C]. 厦门大学：第六届会计与财务问题国际研讨会——会计准则发展.

刘行健，刘昭. 2014. 内部控制对公允价值与盈余管理的影响研究[J]. 审计研究，（2）：59-66.

刘浩，孙铮. 2008. 公允价值的实证理论分析与中国的研究机遇[J]. 财经研究，（1）：83-93.

刘明康. 2009a. 中国银行业改革开放30年（1978—2008）（上册）[M]. 北京：中国金融出版社.

刘明康. 2009b. 中国银行业改革开放30年（1978—2008）（下册）[M]. 北京：中国金融出版社.

刘笑霞，李明辉. 2008. 公司治理对会计信息质量之影响研究综述[J]. 当代经济管理，（7）：84-93.

刘银国，张劲松，朱龙. 2009. 国有企业高管薪酬管制有效性研究[J]. 经济管理，（10）：87-93.

刘永泽，孙翯. 2011. 我国上市公司公允价值信息的价值相关性——基于企业会计准则国际趋同背景的经验研究[J]. 会计研究，（2）：16-22.

刘玉廷. 2010. 金融保险会计准则与监管规定的分离趋势与我国的改革成果[J]. 会计研究，（4）：3-6.

陆宇建，刘翠翠. 2011. 金融类上市公司公允价值会计信息的价值相关性分析[J]. 统计与信息论坛，26（7）：78-84.

罗胜强. 2007. 公允价值会计实证研究——来自中国资本市场的经验证据[D]. 厦门大学博士学位论文.

罗婷，薛健，张海燕. 2008. 解析新会计准则对会计信息价值相关性的影响[J]. 中国会计评论，（2）：129-140.

马明敏. 2011. 可供出售金融资产——会计判断抑或盈余管理[J]. 财会通讯，（5）：27-28，35.

梅波. 2014. 宏观经济、异质治理环境与公允价值顺周期计量实证[J]. 经济与管理，（2）：53-59.

美国财务会计准则委员会. 1998. SFAS 133 accounting for derivative instruments and hedging activities[EB/OL]. http://www.fasb.org/jsp/FASB/Document_C/DocumentPage?cid=1218220124631&acceptedDisclaimer=true.

美国证券交易委员会. 2003. 对美国财务报告采用以原则为基础的会计体系的研究[M]. 财政部会计司组织翻译. 北京：中国财政经济出版社.

南开大学公司治理研究中心公司治理评价课题组. 2006. 中国上市公司治理评价与指数研究——基于中国1149家上市公司的研究（2004年）[J]. 南开管理评论，（1）：4-10.

南开大学公司治理研究中心公司治理评价课题组. 2010. 中国上市公司治理状况评价研究——来自2008年1127家上市公司的数据[J]. 管理世界，（1）：142-151.

南开大学公司治理研究中心公司治理评价课题组，李维安. 2007. 中国上市公司治理评价与指数分析——基于2006年1249家公司[J]. 管理世界，（5）：104-114.

南开大学公司治理研究中心公司治理评价课题组，李维安，程新生. 2008. 中国公司治理评价与指数报告——基于 2007 年 1162 家上市公司[J]. 管理世界，（1）：145-151.

牛建波，刘绪光. 2008. 董事会委员会有效性与治理溢价——基于中国上市公司的经验研究[J]. 证券市场导报，（1）：64-72.

潘秀丽. 2009. 非活跃市场条件下金融工具计量问题研究[J]. 会计研究，（3）：3-10.

平来禄，刘峰，雷科罗. 2003. 后安然时代的会计准则：原则导向还是规则导向[J]. 会计研究，（5）：11-15.

覃博雅，常红. 2016-08-16. 资料：二十国集团匹兹堡峰会领导人声明（2009 年 9 月 25 日）[EB/OL]. http://world.people.com.cn/n1/2016/0816/c1002-28640411.html.

丘键，张志洁. 2008. 结构性存款的特点及其在我国的运用[J]. 新金融，（5）：29-34.

上海证券交易所. 2006. 上海证券交易所股票上市规则（2006 年修订）[Z].

上海证券交易所. 2008. 上海证券交易所股票上市规则（2008 年修订）[Z].

上海证券交易所. 2012. 上海证券交易所股票上市规则（2012 年修订）[Z].

上海证券交易所. 2014. 上海证券交易所股票上市规则（2014 年修订）[Z].

邵莉，吴俊英. 2012. 不同层级公允价值信息的决策有用性研究——基于我国 A 股金融业的经验分析[J]. 西部论坛，22（3）：102-108.

邵平，刘林，孔爱国. 2008. 高管薪酬与公司业绩的敏感性因素分析——金融业的证据（2000-2005 年）[J]. 财经研究，34（1）：94-105.

沈振宇. 2004. 会计准则导向与上市公司利润操纵[D]. 上海财经大学博士学位论文.

斯科特 W R. 2012. 财务会计理论[M]. 第 6 版. 陈汉文，等译. 北京：中国人民大学出版社.

孙光国，莫冬燕. 2010. 资产减值新政：遏制了还是转变了盈余管理方式？——基于 2005-2008 年上市公司的实证研究[J]. 财经问题研究，（12）：80-85.

孙菊生，丁万平. 1999. 资产的初始确认标准与终止确认标准的非对称性[J]. 江西财经大学学报，（3）：48-52，80.

孙铮，刘浩. 2004. 中国上市公司费用“粘性”行为研究[J]. 经济研究，（12）：26-34.

谭洪涛，蔡利，蔡春. 2011. 公允价值与股市过度反应——来自中国证券市场的经验证据[J]. 经济研究，（7）：130-143.

谭洪涛，黄晓芝，汪洁. 2013. 公允价值盈余波动的风险相关性实证研究[J]. 投资研究，（11）：60-77.

田娟. 2014. 第三版巴塞尔协议净稳定资金比例的最新修订及启示[J]. 南方金融，（6）：31-34.

王建新. 2007. 新会计准则对上市公司季报的影响[J]. 中国总会计师，（5）：22-25.

王建新. 2010. 基于新会计准则的会计信息价值相关性分析[J]. 上海立信会计学院学报，（3）：11-23.

王立彦，刘军霞. 2003. 上市公司境内外会计信息披露规则的执行偏差——来自 A-H 股公司双重财务报告差异的证据[J]. 经济研究，（11）：71-78.

王奇波，宋常. 2006. 国外关于最优股权结构与股权制衡的文献综述[J]. 会计研究，（1）：83-88.

王淑慧，贾婧. 2011. 上市金融企业高管薪酬体系及其监管制度催生[J]. 改革，（12）：136-141.

王汀汀，武玉婷，宋珂. 2014. 上市公司管理层变更与盈余管理——基于中国人寿高层变更的分析[J]. 金融管理研究，（1）：136-152.

王肖健. 2008. 公允价值计量研究——历史与现实视角[D]. 厦门大学博士学位论文.

王哲兵，韩立岩. 2011. 美国金融机构破产前高管薪酬特征分析[J]. 审计研究，（3）：87-94.

魏刚. 2000. 高级管理层激励与上市公司经营绩效[J]. 经济研究，（3）：32-41.

魏涛，陆正飞，单宏伟. 2007. 非经常性损益盈余管理的动机、手段和作用研究——来自中国上市公司的经验证据[J]. 管理世界，（1）：113-121.

吴春雷，马林梅. 2011. 高管薪酬、监督力与控制权收益：限薪的后果[J]. 经济经纬，（4）：141-144.

吴水澎，徐莉莎. 2008. 新会计准则实施的效果—— 从价值相关性的角度[J]. 经济与管理研究，（6）：61-66.

夏自李，乔元芳. 2014. 金融危机后的金融工具会计准则：争议妥协和重要进展[J]. 新会计，（3）：47-49.

肖艳芳. 2012. 公允价值层级的国际比较及其在 CAS 中的应用[J]. 会计与经济研究，（5）：34-41.

谢成博，张海燕，何平. 2012. 公允价值计量与股价同步性研究——基于资本市场和个股层面的分析[J]. 中国会计评论，（3）：233-254.

谢诗芬. 2004. 公允价值：国际会计前沿问题研究[M]. 长沙：湖南人民出版社.

谢增毅. 2005. 董事会委员会与公司治理[J]. 法学研究，（5）：60-69.

辛清泉，王兵. 2010. 交叉上市、国际四大与会计盈余质量[J]. 经济科学，（4）：96-110.

新浪财经. 2009-04-02. 二十国集团伦敦峰会公告全文[EB/OL]. http://finance.sina.com.cn/stock/usstock/c/20090402/23296059953.html.

徐浩峰. 2013. 公允价值计量、系统流动性与市场危机的传染效应[J]. 南开管理评论，16（1）：49-63.

徐建，李维安. 2014. 交叉上市约束效应研究述评与未来展望——基于法律约束和声誉约束视角[J]. 外国经济与管理，（4）：3-14.

徐经长，曾雪云. 2010. 公允价值计量与管理层薪酬契约[J]. 会计研究，（3）：12-19.

徐经长，曾雪云. 2013. 综合收益呈报方式与公允价值信息含量——基于可供出售金融资产的研究[J]. 会计研究，（1）：20-27.

徐文虎. 2005. 中国保险市场转型研究[M]. 上海：上海社会科学院出版社.

徐先知，刘斌，曹倩倩. 2010. 金融资产类别选择的经济动因分析[J]. 证券市场导报，（5）：

58-64.
薛梅. 2010. 中国保险业宏观环境与政策研究[M]. 北京：经济科学出版社.
薛爽，徐浩萍，施海娜. 2009. 公允价值的运用与应计利润功能——基于中国新旧会计准则比较的研究[J]. 南开管理评论，12（5）：125-135.
杨光美，贺光宇. 2012. 基于资本充足率要求的我国商业银行风险控制有效性研究[J]. 税务与经济，（3）：21-26.
叶丰滢，于雪莲，许加纳. 2012. 可供出售金融资产减值损失确认时点上的盈余管理——以 A 股券商板块为案例的研究[J]. 财会月刊，（10）：11-14.
叶建芳，周兰，李丹蒙，等. 2009. 管理层动机、会计政策选择与盈余管理——基于新会计准则下上市公司金融资产分类的实证研究[J]. 会计研究，（3）：25-30.
叶康涛，成颖利. 2011. 审计质量与公允价值计量的价值相关性[J]. 上海立信会计学院学报，（3）：3-11.
叶立新. 2006. 巴塞尔新协议下我国商业银行资本监管研究[D]. 南京理工大学博士学位论文.
尹继志，陈小荣. 2012. 《巴塞尔协议Ⅲ》与我国银行业监管新政[J]. 南方金融，（9）：38-43.
尹兴中，王红领. 2009. 交叉上市理论研究评述[J]. 经济学动态，（9）：126-130.
于永生. 2006. 公允价值会计理论基础研究[J]. 财会月刊，（4）：7-8.
翟继蓝，徐建淮，徐陈. 2014. 关于套期保值会计准则问题及建议[J]. 中国注册会计师，（8）：107-110.
占美松，徐雪慧. 2011. 表外披露的困惑和研究出路[J]. 会计研究，（8）：16-21.
张金若，桑士俊. 2010. 金融资产终止确认会计准则研究[J]. 当代财经，（10）：112-119.
张金若，王炜. 2015. 金融行业上市公司公允价值会计的价值相关性[J]. 中南财经政法大学学报，（3）：79-86.
张金若，张飞达，邹海峰. 2011. 两类公允价值变动对高管薪酬的差异影响研究—— 基于我国 A 股上市公司 2007-2008 数据检验[J]. 会计研究，（10）：63-69.
张金若，高洁，刘溢. 2013a. 环境不确定性、产权性质与真实盈余管理[J]. 当代会计评论，（1）：40-62.
张金若，辛清泉，童一杏. 2013b. 公允价值变动损益的性质及其后果——来自股票报酬和高管薪酬视角的重新发现[J]. 会计研究，（8）：17-23.
张俊瑞，赵进文，张建. 2003. 高级管理层激励与上市公司经营绩效相关性的实证分析[J]. 会计研究，（9）：29-34.
张奇峰，张鸣，戴佳君. 2011. 投资性房地产公允价值计量的财务影响与决定因素：以北辰实业为例[J]. 会计研究，（8）：22-29.
张为国. 2003. 建立高质量的会计准则　夯实证券市场发展基础[J]. 财经论丛，（1）：64-66.
郑伟. 2010. 预期损失模型缺陷与会计监管独立性问题研究——基于对 IASB《金融工具：摊余

成本和减值》征求意见稿的分析[J]. 会计研究，（5）：17-24.
郑伟. 2011. 由金融工具终止确认审视会计确认体系构建及相关理论问题——兼评 IASB 与 FASB 改进和趋同终止确认相关会计准则的努力[J]. 会计研究，（9）：17-24.
中国保险监督管理委员会. 2004. 保险机构投资者股票投资管理暂行办法[Z].
中国保险监督管理委员会. 2010. 保险资金运用管理暂行办法[Z].
中国保险监督管理委员会. 2014a. 中国保监会关于保险资金投资创业板上市公司股票等有关问题的通知[Z].
中国保险监督管理委员会. 2014b. 保险资金运用管理暂行办法[Z].
中国信托业协会. 2014. 2014 年信托业专题研究报告（上下册）[R].
中国银行业监督管理委员会. 2004. 商业银行资本充足率管理办法[Z].
中国银行业监督管理委员会. 2007a. 信托公司管理办法[Z].
中国银行业监督管理委员会. 2007b. 中国银监会关于印发《中国银行业实施新资本协议指导意见》的通知[Z].
中国银行业监督管理委员会. 2007c. 中国银行业监督管理委员会关于修改《商业银行资本充足率管理办法》的决定[Z].
中国银行业监督管理委员会. 2007d. 中国银监会关于银行业金融机构执行《企业会计准则》后计算资本充足率有关问题的通知[Z].
中国银行业监督管理委员会. 2011a. 中国银监会关于中国银行业实施新监管标准的指导意见[Z].
中国银行业监督管理委员会. 2011b. 商业银行贷款损失准备管理办法[Z].
中国银行业监督管理委员会. 2011c. 商业银行杠杆率管理办法[Z].
中国银行业监督管理委员会. 2012a. 商业银行资本管理办法（试行）[Z].
中国银行业监督管理委员会. 2012b. 商业银行资本管理办法（试行）主要指标[Z].
中国银行业监督管理委员会. 2014. 商业银行流动性风险管理办法（试行）[Z].
中国证券监督管理委员会. 2008. 中国资本市场发展报告[M]. 北京：中国金融出版社.
中华人民共和国财政部. 2006a. 企业会计准则第 22 号——金融工具确认和计量[Z].
中华人民共和国财政部. 2006b. 企业会计准则第 24 号——套期保值[Z].
中华人民共和国财政部. 2006c. 企业会计准则第 37 号——金融工具列报[Z].
中华人民共和国财政部. 2007. 企业会计准则解释公告第 1 号[Z].
中华人民共和国财政部. 2008. 关于我国上市公司 2007 年执行新会计准则情况的分析报告[Z].
中华人民共和国财政部. 2009a. 关于金融类国有和国有控股企业负责人薪酬管理有关问题的通知[Z].
中华人民共和国财政部. 2009b. 关于国有金融机构 2008 年度高管人员薪酬分配有关问题的通知[Z].
中华人民共和国财政部. 2009c. 企业会计准则解释公告第 3 号[Z].
中华人民共和国财政部. 2009d. 我国上市公司 2008 年执行企业会计准则情况分析报告[Z].

中华人民共和国财政部. 2012. 企业会计准则第 X 号——公允价值计量（征求意见稿）[Z].

中华人民共和国财政部. 2014a. 企业会计准则第 37 号——金融工具列报[Z].

中华人民共和国财政部. 2014b. 企业会计准则第 39 号——公允价值计量[Z].

中华人民共和国财政部. 2016a. 企业会计准则第 22 号——金融工具确认和计量（征求意见稿）[Z].

中华人民共和国财政部. 2016b. 企业会计准则第 23 号——金融资产转移（征求意见稿）[Z].

中华人民共和国财政部. 2016c. 企业会计准则第 24 号——套期会计（征求意见稿）[Z].

中华人民共和国财政部. 2017a. 企业会计准则第 22 号——金融工具确认和计量[Z].

中华人民共和国财政部. 2017b. 企业会计准则第 23 号——金融资产转移[Z].

中华人民共和国财政部. 2017c. 企业会计准则第 24 号——套期会计[Z].

朱国华，方毅. 2010. 套期保值的有效性及其评价[J]. 证券市场导报，（11）：55-60.

朱海林. 1995. 国际会计准则 32 金融工具：披露和列报[J]. 会计研究，（12）：32-37.

朱海林. 2000a. 关于我国金融工具会计若干问题的思考（上）[J]. 金融会计，（10）：4-8.

朱海林. 2000b. 关于我国金融工具会计若干问题的思考（下）[J]. 金融会计，（11）：4-7.

朱凯，李琴，潘金凤. 2008. 信息环境与公允价值的股价相关性——来自中国证券市场的经验证据[J]. 财经研究，（7）：133-143.

邹海峰，辛清泉，张金若. 2010. 公允价值计量与高管薪酬契约[J]. 经济科学，（5）：102-110.

祖建新，刘威. 2009. 公允价值的报告观与层次披露法[J]. 当代财经，（11）：118-122.

Aboody D，Barth M E，Kasznik R. 1999. Revaluations of fixed assets and future firm performance：evidence from the UK[J]. Journal of Accounting and Economics，26（1~3）：149-178.

Agoglia C P，Doupnik T S，Tsakumis G T. 2011. Principle-based versus rules-based accounting standards：the influence of standard precision and audit committee strength on financial reporting decisions[J]. The Accounting Review，86（3）：747-767.

Alex M R，Silva C，Fávero L P L，et al. 2016. Manager's discretionary power and comparability of financial reports：an analysis of the regulatory transition process in Brazilian accounting[J]. Revista Contabilidade & Finanças，27（70）：12-28.

Allen F，Carletti E. 2008. Mark-to-market accounting and liquidity pricing[J]. Journal of Accounting and Economics，2（45）：358-378.

American Bankers Association. 2008-09-23. Letter to SEC[EB/OL]. https://www.sec.gov/comments/4-573/4573-158.pdf.

American Bankers Association. 2009-09-09. Comment letter to the U.S. Treasury Secretary Timothy Geithner and Federal Reserve Chairman Ben Bernanke on the G-20 accounting recommendations [EB/OL]. http://www.aba.com/aba/documents/news/G20Letter9909.pdf.

Amihud Y，Mendelson H. 1986. Asset pricing and the bid-ask spread[J]. Journal of Financial

Economics，17（2）：223-249.

Armstrong C S，Barth M E，Jagolinzer A D，et al. 2010. Market reaction to the adoption of IFRS in Europe[J]. The Accounting Review，85（1）：31-61.

Ashbaugh H，Pincus M. 2001. Domestic accounting standards，international accounting standards，and the predictability of earnings[J]. Journal of Accounting Research，39（3）：417-434.

Badertscher B A，Burks J J，Easton P D. 2012. A convenient scapegoat：fair value accounting by commercial banks during the financial crisis[J]. The Accounting Review，88（1）：59-90.

Ball R. 2006. International financial reporting standards（IFRS）：pros and cons for investors[J]. Accounting and Business Research，36（S1）：5-27.

Ball R，Shivakumar L. 2006. Discussion of the role of accruals in asymmetrically timely gain and loss recognition[J]. Journal of Accounting Research，（2）：207-242.

Ball R，Robin A，Wu J. 2003. Incentives versus standards：properties of accounting income in four East Asian countries[J]. Journal of Accounting and Economics，36（1~3）：235-270.

Barbara D M，Teddy L C. 1978. Uniformity in accounting：a historical perspective[J]. The Journal of Accountancy，（8）：62-69.

Barth M E. 1994. Fair value accounting：evidence from investment securities and the market valuation of banks[J]. The Accounting Review，69（1）：1-25.

Barth M E. 2004. Fair Values and Financial Statement Volatility，in the Market Discipline Across Countries and Industries[M]. Cambridge：MIT Press.

Barth M E，Landsman W R. 1995. Fundamental issues related to using fair value accounting for financial reporting[J]. Accounting Horizons，12（9）：97-107.

Barth M E，Clinch G. 1996. International accounting differences and their relation to share prices：evidence from UK，Australian，and Canadian firms[J]. Contemporary Accounting Research，（13）：135-170.

Barth M E，Clinch G. 1998. Revalued financial，tangible，and intangible assets：associations with share prices and non-market-based value estimates[J]. Journal of Accounting Research，（36）：199-233.

Barth M E，Landsman W R. 2010. How did financial reporting contribute to the financial crisis?[J]. European Accounting Review，（3）：399-423.

Barth M E，Landsman W R，Wahlen J M. 1995. Fair value accounting：effects on banks' earnings volatility，regulatory capital，and value of contractual cash flows[J]. Journal of Banking and Finance，（3~4）：577-605.

Barth M E，Beaver W H，Landsman W R. 1996. Value-relevance of banks' fair value disclosures under SFAS No.107[J]. The Accounting Review，（4）：513-537.

Barth M E，Konchitchki Y，Landsman W. 2007. Cost of capital and financial statement transparency[C].

Working Paper，Standford University and University of North Carolina.

Barth M E，Landsman W R，Lang M H. 2008a. International accounting standards and accounting quality[J]. Journal of Accounting Research，46（3）：467-498.

Barth M E，Hodder L D，Stubben S R. 2008b. Fair value accounting for liabilities and own credit risk[J]. The Accounting Review，83（3）：629-665.

Barth M E，Landsman W R，Lang M H，et al. 2013. Effects on comparability and capital markets benefits of voluntary adoption of IFRS by US firms：insights from voluntary adoption of IFRS by non-US firms[R]. Rock Center for Corporate Governance.

Basel Committee on Banking Supervision. 2010-12-01. Basel Ⅲ：a global regulatory framework for more resilient banks and banking systems[EB/OL]. http://www.bis.org/publ/bcbs189.htm.

Beatty A.1995.The effects of fair value accounting on investment portfolio management：how fair is it？[J]. Federal Reserve Bank of St. Louis Review，（77）：25-39.

Beneish M D，Miller B P，Yohn T L. 2010. The effect of IFRS adoption and cross-border investment in equity and debt markets[J]. Journal of Accounting and Economics，51（3）：240-258.

Benston G J. 2006. Fair-value accounting：a cautionary tale from Enron[J]. Journal of Accounting and Public Policy，25（4）：465-484.

Bernard V L，Merton R C，Palepu K G. 1995. Mark-to-market accounting for banks and thrifts：lessons from the Danish experience[J]. Journal of Accounting Research，33（1）：1-32.

Beuselinck C，Joos P，Khurana I K，et al. 2009-04-16. Mandatory IFRS reporting and stock price informativeness[EB/OL]. http://papers.ssrn.com/sol3/papers.cfm?abstract_id=1381242.

Blankespoor E，Linsmeier T J，Petroni K R，et al. 2013. Fair value accounting for financial instruments：does it improve the association between bank leverage and credit risk？[J]. The Accounting Review，88（4）：1143-1177.

Botosan C A，Plumlee M A. 2002. A re-examination of disclosure level and the expected cost of equity capital[J]. Journal of Accounting Research，40（1）：21-40.

Botosan C A，Ashbaugh H，Beatty A L，et al. 2005. Response to the FASB's exposure draft on fair value measurements[J]. Accounting Horizons，19（3）：187-196.

Bova F，Pereira R. 2012. The determinants and consequences of heterogeneous IFRS compliance levels following mandatory IFRS adoption：evidence from a developing country[J]. Journal of International Accounting Research，11（1）：83-111.

Brüggemann U，Daske H，Homburg C，et al. 2009. How do individual investors react to global IFRS adoption?[J]. SSRN Electronic Journal，193（4）：e486-e487.

Brüggemann U，Hitz J，Sellhorn T. 2013. Intended and unintended consequences of mandatory IFRS adoption：review of extant evidence and suggestions for future research[J]. European

Accounting Review, 22（1）: 1-37.

Burgstahler D C, Hail L, Leuz C. 2006. The importance of reporting incentives: earnings management in European private and public firms[J]. The Accounting Review, 81（5）: 983-1016.

Byard D, Li Y, Yu Y. 2011. The effect of mandatory IFRS adoption on financial analysis' information environment[J]. Journal of Accounting Research, 49（1）: 69-96.

Cairns D, Massoudi D R, Taplin T, et al. 2011. IFRS fair value measurement and accounting policy choice in the United Kingdom and Australia[J]. The British Accounting Review, 43（1）: 1-21.

Chan J S P, Hong D, Subrahmanyam M G. 2008. A tale of two prices: liquidity and asset prices in multiple markets[J]. Journal of Banking and Finance, 32（6）: 947-960.

Chen F, Hope O K, Li Q, et al. 2011. Financial reporting quality and investment efficiency of private firms in emerging markets[J]. The Accounting Review, 86（4）: 1255-1288.

Chen S M, Wang Y T, Zhao Z Y. 2009. Regulatory incentives for earnings management through asset impairment reversals in China[J]. Journal of Accounting, 24（4）: 589-620.

Chen W, Tan H T, Wang E Y. 2013. Fair value accounting and managers' hedging decisions[J]. Journal of Accounting Research, 51（1）: 67-103.

Chircop J, Novotny-Farkas Z. 2016. The economic consequences of extending the use of fair value accounting in regulatory capital calculations[J]. Journal of Accounting and Economics, 62（2~3）: 183-203.

Choi J S, Kwak Y M, Choe C. 2012. Earnings Management Surrounding CEO Tumover: Evidence from Korea[M]. Munich: University Library of Munich.

Christensen H B, Nikolaev V V. 2013. Does fair value accounting for non-financial assets pass the market test?[J]. Review of Accounting Studies, 18（3）: 734-775.

Christensen H B, Hail L, Leuz C. 2013. Mandatory IFRS reporting and changes in enforcement[J]. Journal of Accounting & Economics, 56（2~3）: 147-177.

Coffee J. 1999. The future as history: the prospects for global convergence in corporate governance and its implications[J]. Northwestern University Law Review, 93（3）: 641-708.

Cohen D A, Zarowin P. 2010. Accrual-based and real earnings management activities around seasoned equity offerings[J]. Journal of Accounting and Economics, 50（1）: 2-19.

Collins D L, Pasewark W R, Riley M E. 2012. Financial reporting outcomes under rules-based and principles-based accounting standards[J]. Accounting Horizons, 26（4）: 681-705.

Core J, Holthausen R, Larcker D. 1999. Corporate governance, chief executive officer compensation, and firm performance[J]. Journal of Financial and Economics, 51（3）: 371-406.

Danbolt J, Rees W. 2008. An experiment in fair value accounting: UK investment vehicles[J]. European Accounting Review, 17（2）: 271-303.

Daske H，Hail L，Leuz C，et al. 2008. Mandatory IFRS reporting around the world：early evidence on the economic consequences[J]. Journal of Accounting Research，46（5）：1085-1142.

de Franco G，Kothari S P，Verdi R S. 2011. The benefits of financial statement comparability[J]. Journal of Accounting Research，49（4）：895-931.

Dechow P M，Sloan R G，Sweeney A P. 1995. Detecting earnings management[J]. The Accounting Review，70（2）：193-225.

Dechow P M，Huson M R，Sloan R G. 1994. The effect of restructuring charges on executives' cash compensation[J]. The Accounting Review，69（1）：138-156.

Dechow P M，Myers L A，Shakespeare C. 2010. Fair value accounting and gains from asset securitizations：a convenient earnings management tool with compensation side-benefits[J]. Journal of Accounting and Economics，49（1~2）：2-25.

Defond M，Hu X，Hung M，et al. 2011. The impact of mandatory IFRS adoption on foreign mutual fund ownership：the role of comparability[J]. Journal of Accounting and Economics，51（3）：240-258.

Diamond D，Verrecchia R. 1991. Disclosure，liquidity and the cost of capital[J]. The Journal of Finance，46（4）：1325-1359.

Dietrich J R，Harris M S，Muller K A Ⅲ. 2000. The reliability of investment property fair value estimates[J]. Journal of Accounting and Economics，30（2）：125-158.

Doidge C，Karolyi G A，Stulz R M. 2004. Why are foreign firms listed in the U.S. worth more? [J]. Journal of Financial Economics，71（2）：205-238.

Easley D，O'Hara M. 2004. Information and the cost of capital[J]. Journal of Finance，59（4）：1553-1583.

Easley D，O'Hara M. 2010. Liquidity and valuation in an uncertain world[J]. Journal of Financial Economics，97（1）：1-11.

Easton P D，Eddey P H，Harris T S. 1993. An investigation of revaluations of tangible long-lived assets[J]. Journal of Accounting Research，31（3）：1-38.

Eccher E A，Ramesh K，Thiagarajan S R. 1996. Fair value disclosures by bank holding companies[J]. Journal of Accounting and Economics，22（1~3）：79-117.

Edelstein R，Liu P，Tsang D. 2008-01-03. Real earnings management and dividend payout signals：a study for U.S. real estate investment trusts. [EB/OL]. https://papers.ssrn.com/sol3/papers.cfm?abstract_id=1079964.

European Council. 2002-07-19. Regulation EC No. 1606/2002 of the European parliament and of the council of 19 July 2002 on the application of international accounting standards[EB/OL]. http://www.esma.europa.eu/system/files/Reg_1606_02.pdf.

Evans M E, Houston R W, Peters M F, et al. 2015. Reporting regulatory environments and earnings management: U.S. and non-U.S. firms using U.S. GAAP or IFRS[J]. The Accounting Review, 90（5）: 1969-1994.

Fabricant S. 1936. Revaluations of fixed assets, 1925-1934[J]. National Bureau of Economic Research Bulletin, （62）: 1-12.

Fan J P H, Wong T J. 2002. Corporate ownership structure and the informativeness of accounting earnings in East Asia[J]. Journal of Accounting and Economics, 33（3）: 401-425.

FASB. 1984-12-12. SFAS No.5: recognition and measurement in financial statements of business enterprises[EB/OL]. http://www.fasb.org/jsp/FASB/Document_C/documentpage?Cid=1218220132744&acceptedDisclaimer=true.

FASB. 2006-09-02. SFAS 157 fair value measurements[EB/OL]. http://www.fasb.org.

FASB. 2009-09-22. Accounting standards update, improving disclosures about fairvalue measurements [EB/OL]. http://www.fasb.org/project/valuation_resource_group.shtml.

FASB. 2010-09. Statement of financial accounting concepts No.8[EB/OL]. http://www.fasb.org/jsp/FASB/Page/PreCodSectionPage&cid=1176156317989.

FASB. 2012-07-12. Disclosure framework[EB/OL]. http://www.fasb.org/jsp/FASB/Document_C/DocumentPage?cid=1176160160107&acceptedDisclaimer=true.

Fields T, Rangan S, Thiagarajan S R. 1998. An empirical evaluation of the usefulness of non-GAAP accounting measures in the real estate investment trust industry[J]. Review of Accounting Studies, 3（1~2）: 103-130.

Florou A, Pope P F. 2012. Mandatory IFRS adoption and institutional investment decisions[J]. The Accounting Review, 87（6）: 1993-2025.

Florou A, Kosi U. 2015. Does mandatory IFRS adoption facilitate debt financing? [J]. Review of Accounting Studies, 20（4）: 1407-1456.

Foerster S R, Karolyi G A. 1999. The effects of market segmentation and investor recognition on asset prices: evidence from foreign stocks listing in the United States[J]. Journal of Finance, 54（3）: 981-1013.

Forbes S. 2009-03-06. Obama repeats Bush's worst market mistakes[N]. Wall Street Journal.

Francis J, Hanna J D, Vincent L. 1996. Causes and effects of discretionary asset write-offs[J]. Journal of Accounting Research, 34（3）: 117-134.

Francis J, LaFond R, Olsson P, et al. 2004. Costs of equity and earnings attributes[J]. The Accounting Review, 79（4）: 967-1010.

Francis J, Schipper K, Vincent L. 2005. Earnings and dividend informativeness when cash flow rights are separated from voting rights[J]. Journal of Accounting and Economics, 39（2）: 329-360.

Furlong F T, Keeley M C. 1989. Capital regulation and bank risk-taking: a note[J]. Journal of Banking and Finance, 13（6）: 883-891.

Gaver J J, Gaver K M. 1998. The relation between nonrecurring accounting transactions and CEO cash compensation[J]. The Accounting Review, 73（2）: 235-253.

Goh B W, Li D, Ng J, et al. 2015. Market pricing of banks' fair value assets reported under SFAS 157 since the 2008 economic crisis[J]. Journal of Accounting and Public Policy, 34（2）: 129-145.

Gomes A, Novaes W. 2006. Sharing of control versus monitoring as corporate governance mechanisms[EB/OL]. http://apps.olin.wustl.edu/faculty/gomes/gomesnovaes.pdf.

Government Printing Office（GPO）. 2009. Mark-to-market accounting: practices and implications: hearing before the subcommittee capital markets, insurance, and government sponsored enterprises of the committee on financial services U.S. House of representatives[M]. First Session. Serial No. 111-12. Washington: GPO.

Hail L. 2002. The impact of voluntary corporate disclosure on the ex-ante cost of capital-a Swiss point of view[J]. European Accounting Review, 11（4）: 741-773.

Hail L, Leuz C. 2006. International differences in the cost of equity capital: do legal institutions and securities regulation matter? [J]. Journal of Accounting Research, 44（3）: 485-531.

Hail L, Leuz C. 2009. Cost of capital effects and changes in growth expectations around U.S. cross-listings[J]. Journal of Financial Economics, 93（3）: 428-454.

Hail L, Leuz C, Wysocki P. 2010. Global accounting convergence and the potential adoption of IFRS by the U. S.[J]. Accounting Horizons, 24（3）: 355-394.

Hart O. 1995. Corporate governance: some theory and implications[J]. The Economic Journal, 105（430）: 678-689.

He X J, Wong T J, Young A. 2012. Challenges for implementation of fair value accounting in emerging markets: evidence from China[J]. Contemporary Accounting Research, 29（2）: 538-562.

Herrmann D, Saudagaran S M, Thomas W B. 2006. The quality of fair value measures for property, plant, and equipment[J]. Accounting Forum, 30（1）: 43-59.

Hirst E, Hopkins P, Yen A. 2007. A content alaysis of the comprehensive income exposure draft comment letters[J]. Research in Accounting Regulation, 19: 53-79.

Hodder L D, Hopkins P E, Wahlen J M. 2006. Risk-relevance of fair-value income measures for commercial banks[J]. The Accounting Review, 81（2）: 337-375.

Horton J, Serafeim G, Serafeim I. 2013. Does mandatory IFRS adoption improve the information environment? [J]. Contemporary Accounting Research, 30（1）: 388-423.

Hou Q, Jin Q L, Wang L F, et al. 2013a. Mandatory IFRS adoption, accounting quality, and investment efficiency：evidence from China[EB/OL]. https://www.researchgate.net/publication/308013080_Mandatory_IFRS_Adoption_Accounting_Quality_and_Investment_Efficiency_Evidence_from_China.

Hou W，Lee E，Stathopoulos K，et al. 2013b. Executive compensation and the split share structure reform in China[J].The European Journal of Finance，22（4~6）：1-23.

Huang Y，Elkinawy S，Jain P K. 2013. Investor protection and cash holdings：evidence from US cross-listing [J]. Journal of Banking and Finance，37（3）：937-951.

Hughes J，Tett G. 2008-03-13. An unforgiving eye：bankers cry foul over fair value accounting rules[EB/OL]. Financial Times，http://www.ft.com/cms/s/0/19915bfc-f137-11dc-a91a-0000779fd2ac.html#axzz2eRKCtlWs.

Imhoff G. 2003. Accounting quality，auditing，and corporate governance[J]. Accounting Horizons，17（S1）：54-60.

International Accounting Standards Board. 2008-01-26. Fair value measurements[EB/OL]. http://www.iasb.org.

International Accounting Standards Board. 2011-08-13. IFRS 13 fair value measurements[EB/OL]. https://www.iasplus.com/en/standards/ifrs/ifrs13.

Ismail W A W，Zijl T V，Dunstan K. 2010-03-07. Earnings quality and the adoption of IFRS-based accounting standards：evidence from an emerging market[EB/OL]. http://papers.ssrn.com/sol3/papers.cfm?abstract_id=1566634.

Jackson S B，Lopez T J，Reitenga A L. 2008. Accounting fundamentals and CEO bonus compensation[J]. Journal of Accounting and Public Policy，27（5）：374-393.

Jacques K，Nigro P. 1997. Risk-based capital，portfolio risk，and bank capital：a simultaneous equations approach[J]. Journal of Economics and Business，49（6）：533-547.

Jensen M C，Murphy K J. 1990. Performance pay and top-management incentives[J]. Journal of Political Economy，98（2）：225-264.

Johnson S. 2008-03-19. The fair-value blame game：fallout from the credit crisis has put mark-to-market accounting to the test [EB/OL]. http://www.cfo.com/printable/article.cfm/10902771.

Kanodia C. 2007. Accounting disclosure and real effects[J]. Foundations and Trends in Accounting，1（3）：167-258.

Karolyi A. 2006. The world of cross-listings and cross-listings of the world：challenging conventional wisdom[J]. Review of Finance，（10）：99-152.

Kaya C. 2013. Threathining nature of level3 inputs under the hierarchy of fair value accounting[J]. Journal of Accounting & Taxation Studies（JATS），6（2）：55-64.

Khurana I K，Kim M S. 2003. Relative value relevance of historical cost vs. fair value：evidence from bank holding companies[J]. Journal of Accounting and Public Policy，22（1）：19-42.

Khurana I K, Michas P N. 2011. Mandatory IFRS adoption and the U.S. home bias[J]. Accounting Horizons, 25 (4): 729-753.

Kim D, Santomero A M. 1988. Risk in banking and capital regulation[J]. The Journal of Finance, 43 (5): 1219-1233.

Kolev K. 2012-10-09. Do investors perceive marking-to-model as marking-to-myth? Early evidence from FAS 157 disclosure[EB/OL]. http://www.doc88.com/p-147661799148.html.

Konishi M, Yasuda Y. 2004. Factors affecting bank risk taking: evidence from Japan[J]. Journal of Banking and Finance, 28 (1): 215-232.

Korczak P, Bohl M T. 2005. Empirical evidence on cross-listed stocks of central and eastern European companies[J]. Emerging Markets Review, 6 (2): 121-137.

Kothari S P, Zimmerman J L. 1995. Price and return models[J]. Journal of Accounting and Economics, 20 (2): 155-192.

Kothari S P, Ramanna K, Skinner D J. 2010. Implications for GAAP from an analysis of positive research in accounting[J]. Journal of Accounting and Economics, (50): 246-286.

Lambert R, Larcker D. 1987. An analysis of the use of accounting and market measures of performance inexecutive compensation contracts[J]. Journal of Accounting Research, 25 (3): 85-125.

Landsman W R. 2006. Fair value accounting for financial instruments: some implications for bank regulation[EB/OL]. https://www.bis.org/publ/work209.pdf.

Landsman W R, Maydew E, Thornock J. 2012. The information content of annual earnings announcements and mandatory adoption of IFRS[J]. Journal of Accounting and Economics, 53 (1~2): 34-54.

Lang M, Raedy J, Yetman M. 2003. How representative are firms that are cross-listed in the United States? An analysis of accounting quality[J]. Journal of Accounting Research, 41 (2): 363-386.

Laux C, Leuz C. 2009. The crisis of fair-value accounting: making sense of the recent debate[J]. Accounting, Organizations and Society, 34 (6~7): 826-834.

Laux C, Leuz C. 2010. Did fair-value accounting contribute to the financial crisis? [J]. Journal of Economic Perspectives, 24 (1): 93-118.

Lel U, Miller D P. 2008. International cross-listing, firm performance, and top management turnover: a test of the bonding hypothesis[J]. The Journal of Finance, 63 (4): 1897-1937.

Leone A, Wu J, Zimmerman J. 2006. Asymmetric sensitivity of CEO cash compensation to stock returns[J]. Journal of Accounting and Economics, 42 (1~2): 167-192.

Leuz C, Verrecchia R. 2000. The economic consequences of increased disclosure[J]. Journal of Accounting Research, 38 (5): 91-124.

Leuz C，Wüstemann J. 2004. The role of accounting in the German financial system[A]//Rrahnen R，Schmidt H. The German Financial System[C]. Oxford：Oxford University Press：15-18.

Leuz C，Nanda D，Wysocki P. 2003. Earnings management and investor protection：an international comparison[J]. Journal of Financial Economics，69（3）：505-527.

Li S Q. 2010. Does mandatory adoption of international financial reporting standards in the European Union reduce the cost of equity capital? [J]. The Accounting Review，85（2）：607-636.

Livne G，Markarian G，Milne A. 2011. Bankers' compensation and fair value accounting[J]. Journal of Corporate Finance，17（4）：1096-1115.

Maines L A，Bartov E，Fairfield P，et al. 2003. Evaluating concepts-based vs. rules-based approaches to standard setting[J]. Accounting Horizons，17（1）：73-89.

McGee R W，Preobragenskaya G G. 2005. Accounting and Financial System Reform in a Transition Economy：A Case Study of Russia[M]. New York：Springer.

McNichols M，Wilson G P. 1988. Evidence of earning management from the provision for bad debts[J]. Journal of Accounting Research，26（3）：1-31.

Mengle D L. 1995. Feasibility of actualizing fair value accounting in commercial banks[J]. Journal of Financial Services Research，9（3~4）：381-391.

Miller D P. 1999. The market reaction to international cross-listings：evidence from depositary receipts[J]. Journal of Financial Economics，51（1）：103-123.

Muller K A，Riedl E J，Sellhorn T. 2011. Mandatory fair value accounting and information asymmetry：evidence from the European real estate industry[J]. Management Science，57（6）：1138-1153.

Murphy K J. 1985. Corporate performance and managerial remuneration：an empirical analysis[J]. Journal of Accounting and Economics，7（1~3）：11-42.

Nelson K. 1996. Fair value accounting for commercial banks：an empirical analysis of SFAS 107[J]. The Accounting Review，71（2）：161-182.

Ng T B，Tan H. 2003. Effects of authoritative guidance availability and audit committee effectiveness on auditors' judgments in an auditor-client negotiation context[J]. The Accounting Review，78（3）：801-818.

Ohlson J A. 1995. Earnings，book values，and dividends in equity valuation[J]. Contemporary Accounting Research，11（2）：661-687.

Pathan S. 2009. Strong boards，CEO power and bank risk-taking[J]. Journal of Banking & Finance，33（7）：1340-1350.

Paton W A，Saliers E A. 1932. Accountants' Handbook（Vol.2）[M]. New York：The Ronald Press Company.

Peng S L，Bewley K. 2010-01-11. Adaptability of fair value accounting in China：assessment of an emerging economy converging with IFRS[EB/OL]. https://papers.ssrn.com/sol3/papers.cfm?abstract_id=1326004&alg=1&pos=10&rec=1&srcabs=1111594.

Petroni K，Wahlen J. 1995. Fair values of equity and debt securities and share prices of property-liability insurers[J]. The Journal of Risk and Insurance，62（4）：719-737.

Philippon T，Reshef A. 2009. Wages and human capital in the U.S. financial industry：1909-2006[J]. The Quarterly Journal of Economics，127（4）：1551-1609.

Piotroski J，Wong T J. 2010. Institutions and information environment of Chinese listed firms[EB/OL]. http://conference.nber.org/confer/2009/CCs09/piotroski.pdf.

Porta R L，Lopez-de-Silanes F，Shleifer A. 1999. Corporate ownership around the world[J]. The Journal of Finance，54（2）：471-517.

Pozen R C. 2009. Is it fair to blame fair value accounting for the financial crisis? [J]. Harvard Business Review，87（11）：84-93.

Reitenga A，Teamey M. 2003. Mandatory CEO retirements，discretionary accruals，and corporate governance mechanisms[J]. Journal of Accounting，Auditing and Finance，18（2）：255-280.

Rentfro R，Hooks K L. 2005. Exploring earnings management opportunities in accounting standards and the behavior of financial statement preparers[J]. Journal of Accounting and Finance Research，13（5）：1-14.

Riedl E J. 2004. An examination of long-lived asset impairments[J]. The Accounting Review，79（3）：823-852.

Roychowdhury S. 2006. Earnings management through real activities manipulation[J]. Journal of Accountings and Economics，42（3）：335-370.

Sarkozy N. 2010-01-27. Opening speech at the 40th World Economic Forum，Davos，Switzerland [EB/OL]. http://www.voltairenet.org/article163780.html.

Schipper K. 2003. Principles-based accounting standards[J]. Accounting Horizons，17（1）：61-72.

Schipper K. 2005. Fair values in financial reporting presentation at American Accounting Association Annual Meatings[EB/OL]. http://fars.org/2005AAAFairValueKSchipper.pdf.

Securities and Exchange Commission. 2003-07-25. Study pursuant to section 108（d）of the Sarbanes-Oxley Act of 2002 on the adoption by the United States financial reporting system of a principles-based accounting system[EB/OL]. http://www.sec.gov/news/studies/principlesbased standard. html.

Securities and Exchange Commission. 2008-10-03. Report and recommendations pursuant to section 133 of the Emergency Economic Stabilization Act of 2008：study on mark-to-market accounting[EB/OL]. http://www.sec.gov/news/studies/2008/marktomarket123008.pdf.

Sharpe I G, Walker R G. 1975. Asset revaluations and stock market prices[J]. Journal of Accounting Research, 13（2）: 293-310.

Shrieves R, Dahl D. 1992. The relationship between risk and capital in commercial banks[J]. Journal of Banking and Finance, 16（2）: 439-457.

Shima K, Gordon E. 2011. IFRS and the regulatory environment: the case of U.S. investor allocation choice[J]. Journal of Accounting and Public Policy, 30（5）: 481-500.

Shleifer A, Vishny R W. 1989. Management entrenchment: the case of manager-specific investments[J]. Journal of Financial Economics, 25（1）: 123-189.

Shrieves R E, Dahl D. 1992. The relationship between risk and capital in commercial banks[J]. Journal of Banking and Finance, 16（2）: 439-457.

Siegel J. 2005. Can foreign firms bond themselves effectively by renting to U. S. securities laws? [J]. Journal of Financial Economics, 75（2）: 319-359.

Sloan R. 1993. Accounting earnings and top executive compensation[J]. Journal of Accounting and Economics, 16（1~3）: 55-100.

Song C J, Thomas W B, Yi H. 2010. Value relevance of FAS No.157 fair value hierarchy information and the impact of corporate governance mechanisms[J]. The Accounting Review, 85（4）: 1375-1410.

Standish P E M, Ung S I. 1982. Corporate signaling, asset revaluations and the stock prices of British companies[J]. The Accounting Review, 57（4）: 701-715.

Steven L, Bharat S, Richard S. 2013. Normal turbulence or perfect storm? Disparity in fair value estimates[J]. Journal of Accounting, Auditing & Finance, 28（2）: 192-211.

Stulz R. 1999. Globalization, corporate finance, and the cost of capital[J]. Journal of Applied Corporate Finance, 12（3）: 8-25.

Stulz R. 2005. The limits of financial globalization[J]. The Journal of Finance, 60（4）: 1595-1638.

Sweeney A P. 1994. Debt-covenant violations and managers' accounting responses[J]. Journal of Accounting and Economics, 17（3）: 281-308.

Tan H, Wang S, Welker M. 2011. Analyst following and forecast accuracy after mandated IFRS adoptions[J]. Journal of Accounting Research, 49（5）: 1307-1357.

Tweedie D. 2002-04-05.Written evidence of Sir David Tweedie Chairman, International Accounting Standards Board to the Treasure Committee[EB/OL]. http://www.iasb.org.uk.

Tweedie D. 2006. Transparent, translucent, or transient: where have IFRS left us? [EB/OL]. https://www.cfainstitute.org/learning/products/publications/op/Pages/op.v2006.n1.4374.aspx.

Tweedie D, Seidenstein T. 2005. Setting a global standard: the case for accounting convergence[J].

Northwestern Journal of International Law and Business，（25）：589-608.

Valencia A，Smith T J，Ang J. 2013. The effect of noisy fair value measures on bank capital adequacy ratios[J]. Accounting Horizons，27（4）：693-710.

Warfield T D，Wild J J，Wild K L. 1995. Managerial ownership，accounting choices，and informativeness of earnings[J]. Journal of Accounting and Economics，20（1）：61-91.

Watts R L. 2006. What has the invisible hand achieved? [J]. Accounting & Business Research，36（S1）：51-61.

Yonetani T，Katsuo Y. 1998. Fair value accounting and regulatory capital requirements[J]. Economic Policy Review，4（Oct）：33-43.

Zeff S A. 1995. A perspective on the U.S. public/private-sector approach to the regulation of financial reporting[J]. Accounting Horizons，9（1）：52-70.